연애의 불가능성에 대하여

연애의 불가능성에 대하여

초판 1쇄 인쇄 _ 2005년 7월 30일
초판 1쇄 발행 _ 2005년 8월 10일
지은이 • 오사와 마사치 │ 옮긴이 • 송태욱
펴낸이 • 유재건 │ 주간 • 김현경 │ 편집장 • 이재원 │ 편집 • 주승일, 박순기 │
마케팅 • 노수준 │ 제작 • 유재영
펴낸곳 • 도서출판 그린비 │ 등록번호 • 제10-425호 │ 주소 • 서울시 마포구 신수동 115-10 │
전화 • (대표) 702-2717 │ 팩스 • 703-0272 │ E-mail • editor@greenbee.co.kr
책값은 뒤표지에 있습니다. 잘못 만들어진 책은 구입하신 서점에서 바꿔드립니다.
Korean Translation Copyright © 2005 by Greenbee Publishing Company
ISBN 89-7682-954-9 03100

RENAI NO FUKANOSEI NI TSUITE by Masachi Osawa

연애의
불가능성에
대하여

오사와 마사치(大澤眞幸) 지음 ─ 송태욱 옮김

B
그린비

들어가는 말

'언어' 야말로 인간을 인간적이게 하는 인간의 비밀을 가장 완전하게, 그리고 가장 명백하게 표시한다. 생각건대 언어가 그 존재에 의해 표시하는 인간에 대한 비밀이란 '사회성'이다. 설령 완전히 고립되어 있을 때조차 인간의 정신에는 불가피하게 타자성이 각인되어 있다. 자신이 타자와 함께 있고, 자기 자신 역시 바로 그 타자라는 사실은 우리에게 가장 근원적인 사태다. 언어의 가능성은 이러한 인간의 사회성을 아주 현저하게 나타낸다는 데 있다.

이 책에서는 이러한 시점에서 주로 언어를 둘러싸고 고찰해온 논문들을 수록했다. 모든 논문은 이러한 관점 하에 느슨하게 통일되어 있지만, 각 장에 대응하는 각 논문은 모두 다른 기회에 쓴 것이어서 원칙적으로는 독립적으로 읽을 수 있을 것이다. 이 책의 구성을 언급하면 다음과 같다.

서장과 1장은 이 책의 모티프를 단적으로 대표한다고 말할 수 있다. 사랑(타자와의 관계)에 대한 문제와 일종의 언어 구성에 대한 문제의 병행성(竝行性)이 주제기 때문이다. 여기서 나는 사랑에 대해 논했는데, 사랑을 직접 논한 것이 아니라 직접 다가갈 수 없는 사랑이라는 주제에 우회로를 이용하여 접근하려고 시도했다. 여기서 우회로는 언어철학에서의 이름에 대한 논의다. 이름에 대한 철학적 고찰이 사랑의 신비에 빛을 던져줄 것이라 생각한다.

2장에서 4장까지는 언어를 직접 주제화했다. 2장은 언어 이해의 메커니즘을 해명하는 데 고려해야 할 가장 기본적인 전제를 해명하는 것이 목적이다. 3장과 4장은 언어의 가능 조건을 화폐의 가능 조건과 대조함으로써 밝히려고 했다.

5장은 타자란 무엇인가, 그 존재가 우리 행위에 어떤 효과로서 나타나는가를 고찰한 것이다. 이 논문은 원래 이토 세이코의 희곡『고도는 기다려지며』에 대한 해제로 쓴 것이다. 말할 것도 없이 이 희곡은 사뮈엘 베케트의 유명한 희곡『고도를 기다리며』를, 고도를 기다리는 측의 시점이 아니라 기다려지는 고도의 시점에서 그린 작품이다.

6장과 7장은 미적 표현에 대해 논했다. 표현이라는 문제가 사회성에 대한 주제 일반을 구성한다는 것이 여기서 드러날 것이다. 예컨대 7장은 근현대사 음악의 전개를 '우상숭배'에 대한 종교의 논리에 의해 이해할 수 있다는 점을 보여준다.

8장은 합리성에 대해 논했다. 베버는 근대로의 사회 변용을 '합리화' 과정으로 파악한 바 있다. 이 장은 이를 통해 '합리성'이라는 것이 일종의 타자 구성에서 유래하는 사회적 효과로서 설명할 수 있다는 점을 보여준다.

9장은 이 책에 수록된 논문 중에서 상당히 이색적이라는 인상을 줄지도 모르겠다. 1~8장이 기초적인 철학 논의를 중심으로 한 것임에 비해 이 장에서는 현대의 정보 환경 하에서 이루어지는 커뮤니케이션의 기본적인 스타일 변용을 다루고 있기 때문이다. 9장의 논의를 여기에 놓은 것은, 소극적으로는 앞선 8장의 후반에 나오는 소비사회에 대한 고찰과 9장의 논의가 직접 연결되기 때문이고, 적극적으로는 전자 미디어를 이용한 첨단적이며 가장 매개적인 커뮤니케이션 안에 오히려 커뮤니케이션——타자와의 관계——의 가장 기초적이고 원초적인 양태가 드러나고 있다는 점을 보여주고 싶었기 때문이다. 이 장은 1995년에 출판한 『전자 미디어론』의 논의를 잇는 것이기도 하다.

이 책의 출간은 전적으로 슌주샤(春秋社) 편집부의 고바야시 고지(小林公二) 씨 덕분이다. 이 책의 기획 단계에서 완성에 이르기까지 나는 그에게 블라디미르와 에스트라공의 괴로움을 안겨주었다. 나 역시 얼마간 고도의 고통을 공유했지만, 그는 초인적인 끈기로 결국 고도를 불러들이고 말았다. 고바야시 씨에게 다시 한번 감사한다.

1998년 5월 5일
오사와 마사치

:: **차 례**

연애의 불가능성에 대하여

| 일러두기 |

1 이 책은 大澤真幸, 『恋愛の不可能性について』(春秋社, 1998)를 완역한 것이다. 이 책은 여러
  지면에 발표된 논문을 한데 모은 것으로, 출처는 다음과 같다.

  1장 연애의 불가능성에 대하여: 「愛と信」, 『現代思想』, 1993年 4~6月号.
  2장 언어 이해의 본성을 찾아서: 「言語理解の本性を求めて」, 『言語』, 1994年 8月号.
  3장 언어와 화폐 사이: 「言語と貨幣の間を往復する」, 『言語』, 1993年 12月号.
  4장 화폐의 타자성: 「貨幣における他者性」, 『情況』, 1993年 10月号.
  5장 기다리는 것와 기다려지는 것: 「待つことと待たれること」, いとう せいこう, 『ゴドーは待たれながら』解
  説, 太田出版, 1992年.
  6장 미를 완결하는 난조: 「美を完結させる乱調」, 『創文』, 通券 303号.
  7장 표현의 금지를 경유하는 표현: 「表現の禁止を経由する表現」, 『人文会ニュース』, 1993年 2月号.
  8장 역설의 합리성: 「逆説の合理性」, 『現代思想』, 1989年 3月号.
  9장 커뮤니케이션에 미래는 있는가: 새로 쓴 글(1996년 9월 『도쿄신문』에 다섯 차례 연재한 논고를 참조함).

2 인명·지명·작품명은 국립국어원이 2002년에 발간한 『외래어 표기 용례집』을 따랐다.

3 각주에는 '지은이 주'와 '옮긴이 주'가 있다. 지은이 주는 번호(1, 2, 3 ……)로 표시했으며,
  옮긴이 주는 별표(*)로 표시했다.

4 본문 중에 옮긴이가 첨가한 사항에 대해서는 괄호 안에 '─옮긴이'라고 표시했다.

5 단행본·전집·정기간행물·팸플릿 등에는 겹낫표(『 』)를, 논문·논설·기고문·단편·미술·건
  축·영화·음악 등에는 낫표(「 」)를 사용했다.

서장 "이건 사랑이 아냐"

라로슈푸코*는 사랑이란 유령 같은 것이라고 했다. 누구나 사랑에 대
해서 말하지만 실제로 사랑을 본 사람은 아무도 없다는 것이 그가 이
렇게 단언한 이유다. 우리는 사랑에 대해 수많은 말을 해왔지만 그것
을 본 적이 없으며 그것이 무엇인지도 모른다.

　물론 사랑이 무엇인지 모른다는 것은 그 반대인 증오에 대해서도
모른다는 것을 의미한다. 그러나 사랑과 증오 사이의 관계에 대해서라
면 우리는 경험적으로 조금 아는 경우도 있다. 정말로 격렬한 증오는
사랑하는 사람에 대해서만 일어난다. 진정한 증오에서 보면 진정한 사
랑은 필요조건인 것이다. 때로는 그 반대와도 완전히 일치하는 관계,
사랑이라는 관계는 대체 무엇일까?

　중세의 궁정에서 발명된 정열적인 사랑에서 서구적인 사랑의 원

---

* 라로슈푸코(François de La Rochefoucauld, 1613~1680)는 17세기 프랑스의 고전 작가로
서, 명문 귀족의 아들로 태어나 정치적 음모에 자주 휘말리면서 파란만장한 반생을 보낸
후 1659년부터 정치적 야심을 버리고 사색과 저술 활동에 전념했다. 대표작은 『잠언과 성
찰』(*Reflexions ou sentences et maximes morales*, 1665: 강주헌 옮김, 『인간의 본성에 대한 풍
자 511』, 나무생각, 2003)로서, 여기서 그는 "참된 연애는 마치 유령과 같아서 그것이 어떤
것인지 말하는 사람은 많아도 정작 그것을 본 사람은 아무도 없다"고 말한 바 있다.

형을 찾는 드니 드 루주몽*은, 정열적인 사랑이란 수수께끼 같은 자기부정의 구조를 가지고 있다는 데 주목했다.[1] 말할 것도 없이 정열이란 감정의 고양을 함의하지만, 정열적인 사랑에서 흥미로운 것은 정열이 고뇌의 고양이었다는 점이다. 다시 말해 정열적인 사랑에서 타자를 향수하는 쾌락은 순화된 고뇌와 합치된다. 고뇌의 극점에 있는 것은 죽음이다. 그러므로 사랑과 죽음이 하나로 수렴해간다는 것이 중세 기사의 정열적인 사랑을 표현하는 이야기의 기본적인 주제가 된다. 연애의 쾌락이 동시에 고뇌가 되는 것은 왜일까? 쾌락이 곧 고뇌라는 등치는, 정열적인 사랑이 자기부정적인 관계라는 것의 주관적인 표현이다.

중세의 궁정에서는 진정한 사랑이 결혼과 정면으로 대립한다고 굳게 믿었다. 그러므로 정열적인 사랑은 필연적으로 간음이다. 또한 결혼만이 거부되고 있었던 것은 아니다. 사랑은 더욱 널리 일반적으로 충족되는 것까지 거부하고 있는 것으로 보인다. 예컨대 중세의 기사는 사랑하는 귀부인과의 성교 순간을 향해 점점 다가가는데, 그때마다 그 한 발짝 앞에서 항상 난관에 봉착하고 그 순간을 놓쳐버린다. 너무나 절묘한 시기에 난관이 나타나기 때문에, 마치 기사들이 스스로 그 난관을 기꺼이 자기 자신에게 부과한 것으로 보이기조차 한다.

---

* 루주몽(Denis de Rougemont, 1906~1985)은 스위스 태생의 작가로서 1932년 『에스프리』 (Esprit)를 창간하였고 1939년 『서구와 사랑』(L'amour et l'occident)으로 알려졌다. 제2차 세계대전 후 『악마의 몫』(La part du diable, 1944)으로 유럽의식의 위기를 분석하고 제네바에 유럽문화센터를 창립한 그는 그 밖에 『인간의 서구적 모험』(L'aventure occidentale de l'homme, 1957), 『사랑의 신화』(Les mythes de l'amour, 1970) 등을 집필했다.

1) de Rougemont, D.(1939). L'amour et l'occident. Plon. 〔鈴木健郎·川村克己 訳, 『愛について』, 平凡社, 1993.〕

루주몽에 따르면 정열적인 사랑의 원형은 『트리스탄과 이즈』(*Le roman de Tristan et Iseut*, 1170년경)라고 한다. 이 이야기는 연애의 자기부정 구조를 모범적일 정도로 명백하게 표현하고 있다. 이 이야기는 기사 트리스탄과 그의 주군 마크 왕의 아내 이즈 사이에 일어난 비련의 이야기다. 먼저 주목할 것은, 이 두 사람의 연애가 완전히 타율적으로 시작된다는 점이다. 두 사람 사이의 사랑은 미약(媚藥)에 의해 싹트기 때문이다. 예컨대 사랑의 자기부정적 관계는 다음과 같은 이야기 구성에 나타난다. 트리스탄은 이야기에 등장하는 어떤 적보다 육체적인 능력 면에서 뛰어나다. 특히 마크 왕보다 뛰어나다. 따라서 마음만 먹는다면 언제든지 이즈를 빼앗아올 수 있다. 그럼에도 트리스탄이 이즈를 빼앗아오지 않은 것은 아주 이상한 일이라는 것이 루주몽의 지적이다. 더욱이 트리스탄은 일단 이즈를 데리고 숲 속으로 도망가 그곳에서 함께 생활하고 있었음에도, 결국 이즈를 마크 왕에게 돌려보낸다. 숲 속에서 두 사람이 잠들어 있을 때, 두 사람의 신체 사이에는 순결을 상징하는, '칼집에서 빼낸 칼'이 놓여 있었다(실제로는 두 사람 사이에 성교가 이루어졌다). 이야기 안의 여러 설정이 보여주는 것은, 트리스탄과 이즈의 사랑이 결혼 또는 최종적으로 결혼과 유사한 결합 안에서 안정화되는 것을 스스로 회피하고자 했다는 사실이다.

연애가 최종적인 충족을 스스로 부정하고 있다는 것은, 바꿔 말하면 서로 사랑하는 두 사람 사이의 '거리'가 결코 극복될 수 없다는 것을 의미한다. 연애에서 두 사람은 서로가 서로를 욕망한다. 그러나 각각의 욕망은 상대인 타자 역시 그 욕망에 응할 준비가 되어 있음에도 충족되지 않으며, 두 사람 사이의 거리는 극복되지 않는다. 중세 유럽의 정열적인 사랑은 답파(踏破)할 수 없는 거리에서 유래하는 연애의 자기부정적 구성을, 있어야 할 연애의 '제도'로 제시하고 있다. 그러나 연애가 이러한 거리에서 지탱되고 있다는 것은, 중세 이야기에서만이 아니라 현대 문학에서도——거기에서 제도로서의 형식을 뽑아낸 다음——반복적으로 제시되고 있는 기본적인 주제다.

예를 들어 폴란드 작가 휠레(Paweł Huelle, 1957~)의 「첫사랑」(Pierwsza miłość, 1996)은 연애의 이러한 측면을 단적으로 보여준다.[2] 주인공은 그다니스크에 사는 '재즈'라는 이름의 젊은이다. 재즈는 유복한 가정의 아가씨 파샤에게 한눈에 반한다. 그러나 재즈는 이른바 비행청년이며, 파샤에게 어울리는 사람은 아니다. 재즈와의 관계를 바라지 않는 파샤의 부모는 재즈로부터 파샤를 억지로 떼어놓는다. 즉 두 사람 사이에 장벽이——거리가——설정된 것이다. 그래서 재즈는 이렇게 생각한다. 전쟁 때 파괴된 채 방치되어 있는 다리 교각에서 건너편 교각으로 오토바이를 타고 점프함으로써 세계적인 명성을 얻은 다음 그녀를 되찾아 오자고. 오토바이는 재즈가 아주 자신 있어 하는 것이었지만, 그의 도약은 결국 실패로 끝나고 그는 다리 밑으로 추락해 죽는다. 반대쪽 기슭에 있는 교각으로의 도약은 사랑하는 타자로의 도약이다. 도약의 실패는 이쪽 교각과 저쪽 교각 사이의 거리, 즉 자기와 타자 사이의 거리가 극복할 수 없는 것임을 슬프게 상징하고 있다.

같은 폴란드 시인 심보르스카*는 연애와 거리의 관계를 반대 방향에서 비추어내고 있다. 심보르스카의 시 「나는 너무 가깝다」(Jestem za

---

2) 沼野充義, 『中欧—ポーランド·チェコ·スロヴァキア·ハンガリー』, 新潮社, 1996 참조.

blisko)는 이렇게 되어 있다. "나는 너무 가깝고 그를 꿈꿀 수는 없다. /
나는 너무 가깝다. 후 하는 소리가 들리고 / 반짝반짝 빛나는 말의 알
갱이가 보인다 / 내가 가만히 포옹하고 있을 때."[3] 너무 가까운 관계
속에서 사랑이 위축되어 있는 것이다.

　때로 연애가 자기부정적인 구성을 취하는 것은 왜일까? 연애가
사랑하는 사람간의 거리를 종국적으로 극복하는 것을 금지하는 것은
왜일까? 서두에서 우리는 사랑이 때로 증오로 반전된다는 것을 주목
했다. 이러한 반전의 체험은, 사랑이 자기부정적인 구성을 취하고 있
는 하나의 극단적인 현상 형태라고 해석하게 할 수도 있으리라.

　이 고찰을 한 걸음 심화시키기 위해 구소련 출신 작가 세르게이
도브라토프(Sergei Dovlatov, 1941~1990)의 소설 「이건 사랑이 아냐」[4]
를 보도록 하자. 주인공 '나'는 레닌그라드에 살고 있으며, 반체제파의
잘 팔리지 않는 소설을 쓰는 작가다. 20년 전 어느 날 아침, '나'가 눈
을 뜨자 방에는 한 여자가 자고 있다. '나'가 그 여자에게 누구냐고 묻
자 그녀는 '레나'라는 이름 외에 구체적으로는 아무것도 설명해주지
않는다. 놀랄 만한 일은 그 후에 일어난다. '놀랄 만한 일'이란 그녀가

＊ 심보르스카(Wisława Szymborska, 1923~)는 폴란드의 시인이자 번역가로서 『예티에게
　외치다』(Wołanie do Yeti, 1957), 『큰 수』(Wielka liczba, 1977), 『끝과 시작』(Koniec i
　poczatek, 1993) 등의 시집을 발표했으며, 1996년에는 노벨문학상을 수상했다.
3) 沼野充義, 『中欧―ポーランド・チェコ・スロヴァキア・ハンガリー』, 新潮社, 1996.
4) Dovlatov, S.(1983). Ours : A Russian Family Album. Arolis. 〔沼野充義 訳, 「これは愛
　じゃない」, 『愛のかたち』, 岩波書店, 1996.〕 이 소설은 원래 『우리 집 사람들』의 11장이
　다. 「이건 사랑이 아냐」라는 제목은 이 장만이 일본어로 번역될 때 새롭게 붙여진 것이다.

그를 놀라게 하는 일을 아무것도 하지 않는다는 사실이다. 그가 샤워를 하고 있는 동안 부탁도 안했는데 그녀는 아침 식사를 준비했다. 그리고 레나가 "이제 가야지"라고 말하고 집을 나서면서 돌연 "6시쯤 돌아올 거예요"라고 말했으므로 '나'도 무심코 "알았어"라고 응수하고 만다. 그리고 그녀는 마치 당연한 일인 듯 쭉 그의 방에서 살게 된다. 그녀가 왜 '나'와 함께 살기로 했는지, 그는 전혀 알 수 없다. 애초에 '나'는 레나가 어떤 사람인지 아무것도 모른다. 특별히 레나가 자기 자신에 대해 비밀로 하고 있는 것도 아니다. 오히려 그 반대다. 그녀는 '나'가 물으면 뭐든 대답했다. 미용실에서 일하고 있다는 것, KGB는 아니라는 것, 그녀의 아파트가 다치노에 지구(地區)에 있다는 것 등등. 그녀는 모든 것을 너무나도 차분하고 여유 있게, 거의 사무적이라고 해도 좋을 정도의 냉정한 태도로 설명한다. 이것이 그를 안절부절못하게 하는 최대 요인이다. 결국 두 사람은 결혼하고 딸도 낳는다.

머지 않아 레나는 딸과 함께 미국으로 이주해버린다. 그러나 '나'는 출판을 금지당한 반체제 소설가로서 소비에트 체제를 증오하고 있었을 텐데도 도저히 소비에트를 떠날 생각을 하지 못한다. 이주한 곳에서 레나가 보낸 엽서가 오지만 그 내용은 전혀 감정이 실려 있지 않은 사무적인 것이다. 하지만 최종적으로 그 역시 레나가 있는 뉴욕으로 이주하게 된다. 체포된 뒤 형무소에서 내무성의 관리가, 부인과 딸을 사랑하니까 당신도 떠나야 한다고 한 말을 듣고서야.

이 관계가 사랑이 아니라고 ── 주인공은 그렇게 느끼고 있다 ── 한다면, 그 이유는 어디에 있을까? 주인공이 레나를 잘 알지도 못하면서도 함께 살고 있기 때문일까? 그녀를 잘 알고 있다는 것이 진정한 사랑의 필요조건이었을까? 그러나 이러한 것을 시사하는 주인공의 주장에도 불구하고, 실상은 전혀 반대라는 것을 알 수 있다. 그는 그녀를 잘 알고 있다. 그녀는 그의 요구에 응해 자신에 대해 뭐든지 말하고, 그가 요구하지 않을 때도 자신이 무슨 일을 하고 있는지, 어떤 사람인지를 말한다. 그녀가 어떤 사람인가에 대한 정보는 지나치게 많을 정도다. 이 관계가 사랑이 아니라고 한다면, 그녀가 어떤 사람인가 하는 정보가 빠져 있기 때문이 아니라 그러한 정보가 지나치게 많기 때문이다. 혹은 사랑은 그러한 정보와 무관하기 때문이다.

"레나는 미용사다." "레나는 출판사에서 교정 담당 직원으로 일할 정도로 읽고 쓰는 능력을 지니고 있다." 이 문장은 레나가 어떤 사람인가, 레나가 어떤 성격을 지니고 있는가에 대해 기술하고 있다. 그러나 이 문장에 기술된 내용이, **레나**를 사랑하는 이유가 될 수 없다는 것은 분명하다. 레나를 사랑한다는 것은, 미용사를 사랑한다는 것도 교정 담당 직원을 사랑한다는 것도 아니다. 레나임은 미용사라거나 교정 담당 직원 등으로 환원될 수 있는 것이 아니다. 이러한 기술(記述)을 아무리 중첩시켜 말한다 해도 레나임을 전적으로 규정할 수는 없다. 두 사람의 관계가 사랑이 아니라고 '나'가 느끼는 것은, 사랑의 이유가 레나에 대해 기술할 수 있는 이러한 이유에 있을 터라고 '나'가 생각하고 있기 때문이다.

'나'가 처음으로 그녀를 방에서 발견하고, 그녀에게 "누구죠? 거기 있는 건?"이라고 물었을 때, 그녀가 그저 '레나'라는 이름만 말했다는 사실을 다시 한번 기억하자. 지금 말한 것은 이름(고유명사)에 대한 언어철학의 유명한 논의와 나란히 놓고 생각해볼 만한 점이 있기 때문이다. 이름이란 무엇일까? 언어철학의 고전적 주류는, 이름이란 지명된 개체의 성질에 대한 기술(의 다발)의 대용품이라고 생각했다. 예컨대 '레나'란 "다치노에 지구에 사는, 읽고 쓰기를 아주 잘 하는 미용사"라고 정의할 수 있다. 그러나 오늘날 이름에 대한 이러한 이해는 크립키(Saul A. Kripke, 1940~) 등의 주도면밀한 비판에 의해 완전히 잘못되었다는 사실이 드러났다. 이름은 성질의 기술로 환원될 수는 없다. 이름은 단적으로 개체를 지시하지 그 개체의 성질에 대해서는 아무것도 함의하고 있지 않다. 이것은 레나를 사랑하는 이유가 레나에 대한 성질로 환원될 수 없다는 것과 유사하다. 그 환원 불가능성은 이름이 기술로 환원 불가능하다는 것과 동일한 사정에서 유래한다.

이렇게 생각하면, 사랑하는 상대를 백화점에서 넥타이를 고르듯 철저하게 음미하고 다른 것과 비교하며 신중하게 선택하는 것이 진정한 사랑으로 생각되지 않는 이유를 알게 된다. 우리는 사랑하는 상대 한 사람을 선택한다. 여기서는 명백히 선택 작용이 일어난다. 그러나 누군가 그 또는 그녀의 연애 상대를 다른 몇 명의 후보자와 비교하여 선택한다면, 우리는 "이건 사랑이 아냐"라는 인상을 갖는다. 왜일까? 다른 것과 비교하여 하나(한 사람)의 물건(사람)을 선택하는 경우에는, 바로 그것이 다른 것으로부터 구별되어 선택된 적극적인 이유가 있을 것이다. 그 이유는 선택된 그 물건이나 사람이 가지고 있으며, 다른 것이 가지고 있지 않은 그 물건이나 사람의 성질이어야 한다. 그러나 지금까지 말한 것처럼 그러한 성질이 사랑의 이유가 된다면, 그것은 진정한 사랑일 수 없다. 트리스탄과 이즈의 연애가 그들의 선택이라고 할 수 없는 방식, 즉 미약에 의해 시작되었다는 사실을 상기하자.

그렇다면 '나'는 레나를 진정으로 사랑했던 것이다. "이건 사랑이 아냐"라는 문장에서 지시되는 '이건' 진짜 사랑이다. 그가 "이건 사랑이 아냐"라고 느낀 것은, 레나를 사랑하는 이유를 자신이 알 수 있는 레나의 성질 안에서 찾아내려고 했기 때문이다. 반대로 말하면, 주인공은 성질에 대한 이러한 관계 안에서 해소할 수 없는 방식으로 레나와 관계하고 있는 것이다. 그것이야말로 사랑이다. 레나가 '저편'으로, 즉 미국으로 떠났을 때, 결국 '나'가 그녀를 좇아가려고 '여기' 소비에트를 떠나 그녀가 있는 '저편'으로 향하게 되는 것은 그 때문이다.

애당초 「이건 사랑이 아냐」라는 소설의 설정이 그렇게 이상한 것일까? 어느 날 잘 모르는 여자가 찾아와 그대로 눌러 살게 된다는 설정은 정말 이상한 것일까? 그러나 첫눈에 반한다는 것은 이런 게 아닐까? 첫눈에 반한 것은 아니라 해도 사랑의 이유를 상대의 성질로 환원할 수 없다면, 그때까지 상대에 대해 뭔가 알고 있었다는 것은 사랑 자체와는 본질적으로 무관할 것이다. 그렇다면 누군가와 사랑에 빠진다는 것은 어떤 경우라 해도 영문을 알 수 없는 이유 때문에, 즉 상대가 어떤 사람인가와는 무관하게 그 상대와 떨어질 수 없는 사람이 된다는 것이 아닐까? 아무 이유도 없이 잘 알지도 못하는 여성이 그대로 눌러 살게 된다는 사건의 시작은, 연애의 일반적인 시작을 아주 조금 과장한 표현에 지나지 않으리라.

하지만 이름을 성질에 대한 기술로 환원할 수 없는 이유는 무엇일까? 이 물음은 다음의 물음과 같은 것이다. 타자를 사랑하는 이유를 그럴 마음만 있다면 적극적으로 기술할 수 있는 타자의 성질로 환원할 수 없는 이유는 무엇일까? 예컨대 지금 내가 어떤 사람으로부터 갈색 드레스를 입은 저 미용사가 '레나'라는 사실을 알게 되었다고 하자. 그 때 나는 레나에 대해 갈색 드레스를 입은 미용사라는 사실 외에 구체적으로 아는 것이 아무것도 없다. 그럼에도 나에게 레나임은 그 사실 이상의 것이다. 역사상의 인물에 대해서도 마찬가지로 말할 수 있다. 예를 들어 어떤 사람이 아인슈타인에 대해 '상대성이론의 발견자'라는 것 외에 아무것도 알지 못했다고 하자. 하지만 그래도 그 사람에게 아인슈타인이라는 것은 상대성이론의 발견자와 동일한 것은 아니다. 실제로 훗날 과학사적 연구에서 상대성이론은 아인슈타인이 아니라 로렌츠가 정식화했다는 사실이 밝혀진다고 해도, 그 사람이 그때까지 아인슈타인이라고 지시해온 인물이 실은 로렌츠였다는 것이 되지는 않는다. 단지 아인슈타인이 상대성이론을 발견하지 않았다는 것이 될 뿐이다.

　「이건 사랑이 아냐」의 주인공 '나'가 미국으로 건너가 드디어 레나와 딸이 살고 있는 집에 도착했을 때, 갑자기 엄청난 피로를 느끼고 현실의 윤곽이 흐릿해지기 시작한다. 그리고 이런 질문이 밀려온다. "나는 누구고 어디에서 왔을까? 우리 몸에 어떤 일이 일어나고 있는 것일까? 이 모든 것은 마지막에 어떻게 끝나는 것일까?" 그때까지 주인공을 괴롭혀온 것은, 레나는 누구인가라는 물음이었다. 레나, 당신은 어떤 사람인가? 하지만 여기서 물음은 반전되어 '나'라는 1인칭에 대한 물음이 된다.

　마쓰우라 히사키(松浦寿輝, 1954~)의 시 「이야기」(物語)는, 이와는 반대 방향으로 반전의 궤적을 그린다. "1인칭 이야기는 여기서 끝난다"로 시작하는 이 시는 "사랑합니다 당신을 사랑합니다 당신을 사랑합니다 당신을 사랑합니다 당신을 사랑합니다 당신을"이라고 2인칭 타자에게 보내는 사랑의 외침 같은 호소로 끝난다. 이러한 2인칭(당신)과 1인칭(나) 사이의 반전에서 시사되는 것은 다음과 같은 것이다.

이름은 기술(記述)로 환원될 수 없다는 것, 마찬가지로 사랑하는 사람을 사랑하는 이유를 기술 가능한 성질로 환원할 수 없다는 것, 우리는 이러한 것을 확인한 것이다. 그러나 '나'에 대해서도 똑같이 말할 수 있지 않을까? 우리는 나에 대해 여러 가지로 기술할 수 있다. 나는 미용사다, 나는 교정 담당 직원이다 등등으로. 하지만 나는 그 기술 내용 어느 것으로도, 그리고 또 그 총체로도 환원될 수 없다. 이 '나'를 기술할 수 없는 것과 고유명사를 기술로 환원할 수 없는 것은 같은 것이 아닐까?

이는 다음과 같이 생각하면 이해할 수 있다. 우리는 무언가에 이름을 붙일 때, 혹은 무언가의 이름을 가르쳐줄 때, 이렇게 말한다. "이 사람은(이건) 레나다"라고 말이다. 여기서 지명된 개체는 '이 사람'에 의해 고정된다. 때로 개체의 고정에 기술이 사용되는 일도 있지만―예컨대 "갈색 드레스를 입고 있는 저 사람이 레나다"라는 식으로―, 이름의 본질이 기술이 아닌 이상, 중요한 것은 "갈색 드레스를 입고 있다"는 부분이 아니라 '저'라는 부분이다. 명명(命名)에서는 아무래도 '이것'이라거나 '저것'이라는 지시어에 의한 지시가 필요해진다. 그것들은 발화하는 나와의 관계에서 대상을 지시하는 것이다. 요컨대 이름으로 지시하기 위해서는 지명하는 나를 중심=원점으로 하는 우주 내부의 요소로서 그 개체를 지시하는 것이며, 대상과 함께 우주 자체를 동시에 지시하는 것이다. 그렇다면 이제 이렇게 말할 수 있을 것이다. 이름이 개체의 성질에 대한 기술로 환원될 수 없는 것은, 이 '나'가 기술로 환원될 수 없기 때문이라고 말이다. 이름은 나에 대한 기술로 환원 불가능하다는 사실을 넘겨받고 있는 것이다.

　그런데 문제는 '사랑'이었다. 사랑하는 타자 역시 기술로 환원될 수 없다. 그것은 고유명사를 기술로 환원할 수 없는 것과 같은 것이다. 그런데 그것은 원래 '나'가 나의 성질에 대한 기술로 환원될 수 없다는 것을 나타낸 것이었다. 그렇다면 여기에서 끌어낼 수 있는 결론은 이렇게 된다. 사랑이란 나라는 것과 타자(당신)라는 것이 같은 것이 되어버리는 체험이라고 말이다. 사랑이란 나라는 동일성이 타자라는 차이성과 완전히 등치되는 관계인 것이다. 「이건 사랑이 아냐」의 주인공이 레나에 대해 가진 질문이 그대로 '나'에 대한 질문으로 역전되었던 것도, 또 마쓰우라의 시에서 '일인칭'의 종결이 그대로 '이인칭인 당신'에 대한 외침으로 반전된 것도 그 궁극적인 근거는 이 점에 있는 것이다. 이 결론은 사랑에 대한 가장 통속적인 직관과도 일치할 것이다. 그러나 이 결론에 이르기까지 고찰의 우회로를 거침으로써 우리는 몇 가지 사항의 관련을 다시 한번 확인할 수 있다.

　우선 다음 사항을 잘못 이해해서는 안 된다. 여기서 결론적으로 서술된 것은 사랑하는 타자가 나의 공상이나 환상의 투영물이라고 말하는 것이 아니라는 사실이다. 내가 얼마간 공상이나 환상에 집착하고 있다는 것은 내가 가지고 있는 성질의 일종이다. 그러므로 타자가 기술 불가능한 사랑의 대상으로 나타날 때, 타자는 내가 욕망하는 공상이나 환상을 위한 스크린 이상의 것이어야 할 것이다.

여기서 말하려는 것은 오히려 다음과 같은 것이다. 나라는 것, 내가 공상이나 환상을 귀속시킬 수 있는 최소한의 동일성을 가지고 있다는 것, 이것이 이미 나의 고유성으로 환원될 수 없는 외부성을 띠고 있고 차이성＝타자성으로 존재한다는 것이다. 사랑이란 이런 것을 나에게 알려주는 체험이다.

그러나 내가 타자(당신)라는 것이 사랑 체험의 핵심이라는 결론은, 사랑에 있어서 사람들은 사랑이 타자와의 극복할 수 없는 거리를 체험한다는, 서두에서 보여준 직관과 정면으로 대립하는 것이 아닐까? 그렇지 않다. 완전히 그 반대다. 일반적으로 차이와 동일성은 다른 수준으로 배분되고, 그것에 의해 차이는 상대화된다. 그 차이를 무관하게 할 수 있는 상위의 동일성을 상정할 수 있기 때문이다. 예컨대 개와 고양이의 차이가 상대적인 것은 포유류라는 동일성 아래에서는 그 차이가 관련 없게 되기 때문이다. 그러나 만약 차이성과 동일성이 다른 수준으로 분리되지 않고 그대로 등치된다면 어떻게 될까? 다시 말해 동일성이 이미 그대로 차이였다면 어떻게 될까? 이러한 차이는 결코 상대화될 수 없다. 그 차이가 거세되어 관련 없게 하는 상위의 동일성을 기대할 수 없기 때문이다. 그러므로 이러한 차이는 결코 소거할 수 없는 차이, 건널 수 없는 거리로 체험될 수밖에 없다. 요컨대 동일성 내부의 차이가 아니라 동일성인 차이는, 해소할 수 없는 차이, 순수한 차이인 것이다. 역설적이지만 사랑에서는 내가 이미 타자＝차이성이기 때문에 도리어 타자는 나에 대한 절대적인 차이고, 따라서 내가 거기에 자신의 성질이나 공상을 투영할 수 없는 절대 거리로서 나타나는 것이다.

그러므로 사랑은 관계 중에서 가장 단순한 관계, 즉 차이의 체험
이다. 그리고 가장 단순한 관계란 그것 자체가 관계의 불가능성 ─ 상
호 건널 수 있는 자리를 갖지 않은 절대적인 차이 ─ 이다. 요컨대 연
애는 스스로의 불가능성이라는 형태로밖에 존재할 수 없다. 사랑이 증
오와 같은 것일 수 있는 것도 이 때문일 것이다.

1장 연애의 불가능성에 대하여
— '사랑하는 것'과 '믿는 것'

1. 사랑의 불안

존 카사베츠*가 감독한 영화는 모두 '사랑'이 주제다. 예컨대 대표작 「오프닝 나이트」는 다음과 같은 스토리로 전개된다.[1]

대 여배우 마토르 고든(지나 롤랜즈 분)이 현재 몰두하고 있는 무대 작품은 「세컨드 우먼」이다. 어느 날 밤 그녀가 공연을 끝내고 나오자 열광적인 팬인 17세의 아름다운 소녀가 그녀를 찾아왔다. 소녀는 마토르를 극장 밖까지 따라나와 세차게 내리는 빗속에서 마토르 일행이 탄 차에 매달려 떨어지려고 하지 않는다. 소녀는 단 한 문장, "당신

---

* 카사베츠(John Cassavetes, 1929~1989)는 뉴욕 출신의 배우이자 감독으로서 미국 독립영화계에서는 전설 같은 존재다. 가족과 친우들을 기용한 소규모 집단으로 영화를 제작하였고, 「그림자들」(Shadows, 1959)이라는 영화 한 편으로 미국 영화인들의 우상이 되었다. 주요 작품으로는 「오프닝 나이트」(Opening Night, 1977) 외에 「투 레이트 블루스」(Too Late Blues, 1961), 「기다리는 아이」(Child Is Waiting, 1963), 「얼굴들」(Faces, 1968), 「남편들」(Husbands, 1970), 「술 취한 여인」(Woman Under the Influence, 1974), 「사랑의 행로」(Love Streams, 1984) 등이 있다.

1) 이하 「오프닝 나이트」에 대해서는 오사와 마사치의 다음 책도 참조할 것. 大澤真幸, 「私は私ではない」, 『カサヴェテス・コレクション』, キネマ旬報, 1993.

을 사랑해요!"를 반복한다. 차는 결국 소녀를 뿌리치고 출발하는데, 그 직후 소녀는 뒤에서 온 차에 치어 죽고 만다. 이 사건을 계기로 마토르의 정신에 어떤 부조화가 나타난다.

마토르는 죽은 소녀의 환상을 보게 된다. 마토르가 보는 소녀의 환상이 마토르 자신이 내부에 품고 있던 분열의 외적 표현이라는 것은 금세 이해할 수 있다. 마토르는 「세컨드 우먼」의 여주인공 역할을 하는 것에 강한 거부감을 느끼고 있었다. 이 연극은 젊음의 매력을 잃어버린 여성의 이야기지만, 마토르 자신은 아직 충분히 젊다고 믿고 있기 때문이다──더욱 엄밀하게 말하면, 자신의 나이 듦을 은밀히 자각하고는 있지만 한편으로는 아직 젊다고 믿고 있기도 하다. 그녀는 관객이 그녀 자신과 여주인공을 혼동(등치)하는 것을 우려하고 있다. 세컨드 우먼이란 나이든 여성이 젊었을 무렵 자신의 동일성(퍼스트 우먼)을 이탈하여 새롭게 획득한 동일성이다. 퍼스트 우먼이고 싶어하면서 세컨드 우먼인 마토르 자신의 분열은, 퍼스트 우먼인 소녀의 환상과 세컨드 우먼인 마토르 자신의 관계로 나타난다. 소녀의 환상은, 마토르에게는 이미 거절된 젊음을 과시하고 또 마토르의 원망(願望)을 꿰뚫어보고 조소한다.

결국 마토르는 소녀를 죽임으로써 그 환상에서 해방된다. 이것은 기묘하고도 쓸데없는 살인이다. 왜냐하면 소녀는 이미 죽었기 때문이다. 『꿈의 해석』(Die Traumdeutung, 1989)에서 프로이트(Sigmund Freud, 1856~1939)는 자신이 죽었다는 사실을 망각하고 있는 부친의 환상을 보고하고 있다. 부친은 그 망각 때문에 계속 살아간다. 부친에게 이미 죽었다는 사실을 상기시키지 않으면 안 된다.[2] 소녀 역시 자신의 죽음을 망각하고 있었던 것이다. 그 때문에 소녀는 다시 살해되지 않으면 안 되었다. 그러나 소녀의 환상을 죽인 마토르는 완전히 기력을 잃어버린다. 소녀의 환상이야말로 마토르의 동일성과 현실성이 형성되는 초점이었던 것이다. 연극의 오프닝은 다가오는데, 마토르는 도저히 극장으로 돌아갈 수가 없다. 스탭들이 거의 포기하려고 할 때, 마토르가 돌아와 연극이 시작되었다. 그러나 마토르는 곤드레만드레 취해 있어 걸을 수조차 없다. 그런데, 이때 마토르는 경이적인 기력을 발휘하여 연기를 계속해 나간다. 이 부분이 영화의 클라이막스다.

대부분이 애드립으로 구성된 기적적인 연기를 통해 마토르는 두 가지 사랑을 동시에 회복해 나간다. 첫번째로 연극 「세컨드 우먼」에서 완전히 식어버린 부부의 사랑을 회복한다. 그녀의 공연자(共演者) 모리스(카사베츠 분)는 마토르와 함께 권태기의 부부를 연기한다. 긴장감이 흘러 넘치는 대화를 통해 그들은 부부의 사랑을 다시 확립한다. 모리스와 마토르는 실제 생활에서도——예전에는 부부였던 모양인데 지금은 헤어졌다——, 이 연극의 공연 과정에서 서로의 현실적 사랑도 확인해간다. 이것이 회복된 두번째 사랑이다.

그런데 사랑의 회복은 이상한 대사를 전환점으로 하여 일어난다. 연극의——그리고 동시에 영화의——마지막 장면의 긴 대화에서 마토르는 당돌하게 이렇게 말한다. "나는 내가 아니다." 그리고 이 대사는 상대역인 모리스에 의해서도 받아들여지고 반복된다.

---

2) Žižek, S.(1989). *Sublime Object of Ideology*. Verso.〔鈴木晶 訳, 「イデオロギーの崇高な対象」, 『批評空間』 1 · 2号, 1989, 134쪽 참조.〕

착란은 사랑의 호소——소녀의 "당신을 사랑해요"라는 말——에 의해 시작된다. 또한 최종적인 조화도 사랑의 형식을 취한다. 그리고 중간 부분에 잠재되어 있는 것은 초월적인 것에 대한 신앙의 태도다. 이 태도는 소녀의 환상, 즉 퍼스트 우먼이 마토르에게 자아 이상(理想)으로 기능하고 있다는 것을 간파하는 데서 발굴된다. 자아 이상은 초월적인 타자가 부여하는 가치의 대상이다.[3] 그러므로 소녀의 환상에 얽매이게 되는 것은 그것을 이상으로 승인하는 초월적인 타자에 대한 무의식의 신앙을 구성해버린다. 이미 말한 것처럼 소녀는 두 번 죽는다. 바꿔 말하면 소녀는 (한 번) 죽어도 여전히 살아 있는 것이다. 우리는 죽었으면서도 살아 있는 신체의 전형을 신(神)에게서 볼 수 있다.

사랑은 불안을 불러일으킨다. 이 불안을 고찰하기 위해 로버트 크라우트(Robert Kraut, 1946~)는 산드라라는 여성이 제기한, 사랑을 둘러싼 회의를 데이터로 채택하고 있다.[4] 그것은 사랑에 대한 이미지로서는 너무 진부하여 진절머리가 날 정도다. 그러나 이 범용함 속으로 들어가 보기로 하자——산드라와 월터는 같이 살고 있다. 월터는 산드라에게 사랑한다고 말하고, 사랑에 상응하는 행동도 보여주고 있다. 그러나 그럼에도 산드라는 불안감을 가지고 월터에게 묻는다. "당신 정말 날 사랑해요?"

---

3) 다만 그것은 자아에 있어 도달 불가능한 것으로 나타나는 한에서 기능하는 가치 대상이다. 이 영화의 경우, 마토르가 겪는 최초의 괴로움은 이 도달 불가능성을 긍정·수용할 수 없었다는 데서 유래한다.

4) Kraut R.(1986). "Love De Re." *Midwest Studies in Philosophy*. Vol.10. 〔永井均 訳,「ウォルターはサンドラを本当に愛しているのか?」,『現代思想』17巻7号, 1989.〕

산드라는 무엇을 회의하고 있는 것일까? 월터가 산드라의 장점(성질)을 기술하고 그것에 대한 그의 평가를 표명함으로써, 이를테면 '사랑하는 이유'를 열거한다고 해도 산드라는 결코 만족하지 않는다. 예컨대 산드라가 예쁘다는 것, 산드라가 총명하다는 것, 월터가 이런 것들을 아무리 강조한다고 해도 산드라는 만족하지 않을 것이다. 만족은커녕 화를 낼지도 모른다.

산드라가 묻고 있는 것은, 월터에게 자신이 유일한가라는 것이다. 다시 말해 월터에게 산드라가 다른 사람으로 대체 불가능하고 둘도 없는 사람인가 하는 것이다. 이 물음에 대해 산드라의 아름다움 따위를 이유로 드는 것은 완전히 빗나간 대답이다. 왜냐하면 '아름다운 사람'이라는 일반적인 범주 안에서 산드라는 결코 유일·단일한 것으로 나타나지 않기 때문이다. 사실 수지도 예쁘고 캐롤도 예쁘다.

그러므로 크라우트도 지적하고 있는 것처럼, 사랑의 대상은 고유명사의 지시 대상 같은 방식으로 나타난다. 고유명사란 사물을 단일한 개체로 지시하는 기호기 때문이다. 사랑이 이유로 환원될 수 없는 것은, 고유명사를 대상의 성질에 대한 기술로 치환할 수 없는 것과 같은 사정에서 유래한다. 고유명사가 대상을 단일한 것으로 설정하는 것과 마찬가지로, 진정한 사랑의 대상은 사랑하는 사람에게 유일한 것이어야 한다.

다시 말해 월터가 산드라를 사랑하고 있다는 것은, 월터가 지닌 감정의 원인으로 산드라가 유일하게 지정될 수 있다는 것을 의미한다. 그러나 여기에 기묘한 상정이 잠재되어 있다는 사실을 알아야 한다. 사랑의 대상으로서 산드라의 유일성이 확인되기 위해서는 반(反)사실적인 가정이 필요하다. 예컨대 수지라면, 또는 캐롤이라면 내가 사랑하는 대상이 될 수 있을까 하고 말이다. 이러한 대체 가능성이 배제될 때, 사랑의 유일성이 나타난다. 그러나 대체에 대한 가정은 다른 선택항을, 현실에서는 배제된다고 해도 가능성으로서는 있을 수 있는 것으로 확보할 것을 요청할 것이다. 다시 말해 사랑의 대체성에 대한 가정은, (월터의) 사랑의 대상이 다른 사람일 '가능세계'를 주제화하고 있는 것처럼 보인다. 그러나 만약 그러한 가능성(가능세계)이 적극적으로 주제화될 수 있다면, 사랑의 대상은 진정한 의미에서 단일한 것일 수 없을 것이다. 단일성이란 개체의 동일성——이 경우는 월터가 사랑하는 대상이 산드라라는 것——이 필연적이고 다른 것일 수 없다는 것이기 때문이다. 그러므로 사랑의 대상을 유일한 것으로 보여주려고 하면, 필연적인 동일성이 깨져버리는 것처럼 보인다. 필연적인 동일성이란, 어떤 사물의 그 자체와의 동일성(A=A)에 필적하는 동일성이다. 그 파탄은 자기의 자기와의 차이를, 예컨대 마토르의 "나는 내가 아니다"라는 발언이 환기하는 사태를 상기시킨다.

사랑의 불안에 대응하는 이러한 사태의 기묘함을 해석하기 위해서는 고유명사의 양상에 대한 일정한 통찰이 요구된다.

대부분의 언어철학자들이 고유명사——일반적으로는 이름——를 이상적인 언어에서 제거할 수 있다고 생각하던 시기가 있었다. 그렇게 생각할 경우, 고유명사는 기술——지시되는 대상의 성질에 대한 기술(의 다발)——의 생략형이다. 따라서 역으로 말하면 원리적으로는 모두 기술로 치환할 수 있다고 간주된다. 예컨대 '아리스토텔레스'라는 고유명사는 '플라톤의 최고 제자', 『자연학』의 저자', '알렉산더 대왕의 가정교사' 등의 기술에 의해 치환 가능하다는 것이다. 이런 생각은 프레게(Friedrich Ludwig Gottlob Frege, 1848~1925)나 러셀(Bertrand Arthur William Russell, 1872~1970) 등에게서도 발견되는, 초기 언어철학의 주류 견해다. 그에 비해 고유명사에 대한 크립키의 논의는, 고유명사는 단지 그 담당자를 지시하는 것이지 결코 대상의 성질에 대한 기술의 생략형일 수 없다는 것을 엄밀한 논증으로 보여주었다. 여기서 크립키의 논의에 대한 상세한 사항을 소개할 생각은 없지만, '아리스토텔레스'가 기술의 생략형이 아니라는 것은 "만약 아리스토텔레스가 알렉산더 대왕의 가정교사가 아니었다면"이라는 가능세계의 상정이 단적인 배리(背理)가 아니라 충분히 의미 있다는 데서 곧바로 예감할 수 있다. 이러한 상정은 결코 "알렉산더 대왕의 가정교사였던 사람이 알렉산더 대왕의 가정교사가 아니었다면"이라는 것이 아니다.

그런데 이전에 나는 크립키의 이 논의를 단서로 다음과 같은 견해를 제시한 적이 있다.[5] 고유명사는 사물을 개체로 지시함과 동시에 그 사물이 지시될 때 관여할 수 있는, 최대한 포괄적인 영역도 지시해버린다. 여기서 '포괄적인 영역'이라는 것은, 고유명사에 의한 지시가 이루어질 때 참조될 수 있는(가능 혹은 현실적인) 존재자 전체로 구성되는 클래스이며, 그 지시에서의 '우주'(universe)다. 우주는 (현실세계를 포함하는) 가능세계의 전체로 구성되는 클래스라고 해도 무방하다. 관

---

5) 大澤真幸, 「固有名の非固有性」, 『現代思想』 16卷 8号, 1988.; 大澤真幸, 『意味と他者性』, 勁草書房, 1994.

여적 존재자의 전 영역인 우주는 본성상 또 하나의 다른 우주와 병립할 수 없다. 다시 말해 우주 외부는 적극적으로는 존재할 수 없다. 존재가 의미 있게 적극적으로 상정될 수 있는 임의의 대상은 우주 내적인 요소일 수밖에 없기 때문이다. 따라서 우주는 절대적으로 단일할 수밖에 없다. 즉 우주는 그것에 대한 '다른 것'을 적극적으로 상정할 수 없는, 근본적으로 고립된 것으로 지시될 수밖에 없는 것이다.

고유명사가 사물을 단일한 것으로—즉 그 밖에 견줄 게 없는 둘도 없는 것으로—주제화하는 것은, 이러한 포괄적인 영역이 절대적으로 단일하기 때문이다. 다시 말해 고유명사가 지시하는 대상의 단일성은 우주의 단일성이 우주에 내재하는 각 대상(개체)의 장소에서 재현된 것이며 우주의 단일성에서 유래하고 있기 때문이다. 예컨대 "이 사람은 아리스토텔레스다"라고 명명하는 것은, 이 사람이 아리스토텔레스로 존재할 수밖에 없는 '이 사람'으로 지시된 존재자를 포함하는 영역을 하나의 우주로 구성해버린다. 즉 '아리스토텔레스'라는 말은 모든 가능세계에서 동일한 대상을 지시하는 것(고정지시자)에 의해 이 사람이 아리스토텔레스일 수밖에 없는 영역의 전체로서 우주를 간접적으로 지시하고 있는 것이다.[6)]

고유명사가 기술로 환원될 수 없는 것은 이 때문이다. 기술은 대상에 관한 어떤 특정한 차이를 주제화하는 방법이다. 즉 기술은 대상

---

6) 모든 가능세계에서 어떤 말이 동일한 대상을 지시할 때 고정지시자(rigid designator)라고 한다. 크립키는 이름이 고정지시자의 일종이라고 주장한다. 그에 비해, 예컨대 '알렉산더의 가정교사'라는 말은 비고정적=우연적인 지시자다. 우리는 알렉산더의 가정교사가 아리스토텔레스 이외의 인물이라는 사실이 발견되는 세계를 쉽게 상상할 수 있다.

이 어떤 성질을 갖는 것/갖지 않는 것의 차이, 대상이 어떤 성질을 갖는 가능세계/갖지 않는 가능세계의 차이를 주제화하는 것일 수밖에 없다. 예컨대 만약 고유명사 '아리스토텔레스'가 일종의 기술이라면, 그때는 어김없이 문제가 되는 차이가 존재할 것이다. 그러나 크립키가 철저하게 증명해 보여준 것처럼, '아리스토텔레스라는 것'을 상정하는 적극적인 구별은 찾아낼 수가 없다. "이 사람은 아리스토텔레스다" 라는 등의 언명과 관련되어 있는 것은, '이 사람'에 대한 특정한 성질이 아니라 '이 사람'을 포함하는 우주의 동일성이다. 거듭 강조하자면 우주가 그 외부와의 사이에서 구성하는 차이는 원리상 적극적으로 주제화될 수 없다. 어떤 의미의 존재가 적극적으로 주제화되어 주장될 수 있는 것은, 정의상 모두 우주 내부기 때문이다. 그러므로 고유명사를 기술과 등치시키는 것은, 우주가 그 외부와의 사이에서 만들어내는 경계선을 우주 내적인 구획으로 잘못 이해한 것이다.

다음과 같은 집합론적인 유비가 가능할 것이다. 가능세계의 집합을 W라고 하자. 기술은 이 W의 부분집합을 지정하는 것에 상당한다 (대상이 기술된 성질을 갖는 세계와 그렇지 않은 세계로 W를 양분한다). 고유명사에 의한 지시는 이렇게 다양한 기술이 그것에 붙여진 대상을 지정하는 것이다. 즉 고유명사는 가능세계의 부분집합의 집합——W의 거듭제곱 집합 2^W——을 지정하게 된다. 그런데 주지한 바대로 집합 W의 거듭제곱 2^W는 W보다 농도가 진하며 W의 부분으로 간주될 수 없다. 이것은 고유명사가 기술로 환원될 수 없는 것에 대응한다.

그러나 이렇게 생각할 경우, 다음과 같은 문제를 피하기 어렵다. 이름에 의한 지시가 그때마다 잠재적인 우주를 단일적인 전체로서 확정하는 조작이란 어떤 것일까? 이 의문의 진의를 이해하기 어려울지도 모르기 때문에 약간의 설명을 덧붙이기로 하자.

이름으로 지시할 때에는 단일적인 우주가 동일화되어 있지 않으면 안 된다. 그것은 이름이 대응하는 사물이 가지는 개체로서의 동일성을 인정하는 조작의 이면이다. 그런데 대상의 동일성을 인정하는 것은 그 대상과 다른 대상과의 차이를 인정하는 것과 구별되지 않는다. 그런데도 우주의 근본적인 고립성을 인정한다면, 우주의 동일성은 거기로부터의 차이로 구성되는 다른 우주를 적극적으로 상정할 수가 없게 된다. 우주의 동일성을 결정할 수 있는 차이를 주제화하기 위해서는 우주를 다른 영역과 병치하는 포괄적인 영역이 필요하다. 물론 우주보다 더 상위에 있는 포괄적인 영역을 전제하는 것은 배리다. 그럼에도 우주에 대해 외부와 내부를 결정할 수 있는 경계선이 확정되어 있다(즉 우주의 동일성이 확정되어 있다)고 한다면, 어떻게 해서 그런가 하는 것이 심각한 의문으로 나타날 것이다.

그런데 우리가 앞에서 개관한, 사랑을 엄습하는 불안은 이런 철학적인 의문과 대응하고 있다. 그리고 사랑의 존재 방식은 이 문제에 대한 해결을 시사하고 있기도 하다.

엄밀히 말하면 월터에게 산드라가 유일하다는 것은 월터가 산드라 한 사람만 사랑하고 있다는 것과는 별개의 일이다. 월터가 산드라를 사랑하는 이유가 단일적으로 —— 따라서 필연적으로 —— 산드라를 지정한다는 것이 여기에서 사랑이 가지는 유일성이다. 따라서 원리적으로 말하면 월터는 동일한 의미로 다양한 타자와 유일한 사랑의 관계를 맺을 수도 있을 것이다. 그것은 고유명사의 사용이 단일적인 우주에 대한 지시를 수반하고 있다고 해도, 그 우주 안에서 다양한 개체가 고유명사를 가지는 것이 하등 방해받을 수 없는 것과 같은 것이다. 그에 비해 월터가 산드라를 사랑하는 이유가 산드라를 한 요소로 포함하는 일반적인 집합을 지정하는 경우, 그의 사랑은 유일한 것이 아니다. 따라서 산드라가 찾고 있는 '진정한 사랑'이 아닌 것이다. 이 경우 월터는 산드라를 사랑하는 것과 동일한 지향성에 의해 복수의 타자를 사랑할 수 있게 된다. 그러므로 엄밀하게는 사랑하는 대상의 복수성이 사랑의 비유일성—그런 까닭에 비진정성—때문에 생기는 경우와 유일한 사랑 자체가 복수적이기 때문에 생기는 경우를 구별해야 한다. 그렇다고 해도 산드라가 월터에게 유일한 사랑의 대상이 되었을 때는 월터가 산드라 단 한 사람만을 사랑하고 있다는 경우가 압도적으로 일반적이기 때문에, 이후의 고찰에서는 이런 지배적인 상황을 통해 논의를 진행시키기로 한다. 다만 명기해둘 것은, 그렇다고 돈 후안이 유일한(진정한) 사랑을 몰랐다는 이야기가 되는 건 아니라는 사실이다.

그런데 이미 말한 것처럼 사랑의 대상은 고유명사의 지시 대상과 유비할 수 있다. 고유명사가 지시하는 단일성·유일성은 우주의 동일성·고립성에 대응한다. 고유명사에 의해 지명되었을 때, 대상의 동일성은 필연적인 것(다른 것일 가능성이 없는 것)으로 규정된다. 그런데 우리를 당혹케 하는 것은, 월터가 산드라를 유일한 존재(즉 다른 것으로 대체할 수 없는 둘도 없는 자)로 사랑하고 있다는 것이 바로 부정적인 가능성(즉 사랑의 대상이 누군가 다른 인물일 가능성)을 상정하는 것을 함의해버린다는 사실이다.

부정적인 가능성이 상정될 수 있다는 것은, 긍정적인 가능성과 부정적인 가능성의 구별이 하나의 우주 내부에서 적극적으로 결정될 수 있다는 것을 함의하는 것으로 보인다. 그렇다면 양자를 나누는 규정성의 유무에 의해서만, 즉 상대적인 의미에서만 어떤 인물이 사랑받고 있다는 이야기가 될 것이다. 다시 말해 월터가 산드라를 사랑하지 않았을 가능성 ─ 예컨대 수지를 사랑했을 가능성 ─ 이 상정된다면, 그 부정적인 가능성으로부터 현실세계를 분배하는 규정성을 근거로 하여 월터는 산드라를 사랑하고 있다는 것이 될 것이다. 이때에는 우리가 정의한 의미에서 월터에게 산드라는 유일한 사람이 되지 않는다.

그러나 실제로는 사랑이 아주 진정한 것으로 나타날 때는 확실히 그 유일성에 대한 요구가 관철되고 있는 것으로 보인다. 즉 우리는 진실로 사랑하고 있는 인물에 대해 이것으로 완전하다는 적극적인 이유(의 다발)를 다 들 수는 없다. 이는 고유명사를 성질에 대한 기술군(記述群)으로 치환할 수 없는 것과 마찬가지다. 특수한 목적에서 ─ 예컨대 전략적이고 공리적인 목적에서 ─ 관계를 맺고 있는 인물에 대해서는 관계가 유지되고 있는 이유를 필요하고도 충분하게 열거할 수 있다. 사랑의 관계는 이것과 완전히 대조적이다. 이 두 종류의 관계가 보이는 차이는, 사회관계를 분류하기 위해 파슨스(Talcott Parsons, 1902~1979)가 창출한 '패턴변수'*의 한 가지, 즉 '한정성-무한정성' (specificity-diffuseness)의 축으로 정리할 수 있다. 사랑의 관계는 무한정한 관계의 극점에 놓인다. 그것은 사랑이 관계 대상을 단일한 타자로서 지향하고 있다는 데서 귀결된다.

그러므로 사랑에서 이 사랑이 진짜가 아닐지도 모른다는 불안은 본질적인 구성 요소다. 불안은 불가피하게 생겨나고 결코 제거할 수 없다. 불안은 다음과 같은 사정에서 생겨난다. 첫째로, 불안은 회답의 강박적인 반복을 강요한다. 즉 불안은 "왜 사랑받고 있는가"(왜 사랑하고 있는가)라는 물음의 형식을 취하고 나타나지만, 어떤 특정한 인물을 사랑하고 있는 적극적인 이유는 그 사랑이 유일한 것인 이상 결코 다들 수 없기 때문에 이유를 붙여가는 끝없는 반복이 강요되는 것이다. 그리고 둘째로, 불안은 이 강박적 반복을 한 요소로 포함하고 있는 악순환으로 귀결된다. 불가능함에도 불구하고 이유를 점차 중첩시켜가는 경우, 그렇게 중첩시켜가는 것이 점점 더 불안을 조장한다. 왜냐하면 적극적인 이유를 붙여가는 것은 오히려 그 사랑을 상대적인 것(비유일적인 것)으로 보여준 것이 되어버리기 때문이다.

이러한 불안에 대항하여 사랑을 유일한 것으로 보여주고 또 확신하는 행위는 (반복하자면) 정말 기묘한 행위다. 그것은 사랑에 대한 반사실적 상정——"내가 사랑하는 여성이 산드라가 아니었다면"——을 포함하고 있다. 여기서는 적극적으로 규정하려고 하면 당장 그 규정조작으로부터 달아나버리는 구별이 문제가 된다. 다시 말해 그러한 구별이란 우주를 그 외부와 가르는 경계다. 월터가 산드라를 사랑하고 있다면, 산드라는 월터가 사랑하는 대상으로서 필연적(다른 것일 수 없

---

* 유형변수(類型變數)라고 번역하기도 하는 패턴변수(pattern variables)는 파슨스가 행동이론(형태론)을 전개하면서 중요시한 개념으로서 '가치지향성의 선택적 유형'을 말한다. 패턴변수는 다섯 쌍의 이분적 변수로서 ① 보편주의-개별주의(특수주의), ② 감정성-감정중립성, ③ 업적성(업적 본위)-귀속성(소속 본위), ④ 한정성(특정성)-무한정성(확산성), ⑤ 단체지향성-자기지향성 등이다. 이들 변수는 개성·사회·문화의 세 가지 체계가 서로 상호작용하여 동적 균형을 이루어 나가는 과정을 설명하는 개념 도식이다.

는 것)이지 않으면 안 된다. 즉 "월터가 산드라를 사랑하고 있다"는 문장은, 월터에게는 단일한 우주를 동일화하고 있다. "이 사람이 산드라가 아니었다면"이라는 가정은 이 우주에 대한 부정이며, 우주가 같은 것으로 인정된 이상 잠재적으로 전제되어야 했을 외부——우주는 그러한 외부의 부정에서 단일 영역으로 동일화될 수 있기 때문에——를 우주 자체의 내부로 끌어들이려는 조작인 것이다. 고유명사에 대한 고찰을 통해 우리가 직면한 질문은, 우주가 어떻게 동일화될 수 있는가라는 것이다. 사랑의 단일성을 요구하고 또 사랑을 그러한 것으로 보여주려고 할 때, 우리는 본원적으로 잠재적인 이 동일화 조작을 감히 현재화(顯在化)하고자 하는 것처럼 보인다.

2. 신념의 귀속

사랑의 불안, 사랑의 수수께끼는 고유명사를 둘러싼 철학적인 문제로 치환될 수 있다. 언어철학상의 몇몇 퍼즐은 겉으로 보기에는 사랑의 수수께끼와는 전혀 무관한 것으로 보인다. 하지만 구조적으로는 사랑에 대한 문제와 동형(同型)이다. 크립키가 제기한, 지향적 태도——전형적으로는 신념——의 귀속을 둘러싼 유명한 퍼즐도 그러한 철학적 과제 가운데 하나다. 그것은 다음과 같은 예를 통해 제시된다.

①Londres est jolie(런던은 아름답다).
②Pierre believes that London is pretty(피에르는 런던을 아름답다고 믿고 있다).

프랑스어만 할 줄 아는 피에르가 런던에 대한 자신의 지식을 기초로 ①에 성실하게 동의한다. 이러한 사실로부터 우리는 ②라고 결론지을 수 있다. 그런데 피에르는 프랑스를 떠나 영국 런던으로 이주하게 되었다. 이주한 지역은 런던에서도 특히 황폐한 지역이다. 그곳에서 피에르는 영어를 프랑스어로부터 번역하지 않고 유아가 처음으로 언어를 습득하는 경우처럼 곧바로 학습한다. 그리고 그가 지금 살고 있는 지역이 'London'(런던)이라고 불리는 동네라는 사실은 알지만 그 지역이 그가 예전에 'Londres'(롱드르)라고 부르던 동네라는 사실은 알지 못한다.

③ London is not pretty(런던은 아름답지 않다).

④ Pierre believes that London is not pretty(피에르는 런던이 아름답지 않다고 믿고 있다).

피에르는 이제 그의 주변 모습을 보고 판단하여 ③과 같은 주장에 동의하게 된다. 이런 사실에서 우리는 ④와 같이 결론짓지 않을 수 없다. 그러나 이 결론은 피에르가 프랑스에 살고 있던 때 내린 결론과 모순된다. 우리는 이 사태를 어떻게 설명하면 좋을까?

피에르는 최초의 신념을 포기한 것이 아니다. 그가 새로운 신념을 획득한 것도 부정할 수 없다. 물론 두 가지 신념이 함께 존재하지 않는다고 간주할 수도 없다. 그러나 피에르의 두 가지 신념을 모두 인정하면, 피에르는 모순된 신념을 갖게 된다. 그러나 피에르가 자기모순을 범하고 있는 것은 결코 아니다. 사실 피에르에게 아무리 논리적인 통찰력이 있다고 해도 똑같은 패러독스가 생기기 때문이다.[7] 이 퍼즐은 우리가 이미 확인한 고유명사에 대한 견해 —— 즉 고유명사에 의한 지시는 우주 자체에 대한 간접적인 지시가 된다는 견해 —— 를 지지하는 것이라고 일단 생각해볼 수 있다.

물론 이름에 의해 신념이 표명되어 있을 때도 하나의 우주가 지정되어 있다고 생각해야 한다. 피에르가 'Londres'에 의해 어떤 동네를 지시할 때, 하나의 우주가 구성되지 않으면 안 되고 게다가 그 영역은 본성상 근본적으로 고립된 것이어야 한다. 근본적으로 고립되어 있다는 것은 우주에 대해서 그것과 병립한 외적 영역을 적극적으로 상정하여 그 공존성을 명시적으로 문제삼을 수 없다는 것이었다. 'London'에 의해 지시가 이루어지고 있는 경우도 사정은 마찬가지다.

복수의 지시가 이루어질 때 잠재적으로 구축되는 복수의 우주는 "완전히 동일하다"라는 것 이외에는 어떤 관계도 가질 수 없다. 그렇지 않다면 우주의 근본적인 고립성이라는 규정에 반하게 될 것이다. 그러나 지금 문제가 되는 두 개의 지시, 즉 'Londres'라는 고유명사에 의한 지시와 'London'이라는 고유명사에 의한 지시에 잠재적으로 수반

---

7) 이미 말한 바와 같이 고유명사에 대한 크립키의 견해는 여러 면에서 기술설 보다 압도적으로 앞서고 있다. 그러나 종종 지향적 태도에 대한 문맥에서는 기술설이 유리하다고 생각되고 있다. 크립키의 견해에 따르면 공지시적인 고유명사(같은 대상을 지시하는 고유명사)는 지향적 태도의 문맥에서도 대입 가능성이 있어야 한다. 그런데 여기에서 배리가 나온 것으로 보인다. 유명한 사례로, 어떤 사람이 헤스페로스(새벽의 샛별)는 금성이라고 믿고 있지만 포스포로스(저녁의 샛별)는 금성이 아니라고 믿는 경우가 있다. 공지시적인 고유명사 사이에 대입 가능성이 있다면, 이 인물은 모순된 신념을 가지고 있다. 기술설은 이러한 곤란함을 피할 수 있는 것으로 보인다. 그러나 크립키의 피에르 퍼즐은, 헤스페로스와 포스포로스에 대한 불합리함이 결코 대입 가능성 원리에 기인한 것이 아니라는 사실을 보여주고 있다. 따라서 지향적 태도의 문맥에서도 특별히 기술설이 유리한 것은 아니다.

되는 두 개의 우주는 완전히 동일한 하나의 우주일까? 우주는 근본적으로 고립되고 유일한 것이므로, 각각 다른 곳에서 관여하는 두 개의 우주가 실은 하나의 동일한 우주라는 사태는, 각각의 우주에서 단일적으로 지정되고 있는 개체 사이에 적어도 하나의 적극적인 관계가—전형적으로는 동일성이—확정되었을 때, 그리고 그때만 인정된다. 만약 이러한 개체 사이의 동일성 관계가 결정된다면, 각각의 개체를 (고유명사에 의해) 지시했을 때 배경에 있을 수 있는 우주가 단일적인 것인 이상, 두 개의 우주는 다른 것일 수 없을 것이다.

　이 사례에서 피에르는 프랑스어의 화자로서 'Londres'라고 불리는 동네가 자신이 'Angleterre'(앙글르테르)라고 부르는 나라의 수도라는 사실을 알고 있을 것이다. 고유명사 'Angleterre'로 지시된 대상은 단일하게 지정된다. 또한 피에르는 'London'이라고 불리는 동네가 'England'(잉글랜드)로 지시되는 나라의 수도라는 것도 알고 있을지 모른다. 그러나 지금의 예에서 그는 'Angleterre'가 'England'의 번역이고, 양자가 공지시적(共指示的)이라는 사실을 알지 못한다. 피에르는 평소의 생활을 통해 그가 지금 'state'(스테이트)라고 부르는 개념과 프랑스어 화자로서 'état'(에타)라고 불렀던 개념이 동일하다는 것을 알고 있을지 모르지만, 'state'나 'état'는 대상을 단일하게 지정하지 않기 때문에 여기서 이 지식은 도움이 되지 않는다. 결국 번역에 의하지 않고 영어를 직접 학습한 피에르는 프랑스어 고유명사와 영어 고유명사 사이의 아무런 동일성도 알지 못할 것이다. 그러므로 'London'이 문제가 되었을 때 잠재되어 있는 우주와 'Londres'에 의한 지시가 이루어질 때 잠재되어 있는 우주는 서로 다른 것이라고 생각해야 한다. 또는 더욱 엄밀하게 말하면, 두 개의 우주가 어떤 영역 안에 병존하는 것도 아니기 때문에 양자 사이의 동일성도 차이성도 애초에 전혀 문제가 되지 않는다. 두 개의 우주는 의미 있는 아무런 관계도 갖지 않고 **각각**이 그저 근본적으로 고립된 채 존재할 뿐이다.

그러므로 패러독스의 유래는 다음과 같은 점에 있다. 만약 두 개의 우주가 말의 가장 강한 의미에서 고립되어 있다면, 프랑스어 화자로서 피에르가 표명했던 주장에서 끌어낸 신념에 대한 판단과 영어 화자로서 그가 표명한 합의나 주장에서 끌어낸 신념에 대한 판단을 비교하고 양자의 동일성이나 차이성 등의 관계를 문제삼는 것 자체는 전혀 무의미한 것이다. 피에르는 런던을 아름답다고 생각하고 있을까 그렇지 않을까 하는 물음은 의사(擬似) 문제일 수밖에 없다. 양자의 비교가 의미를 갖는 영역(우주)은 어디에도 존재하지 않는다.

곤란함의 원흉은, 크립키가 '인용해제'(disquotation)라고 명명한 원리다. 인용해제 원리는 "정상적인 일본어 화자가 숙고 끝에 'P'에 동의한다면, 그는 'P'라는 것을 믿고 있다"라고 표현된다. 이 원리는 통상 신념을 귀속시킬 때 우리가 완전히 자명하게 생각하는 기본적인 방법이다. 그러나 이 원리에 의거할 때 우리는 어떤 우주 내부에서만 의미를 가질 수 있는 지시를 전혀 무관한 우주로 폭력적으로 이식할 가능성이 있다. 피에르의 사례는 바로 그 가능성을 현실화한 경우에 해당한다. 이를테면 피에르를 외부에서 바라보는 우리는 프랑스어로 지시되는 사물과 영어로 지시되는 사물을 통일적으로 파악할 수 있는 입장에 있다. 다시 말해 'Londres'와 'London', 그리고 'Angleterre'와 'England' 각각이 모두 공지시적이라는 사실을 알 수 있는 입장에 있다. 그러나 이미 말한 것처럼 그것은 피에르의 입장이 아니다. 우리는 피에르의 언어적 표명에서 "Pierre believes ……"라는 판단을 도출할 때, 종종 피에르의 신념을 우리의 입장에 대해 열려 있는 우주로 고쳐 두고, 피에르에게 원래 의미를 가질 수 없는 내용을 그에게 귀속시켜버리는 것이다.

그렇지만 나는 인용해제 원리를 부정한다거나 그것에 제한을 가해야 한다고 주장하려는 것은 아니다. 오히려 내가 전개하는 논의는, 결국 인용해제 원리는 당연히 보존되어야 하고, 그러므로 여기서 본 것과 유사한 퍼즐은 불가피하다는 점을 암시하는 일이다. 그러나 이러한 결론에 이르기 위해서도 여기서는 우선 모순을 산출하는 원천이 이 원리에 있었다는 것을 확인해두는 것이 중요하다.

크립키가 제기한 퍼즐과 사랑의 불안을 구성하는 관계가 어떤 의미에서 동형인지에 대해서는 다음 절에서 다루기로 하자. 그 전에 퍼즐이 보여준 함의의 '사정(射程) 거리'를 간단히 논의하고자 한다.

피에르의 신념(지향적 태도)을 보고하는 두 개의 언명 ②와 ④는 명백히 모순되어 있다. 그러므로 양자를 억지로 연결하면, 당연히 거기에서는 자기부정적인 명제를 논리적으로 도출할 수 있다. 예컨대 양자의 연결로부터 "런던은 런던이 아니다"라는 명제가 도출될 것이다. 그것과 똑같은 자기부정적인 명제는 신념의 귀속자(담당자) 피에르에 관해서도 만들 수 있다. 즉 "피에르는 피에르가 아니다"라고 말이다. 여기서 다시 「오프닝 나이트」의 마토르와 모리스의 그 이상한 대사를 상기해보자. 지금 여기에서 끌어낸 명제는 그들의 "나는 내가 아니다"

라는 명제와 완전히 같은 구조를 가지고 있다. 다만, 그래도 크립키의 사례를 기초로 도출한 자기부정적인 명제는 피에르라는 고유명사를 주어로 하고 있다. 그에 비해 마토르와 모리스의 대사에서 주어는 '나'라는 지시대명사다. 양자 사이에 본질적인 차이를 인정해야 할까?

①의 언명에서 ②의 언명을 얻는 것(또 ③에서 ④를 얻는 것)이 인용해제의 조작이다. 이러한 조작이 아주 자연스러운 것으로 보이는 것은, 지시나 판단이 어떤 경우에도 특정한 신체에 귀속되어 있는(맡겨져 있는) 것으로 나타나기 때문이다(엄밀하게 말하면 역으로 지시나 판단이 귀속시킬 수 있는 사물을 신체라고 정의해야 할 것이다). 통상의 경우 지시나 판단의 귀속점이 되는 신체는 그 지시나 판단을 표명하는 언어가 나오는 음원(音源)이지만, 항상 그런 것은 아니다. 음원에 대한 물리적인 인지와는 별도로 지시나 판단(에 함의되어 있는 구별이나 선택의 조작)이 귀속하고 있는 신체가 인지되고 있다. 인용해제란 특정의 지시나 판단을, 그것을 귀속시키고 있는 신체와 함께 보고하는 것이다. 우리는 우리가 받아들인 지시나 판단이 특정한 신체에 맡겨져 있다는 것을 명시화하지 않고도 이미 인식하고 있기 때문에, 단지 그 암묵적 인식을 현재화할 뿐인 인용해제의 조작을 당연히 등치된 변환이라고 간주해버린다. 또한 지시나 판단이 특정한 신체에 귀속하고 있는 것으로 확실히 지시될 때, 그것이 '신념'이다.

그런데 임의의 지시나 판단은 궁극적으로는 발화자, 즉 '나'에 의해 지시되는 신체에 귀속하고 있다고 말해야 하지 않을까? 사실 일반적으로는 임의의 언명 'P'에 관해 "나는 P라고 믿고 있다"라고 바꿔 말할 수 있다고 생각한다. 이 바꿔 말하기는 원래의 언명에 '참이다'는 술어를 붙이는 경우와 똑같이 말 그대로 장황한 반복에 지나지 않은 것으로 보인다. 그러나 "나는 P라고 믿고 있다"는 언명은 내가 나 자신의 발화 'P'에 대해 인용해제의 조작을 하고 있는 것이다. 크립키의 퍼즐은 특별한 상황을 설정함으로써 등치된 치환에 지나지 않는다고 믿어졌던 인용해제에 통상은 보이지 않는——그러나 실제로는 항상 존재하고 있던——판단이 잉태되어 있다는 것을 보여주었다. 그것은 당연히 나 자신의 발화에 관한 인용해제의 조작에도 타당할 것이다. 바꿔 말하면 피에르의 신념 보고와 관련하여 생긴 곤란함은 내가 나 자신의 신념을 보고하는 경우에도 잠재된 곤란함이기도 하다.

카스타녜다(Hector-Neri Castañeda, 1924~1991)는 다음과 같이 논하고 있다. "존스는 '나는 배고프다'라고 말했다"라는 말은 "존스는 '존스는 배고프다'라고 말했다"를 의미하지 않는다. 왜냐하면 전자에서는 "나는 존스다"라는 것을 자각할 필요가 없기 때문이다.[8] 이 논의는 타자의 신념 보고에 관해 논의하고 있는 것도 아니고 인용해제를 둘러싼 곤란함을 주제로 하고 있는 것도 아니다. 카스타녜다의 논의는 지금까지 해온 우리의 논의와는 무관하다. 다만 그의 논의는 '나'라는 일인칭대명사가 특수한 문법적 성격을 가지고 있음을 보여주려고 한 것이다. 이 논점은 우리의 현재 논의에 뭔가 시사점을 줄 것이다.

카스타녜다의 견해는 비트겐슈타인(Ludwig Joseph Johan Wittgenstein, 1889~1951)의 논의와 거의 같은 것이다. 비트겐슈타인에

---

8) Castañeda, H.(1966). "On the Phenomeno-Logic of the I." in *Self-Knowledge*. Oxford University Press.; Castañeda, H.(1968). "On the Logic of Attributions of Self-Knowledge to Others." in *Journal of Philosophy* 65.

따르면, 우리는 "나는 아픔을 가지고 있다"라든가 나아가 "나는 생각을 가지고 있다"는 등의 어법을 사용해서는 안 된다. 왜냐하면 '나'는 '아픔'이나 '생각' 같은 심적 현상을 소유하는 일 같은 것이 불가능하기 때문이다. 예를 들어 내가 몸 어딘가에 아픔을 느낄 때, 그러한 '아픔을 소유하고 있는 나 자신'을 체험하고 있는 것은 아니다. 단지 세계 안에서 아픔이나 생각이 일어나는 것을 체험할 뿐이다.

비트겐슈타인의 논의는 설득력이 있다. 그러나 그의 논의는 독아론적인 함축을 가지고 있다. 적어도 그것은 '나의 아픔'(실은 세계에서 일어날 뿐인 단순한 '아픔')과 '타자의 아픔'을 전혀 무관한 것으로 간주하는 것이다. 그러나 그렇다면 우리는 왜 타자의 아픔과 자기 자신의 아픔을 같은 말로 지시하는 것일까? 나는 비트겐슈타인의 논의에 다음의 논점을 덧붙여야 한다고 생각한다. 확실히 '나'가 '심적 현상'을 소유하는 경우는 없지만, '심적 현상'은 '나'에게 존재하고 있고 똑같은 권리로 때로는 '타자'에게도 존재하고 있다고 말이다. 이렇게 '심적 현상'이 무언가에게 존재하고 있다고 간주될 수 있을 때, 여기서는 그 '심적 현상'이 그 사물에 '귀속하고 있다'고 표현해왔다. 이러한 심적 현상의 귀속 가능성의 유무가 '나'나 '타자'들같이 '영혼을 가진 자'와 '테이블'이나 '돌' 같은 단순한 사물을 구별하는 것이다.[9]

따라서 '나'라는 일인칭을 특권화할 필요는 없다. 반대로 '나'라는 일인칭에서 특수한 문법적 성격이 발견된다면, 그 성격은 타자를

---

9) 자세한 것은 다음을 참조할 것. 大澤真幸, 「コミュニケーションと規則」, 『現代哲学の冒険 10—交換と所有』, 岩波書店, 1990.; 大澤真幸, 『意味と他者性』, 勁草書房, 1994.

지시하는 대명사나 고유명사에서도 인정되어야 한다. 카스타녜다는 "존스는 '존스는 배고프다'라고 말했다"라고 보여질 때, 존스는 "나는 존스다"라는 자각을 가지고 있다고 말한다. 그러나 그 자각이란 무엇일까? 그것은 "나는 이 나다"라는 자각 이상의 것을 포함하고 있을까? 물론 "내가 존스다"라고 자각하고 있는 자는 자신이 '존스'라고 불린다는 것을 알고 있으며, 누군가 "존스!"라고 부르면 돌아볼 것이다. 그러나 '존스'가 무언가의 기술 다발로 치환될 수 없고, 존스라고 불리는 이 '나'의 성질에 대해 아무것도 함의하고 있지 않기 때문에 "내가 존스다"라는 것만을 알고 있는 자는 "내가 이 나다"라는 것을 알고 있는 자보다 나에 대해 더 많은 것을 자각하고 있는 것은 아니다. 바꿔 말하면 "존스!"라는 부름에 돌아본다는 것은 "자네!"라고 부르면 돌아보는 것과 같은 것이다.[10]

하여튼 여기서 보여주고 싶은 것은, 어떠한 지시나 판단도 "나는 ~라고 믿고 있다"라는 형식으로 인용해제될 수 있다는 것이다. 그러나 인용해제에는 크립키가 도려내 보여준 단절이 포함되어 있다. 예컨대 그 단절은 피에르의 신념 보고에 관해서는 때로 "피에르는 피에르가 아니다"라는 자기부정적인 언명으로 나타난다. 이와 마찬가지로

---

10) 그러므로 '존스'라는 고유명사가 기술의 생략형이었다면 사정은 달라진다(물론 기술설이 배척되고 있기 때문에 그렇게는 되지 않지만). 따라서 물론 "스미스의 비서는 '나는 배고프다'라고 말했다"는 "스미스의 비서는 '스미스의 비서는 배고프다'라고 말했다"와는 다른 의미가 된다. 후자에서 내용을 가진 자각, 즉 "나는 스미스의 비서다"라는 자각이 수반되어 있기 때문이다. 덧붙여서 말하면 비트겐슈타인은 고유명사(이름)는 (명확하게는 특정할 수 없이 애매한) 기술군(記述群)에 의해 치환된다고 생각했다. 즉 비트겐슈타인은 기술설을 채택하고 있었다.

'나'에 대한 신념 보고는 "나는 내가 아니다"라는 언명의 가능성을 잠재하게 한다고 보아야 할 것이다.

퍼트넘*이 생각해낸 '쌍둥이 지구'(Twin-Earth)라는 설정은 크립키 퍼즐을 정확히 반전시킨 구도다. 언어철학의 퍼즐과 사랑 관계의 동형성은 이 설정을 매개로 하여 볼 수 있다.

'쌍둥이 지구'란 다음과 같다. 지금 어느 한 가지를 제외하고 지구와 완전히 똑같은 혹성 —— '지구2'라고 부르자 —— 을 생각해보자. 거기에서는 음성적으로도 형태적으로도 문법적으로도, 그리고 어쩌면 글자 면에서도 지구의 언어와 완전히 같은 언어가 사용된다. 예컨대 거기에서는 '니홍고'라고 불리는 일본어와 똑같은 언어 —— '일본어2'라고 부르자 —— 가 사용되고 있다. 일본어2에는 당연히 '미즈'라고 발음되는 단어 —— '물2' —— 가 포함되어 있다. 그런데 지구와 지구2에는 단 하나의 차이가 있다. '물'이라는 이름으로 지시되는 물질의 화학 조성이 서로 다르다는 것이다. 물과 물2는 현상적으로는 완전히 동일하다. 양자는 모두 무미·무취의 투명한 액체이며, 마시거나 거기서 헤엄을 치거나 세탁에 사용될 수 있다. 그뿐 아니라 양자의 비중도 빙점도 모두 같다. 그러나 이 현상적인 유사성에도 불구하고, 잘 알려진 것처럼 물의 화학 조성은 H_2O임에 비해 물2의 화학 조성은 XYZ다.

---

* 퍼트넘(Hilary Putnam, 1926~)은 라이헨바흐(Hans Reichenbach, 1891~1953)에게 과학철학을, 콰인(Willard Van Orman Quine, 1908~2000)에게 현대논리학을 배웠다. MIT의 과학철학 교수를 거쳐 1965년 이후 하버드대학 철학 교수로 재직했다. 국내 번역본으로 『이성, 진리, 역사』(*Reason, Truth and History*, 1981 ; 김효명 옮김, 민음사, 2000)가 있다.

이 설정은 크립키 퍼즐에서 피에르의 상황과 흥미로운 대조를 보여준다. 크립키 퍼즐은 다른 이름 —— 'London'과 'Londres' —— 이 동일한 개체를 지시하는 데서 생기는 패러독스였다. 이에 비해 쌍둥이 지구 사례에서는 다른 개체가 동일한 이름 '물'에 의해 지시되고 있다. 쌍둥이 지구 사례는 크립키 퍼즐의 이름과 지시 대상의 입장을 역전시킴으로써 얻어진다. 이 사례에는 크립키 퍼즐에 상당하는 패러독스가 수반되는 것일까? 일견 그러한 패러독스는 어디에도 없는 듯이 보인다. 그러나 우리 지구의 주민이 일본어2의 화자가 물2에 의해 무엇을 지시하는지를 물을 때 패러독스가 나타난다.

포더(Jerry Alan Fodor, 1935~)와 함께 일본어2의 화자가 "물2는 축축하다"라고 말할 때, 또는 그런 발언에 성실하게 동의할 때, 우리는 이 일본어2의 화자에게 어떤 신념을 귀속시키면 좋을까 물어보기로 하자. 여기서 문제삼고 있는 것은, 우리는 이 인물이 어떤 언표양상에서의 신념을 가지고 있다고 주장해야 할까 하는 것이다.[11]

이 물음에 대한 해답은 간단하다. "물2는 축축하다"라고 일본어 화자가 말할 때, 그는 XYZ가 축축하다는 신념을 가지고 있다. 물2와 XYZ의 동일성이 인정되는 이상, 이 결론은 완전히 자연스러운 것이다. 또 그것은 퍼트넘의 결론과도 일치한다.

---

11) 속박변수(bound variable)에의 양화(量化)가 양상문맥이나 신념문맥 내부에서 이루어지는 경우를 언표양상, 양화가 양상문맥이나 신념문맥 밖에서 붙여지는 경우를 사상양상(事象樣相)이라고 한다. 예컨대 "피에르는 잉글랜드의 수도인 도시가 존재한다고 믿고 있다"라는 신념에 대한 보고는 언표양상에 관한 것이다. 한편 "피에르는 런던의 인구가 실제보다 많다고 믿고 있다"라는 보고는 사상양상에 관한 것이다. 여기서 문제삼고 있는 신념 보고에 대한 퍼즐은 모두 언표양상에 관한 것이다.

그러나 이 결론은 포더가 지지하는 해답이 아니다. 포더에게 "물2
는 축축하다"는 물이 축축하다는 신념을 표현하고 있다고 생각하는 것
처럼 보인다. 적어도 그의 결론은 이러한 생각에 아주 근접해 있다. 포
더에 따르면 지구상의 일본어 화자가 물이 축축하다고 믿고 있을 때
냄새가 없고 투명하며 마실 수 있고 세탁에 사용할 수 있다는 등의 성
질로 특징지어지는 물질이 (모두) 축축하다는 내용(전칭양화)의 신념
을 가지고 있다고 한다. 그런데 이러한 신념의 내용은 지구2상의 화자
가 물2가 축축하다고 믿고 있는 경우의 내용과 완전히 같다고 포더는
말한다. 여기에서 두 개의 신념 내용—— "물은 축축하다"와 "물2는 축
축하다" ——이 같다는 결론이 얻어진다.

포더의 이 결론이 오류라는 것은 명백하다. 여기서는 이름에 대한
프레게-러셀 식의 견해가 잠재되어 있다. 즉 포더의 이론은 이름——
예컨대 '물' ——의 의미가 그 이름에 결부된 성질의 다발(냄새가 없고
투명하며 마실 수 있고 세탁에 사용될 수 있는 등)에 의해 결정된다는 견
해에 의해 지탱되고 있다. 그러나 이미 말한 것처럼 이 견해, 즉 이름
에 대한 기술이론이 도저히 용인하기 힘든 수많은 곤란함을 수반하고
있다는 것은 철저하게 증명되었다.[12]

지구2 주민에게 냄새가 없고 투명하며 마실 수 있다는 등의 여러
성질을 가진 물질이 축축하다는 것은, 물이 축축하다는 것과는 다르
다. 분명히 우리도 물에 대한 지시를 고정할 때 물의 여러 성질——냄

---

12) Kripke, S.(1980). *Naming and Necessity*. Basil Blackwell. 〔八木沢敬 · 野家啓一 訳,
『名指しと必然性』, 産業図書, 1985.〕

새가 없다는 것, 투명하다는 것 등——을 사용할지도 모르지만, 이러한 여러 성질들은 물의 본질적인 규정성은 아니다. 예컨대 어떤 별의 주민들에게는 H_2O가 투명하지 않고 색이 있는 것으로 보일지 모른다. 이때 우리는 우리가 물에 대한 지시를 고정할 때 사용한 성질이 그 물질에서는 발견할 수 없다는 이유로, 그 별에서는 H_2O가 물이 아니라고 해야 할까? 그렇지 않을 것이다. 거기에서는 단지 **물이** 색이 있는 것으로 보일 뿐이다. 반대로 어떤 물질이 현상적인 여러 성질에서 물과 아무리 유사하다고 해도, 이미 물이 H_2O임을 아는 우리는 물2에 대해 물과 비슷한 물 이외의 물질로 보고할 수밖에 없을 것이다.

거듭 말하지만 "물2는 축축하다"는 말은 XYZ가 축축하다는 신념을 표명하고 있다. 이렇게 결론 내린 것으로부터 어떠한 문제적 상황으로도 이끌리지 않는 것으로 보인다. 그러나 직관적으로는 자명한 이 결론 역시 기묘한 배리를 일으킬 수 있다(그리고 포더가 이 자명한 결론을 거부하고 방금 보여준 결론을 지지한 당장의 이유도 이 배리에 있다).

일본어2의 화자가 "물2는 XYZ가 아니다"라고 발언하는 경우 또는 그러한 발언에 성실하게 동의하는 경우를 생각해보면, 배리는 현재화(顯在化)한다. 이러한 경우가 충분히 있을 수 있다고 생각하지 않으면 안 된다. 예컨대 지구2의 화학 발전 단계 중에서 물2는 XYZ가 아니라고 생각하는 것이 적절한 때가 있었을지도 모른다. 여기서 제안해온 이해 하에서는, 이러한 경우 일본어2의 화자는 XYZ는 XYZ가 아니라는 것을 믿었던 것이 된다. 즉 그에게 모순된 신념을 귀속시키지 않으면 안 되는 것이다. 그러나 이것은 그에게 너무나도 부당한 것으로 보인다. 분명히 그가 "물2는 XYZ가 아니다"라고 주장할 때, 화학적으로는 잘못된 신념을 가지고 있는 것일지 모른다. 그러나 그것은 모순된 신념을 가지고 있는 것과는 다른 것이다. 사실 "물2는 XYZ가 아니다"라고 주장하는 그도 "소크라테스2는 소크라테스2가 아니다"라든가 "바다2는 바다2가 아니다"라는 발언에 동의하는 것은 아니다.

이 배리는 피할 수 없다. 또 내 생각에는 피해야 할 것이 아니다. 즉 우리는 이 배리를, 이를테면 보존하고 계속해서 직면하지 않으면 안 된다. 배리를 이끌어내는 근본적인 원인은 어디에 있었을까? 그것은 지구의 주민이 지구2의 주민과 조우해버렸다는 사실, 그리고 지구의 주민이 물2는 XYZ가 아니라는 사실을 알 수 있는 입장에 있었다는 사실에서 유래한다. 그 사실이 가정된 이상 배리는 불가피하다.

우리의 물음은 이름에 의한 지시에 필연적으로 또는 잠재적으로 수반되는 단일한 우주의 동일성이 어떻게 하여 지시될 수 있는가라는 것이었다. 이 물음은 우주가 그 자신이 절대적으로 단일한 영역으로 존재할 수밖에 없는 한, 우주를 그 외부와 나누는 차이 —— 우주의 동일성은 이러한 차이의 인지를 수반하고 있을 것이다 —— 를 적극적으로 주제화하는 것이 절대로 불가능하다는 인식에서 생겨난다. 그런데 이미 보아온 것처럼, 사람은 그(그녀)가 사랑하는 사람이 그(그녀)에게 단일(유일)하다는 사실을 사랑하는 그 사람에게 보여주려고 할 때 자신이 내속(內屬)하고 있는 우주의 동일성을 직접 표적으로 삼고 있는 것으로 보인다. 그런데 지금 쌍둥이 지구 사례에서 발견되는 배리는, 사랑하는 이 사람에 대해 사랑의 단일성을 제시하는 것과 동형적인 구조임을 드러내고 있다.

사랑이(적어도 어떤 종류의 사랑이) 본질적으로 대상을 단일적인 개체로 소유하는 것이라면, "나는 산드라를 사랑한다"라는 발화는 (복수의 이름 사이의 동일성 주장과 마찬가지로) 필연적인 동일성을 표현하는 것이 된다. 즉 이 발화는 단일적이어야 할 내 사랑의 대상이 다름 아닌 산드라——이것도 '산드라'라는 고유명사로 지시되는 이상 단일적인 개체다——에 의해 채워지고 있다는 것을 표현하고 있기 때문이다. 그러나 월터가 산드라를 사랑하고 있다는 것을 보여주기 위해서는 기묘한 '반(反)사실적 상정', 즉 "내가 사랑하는 사람이 산드라가 아니었다면"이라는 상정을 꼭 필요로 할 것이다. 그렇지만 이러한 상정은 필연적인 동일성(자기 자신에 대한 동일성)의 부정이며 모순을 포함하는 가정이다. 그러나 사랑에 대해 주장하기 위해서 그것은 반드시 실효성 있게 기능해야 하는 가정이기도 하다.

"물2는 XYZ가 아니다"에 동의하는 일본어2 화자의 신념을 보고하는 지구의 주민을 당혹케 하는 것도 필연적인 동일성을 부정하는 모순된 신념("XYZ는 XYZ가 아니다")을 일본어2의 화자에게 귀속시키지 않을 수 없게 된다는 것이다. 이 보고 속에 나타나는 신념의 자기모순 구조는 사랑의 단일성에 대한 반사실적 상정의 구조와 동형적이다.

그렇다고 해도 "물2는 XYZ가 아니다"에 동의하는 일본어2 화자의 신념 내용은 모순되어 있다고 생각해야 하는 것일까? 그렇지 않다. 모순은 보고에서 당장 나타난다. 즉 모순은 지구 주민이 지구2 주민의 신념 내용을 파지(把持)하려고 할 때 현재화한다. 그렇다면 지구2 주민에게 모순은 전혀 관계없는 것일까? 그것 역시 아니다. 보고에 의해 모순이 일단 현재화했다면 모순은 그대로 지구2 주민 쪽으로 반사해간다. 예컨대 다음과 같은 상황을 생각하면 된다. 지구 주민과 "물2는 XYZ가 아니다"에 동의하는 지구2 주민이 조우하고, 지구 주민이 지구 2 주민에게 성실하게 말한다. "당신은, XYZ는 XYZ가 아니라고 믿고 있다"라고 말이다. 이 말에 지구2 주민은 "당신에게 당신(즉 나)은, XYZ는 XYZ가 아니라고 믿고 있다"라고 말하지 않을 수 없을 것이다. 이리하여 모순은 간단하게 지구2 주민 자신에게도 투영된다.

그런데 이 점에서도 사랑의 단일성에 대한 상정과 동형적인 구조를 가지고 있다. 사랑하는 대상의 단일성·유일성을 주장하는 월터가 반드시 필요로 하는 가정, "사랑하는 사람이 이 사람 산드라가 아니었다면"이라는 양의적인 가정은 월터의 사랑에 대한 산드라의 회의에서 생기는 것이다. 즉 이 가정은 산드라의 "당신(월터)이 사랑하는 사람은 다름 아닌 이 나가 아닐지도 모른다"라는 불안을, 산드라의 당신, 즉 월터에게 투영한 것, 혹은 월터 자신이 스스로 받아들인 것이다. 이 관계는 지구 주민을 산드라에게, 지구2 주민을 월터에게 대응시키면 완전히 쌍둥이 지구의 사례와 같은 구조를 취하게 된다.

3. 사랑의 현기증

문제의 핵심을 끄집어내기 위해 다시 원리적인 수준으로 거슬러올라가 고찰해보기로 하자. 사물=존재자에 대한 지시(지명) 행위는 (지시의 대상이 되는 사물도 그 요소인) 사물=존재자 부류로 구성된 공간에 내재한 국소적인 한 점에 귀속된(맡겨진) 것으로밖에 이루어질 수 없다. 지금까지 지시가 귀속될 수 있는 사물을 '신체'라고 불러왔다. 지시 ── 이름에 의한 지시 ── 는 어떤 특정한 신체에 귀속됨으로써만 존립할 수 있고, 그 신체 역시 지시된(혹은 지시될 수 있는) 대상으로 구성된 공간에 내재한 국소적인 한 점이다.

여기서 '국소적'이라고 형용한 것은 이 지명(指名)이 귀속하는 한 점이 모든 사물=존재자(의 '정재'[定在, 거기에 있다는 것]와 '상재'[相在, 어떻게 있는가 하는 것])*에 대해 동일한 거리일 수 없기 때문이다. 여기서 지명을 떠맡은 신체와 그 대상 사이의 거리는, 이를테면 그 대상(존재자)의 동일성이나 성질을 인지하기까지 필요한 조작(구별 조작)의 수를 말한다. 그때 해당 조작이 그것에서의 차이 설정에 의해 가능해지는 '잠재적 전제'를 현재화하는 후속 조작 ── 따라서 더욱 '먼' 대상 ── 이 어떤 조작에 대해서도 존재한다는 사실이 중요하다. 예컨대 현재의 관심 대상이 되는 어떤 사물의 어떤 성질 ── 예를 들어 '벚꽃의 색깔'── 은 직접 현전하기 때문에 근거리에 있다. 그러나 그 성질을 인지할 수 있는 것은 현재 직접적인 관심의 초점이 되고 있지는 않은 다양한(가능한 혹은 현실적인) 다른 사물이나 성질과의 구별 ── 색깔의 다양한 구별, 꽃과 가지의 구별, 벚나무와 다른 수목의 구별 등등 ── 이 더욱 먼 대상으로 그 배경을 이루고 있기 때문이다. 이러한 배경의 사물이나 성질은 구별을 인지하는 조작을 더욱 거듭함으로써 현재화할 수 있다.

사물=존재자는 지시가 귀속하는 한 점(신체)에서의 거리 안에 위치한다. 또는 거리에 의해 지시의 특정한 한 점(신체)에 대한 귀속성이

---

* '정재'는 'Dasein'(현존재), '상재'는 'Sosein'을 가리킨다.

나타난다고 말해도 좋다. 지시는 그 지시에서 표적이 된 사물(의 특정한 규정성)이 그곳으로부터의 거리로서 존재하는 장소를 잠재적으로 지시해버리기 때문이다. 더욱이 어떠한 존재자에 대해서도 더 '저편', 즉 더 '먼 쪽에 있는' 존재자가 상정될 수 있다. 바꿔 말하면 현재 현재화하고 있는 지시에 의해서는 직접 규정되지 않지만 지시 가능한 존재자의 미규정적 영역이 항상 존재하고, 게다가 그 영역은 현재의 지시에서 현재화하고 있는 (존재자의) 측면·성질이 그것에 대한 차이로서 특정될 수 있는 '바탕' 같은 것으로 유효하게 기능하고 있다. 따라서 지시는 종국적으로 가장 먼 지점에 도달할 수 없는 것이다.

그러나 한편 지시와 상관하여 열려 있는 이 존재자의 영역에는 확실히 한계, 즉 이 영역에 대응한 일종의 경계선──내부와 외부를 가르는 차이──이 존재한다. 우리가 사용해온 용어를 사용하자면 그러한 영역이야말로 '우주'다. 이미 말한 것처럼 우주는 단일적인 전제로서 분해된다. 단일성에 맹목적일 때, 사람들은 크립키가 제기한 퍼즐에 발이 차일 것이다. 우주의 단일성은, 지시가 개시(開示)하는 영역에 대응하는 경계선이 그어져 있다는 것을 의미한다. 그러나 방금 말한 것처럼 가장 먼 쪽 장소로서의 경계선에는 결코 도달할 수 없다. 이것은 직접 우주 전체를 적극적으로 지시의 대상으로 할 수 없다는 1절 '사랑의 불안' 후반부에서 지적한 사실과 대응한 사태다.

내부로부터 도달할 수 없는 경계선으로 둘러싸인 영역을 우리는 위상기하학의 비유로 표현할 수 있다. 즉 그러한 영역＝우주를 지시가 귀속되는 그 국소적 한 점(지시하는 신체)을 중심으로 한 근방(近方)이라고 간주할 수 있을 것이다. 위상공간상에서 어떤 점의 근방이란 그

점을 중심으로 한 '개집합' *으로──예컨대 '평면' 상이라면 경계선만을 포함하지 않은 '원의 내부' 로──정의된다. 근방의 특징은 그 내부의 어떤 한 점에 대해서도 경계선에 더욱 가까운 바깥쪽 점이 존재하고 있다는 것이다.

그러므로 우주는 바로 우주가 그것에 대한 근방으로 존재하는 영역의 중심──지시의 귀속점──과 엄밀하게 대응하고 있다. 다시 말해 양자는 같은 것의 다른 표현 양식일 수밖에 없다. 지시의 귀속점이 되는 이 '중심' 은 지표사(指標詞) '나' 에 의해 지시되는 신체다. 앞에서 우주는 절대적으로 고립되어 있다고 말했다. 바꿔 말해 이는 나의 절대적 고립, 나라고 불리는 신체의 절대적 단일성과 대응하고 있다.

이러한 지시의 귀속성(나로서의 신체로)은 통상 지시 자체에 의해 잠재적으로 함의되어 있지만, 직접적으로 명시되지는 않는다. 예컨대 내가 "런던은 아름답다" 라는 판단을 표명한다거나 그러한 판단에 동의할 경우, "이것은 런던이다" 라는 지시가 전제되어 있고, 게다가 그 지시에 의해 대상이 되는 도시가 그것과의 관계에서 '이것' 으로 현전하는 정점(定點)인 '나의 신체' 가 잠재적으로 함의된다.

그러나 신념으로 표명된 판단을 인지하는(보고하는) 경우에는 바로 신념이라는 것의 본성상 귀속의 준거점이 적극적이고 직접적으로 명시되어야 한다. 예컨대 피에르가 "Londres est jolie" 라는 문장에 합의를 보일 때, 우리는 "런던은 아름답다" 는 판단을 피에르에게 귀속된

---

* 집합 U에 포함되는 임의의 점 근방이 반드시 U에 포함될 때 점의 집합 U를 개집합(開集合)이라고 한다.

것인 한에서(즉 피에르에 대한 것으로서) 타당하다고 인정하고, 이를 피에르의 신념이라고 말한다. 이 경우 "런던은 아름답다"라는 판단이, 혹은 이 판단에서 전제가 되는 런던에 대한 지시가 귀속되는 '나'란 물론 피에르다. 다만 귀속의 준거점이 된 피에르는 런던을 'Londres' (롱드르)라고 명명하는 한에서의 피에르(프랑스어 화자로서의 피에르)라는 데 유의해야 한다. 런던을 'Londres'라고 명명하는 피에르와 런던을 'London'이라고 명명하는 피에르는, 피에르가 조지와 다른 것과 마찬가지로 전혀 다른 준거점이다.

그러나 이렇게 생각한 경우, 사랑이라는 관계의 아주 기묘한 구조를 알아채지 않으면 안 된다. 사랑이란 무엇일까? 내가 타자를 사랑한다는 것은 어떤 것일까? 사랑을 특징짓는 것은 내적인 심리 상태가 아니다. 사랑은 커뮤니케이션의 특수한 양식(선택의 특수한 접속 양식)으로 정의될 것이다. 사랑에서 커뮤니케이션이란 다음과 같은 의미에서 **비대칭적으로** 구조화된다. 루만(Niklas Luhmann, 1927~1998)은 이 비대칭성을 사랑하는 자의 **행위**가 사랑 받는 자의 **체험**에 접속되는 것으로 개념화하고 있다. 즉 행위가 행위에 접속되는 것도 아니고 체험이 체험에 접속되는 것도 아니며, 행위가 체험에 접속되는 것의 낙차에 사랑이라는 관계의 비대칭성이 잉태되어 있다는 것이다.[13]
이러한 개념화의 함의를 밝히기 위해서는 '행위/체험'이라는 구별을 명확히 해둘 필요가 있다. 우리가 논의하는 문맥에서는 이 쌍을

---

13) Luhmann, N.(1984). *Liebe als Passion*. Suhrkamp. p.26.

다음과 같이 정의 —— 또는 루만의 정의에 따르자면 '개정' —— 할 수 있다. 행위란 신체로부터의 거리가 1인 대상에 대한 지시(지향)만을 수반하는 (신체적인) 수행이고, 체험이란 신체로부터의 거리가 1을 넘는 대상에 대한 지시(지향)를 수반하는 수행이라고 말이다. 즉 행위의 대상은 거리 1의 근방 안으로 모아지며 체험의 대상은 그 외부로 확대된다. 대상에 대한 거리가 1이라는 것은 대상이 된 '사물의 동일성이나 성질'이 현재 직접적인 관심의 표적이 되어 있고, 그렇기 때문에 그 동일성이나 성질에 대한 지시가 함의되어 있는 구별·선택의 조작이, 지시하는 신체 자신에게 해당 신체의 능동성에 귀속되고 있는 것처럼 나타난다는 것을 의미한다. 한편 거리 1을 넘어선 대상은 주어진 전제로서 기능하고 있고, 따라서 그것을 지시하는 구별·선택의 조작은 행위하는 신체에게 자신의 외부=환경에 귀속되어 있는 것처럼 나타나게 된다. 또한 여기서 "어떤 지시의 조작이 특정 신체의 능동성에 귀속되어 있다"는 것은 대상에 대한 지시와 동시에 그 지시하는 조작 자체에 대한 지시가 (잠재적으로든 현재적으로든) 수반되어 있다는 것을 말한다. 요컨대 능동적인 행위란 무엇을 의미하는가에 대한 자각을 수반하는 행위다. 이렇게 정의해두면 당연히 어떤 대상에 대한 지시가 행위로서 현실화될 것인가, 체험으로 잠재화할 것인가의 구별은 상대적인 것이 될 수밖에 없다. 이 경우 우주는 체험 영역의 극한으로 정의될 것이다. 즉 행위/체험의 어떠한 구별에 대해서도 우주는 항상 체험되어야 할 대상 측으로 배분되는 영역으로 존재한다.

타자를 사랑한다는 것은 자신의 행위, 자신의 지시를 타자의 체험에 의미 있도록 위치시키는 일일 수밖에 없다. 나는 당신의 기쁨을 위해, 또 당신의 슬픔을 위해 행위한다. 사랑하는 자는 자신의 사랑이 진실한 것임을 보여주기 위해 스스로 행위하도록 강요된다. 사랑 받는 자는 단지 수동적으로 뭔가를 체험해가면 되고, 기껏해야 사랑하는 자가 자신을 그(그녀)의 체험으로 향하는 것을 기대할 뿐이다. 이에 비해 사랑하는 자는 그 행위의 결과가 사랑 받는 자의 체험에서 긍정적 가치를 가진 것으로 의미 부여되어 나타나도록 행동해야 한다. 그런 까닭에 사랑이라는 커뮤니케이션에서 선택성은 (타자의) 체험에서 (자신의) 행위로 이전한다. 그런데 타자의 체험으로 자리잡는 것은 결국 자신의 행위를 체험의 포괄적인 영역인 타자의 우주로 향하게 하는 것임을 함의한다.

앞 절에서 말한 것처럼 사물의 존재를 인정하는 임의의 지시는 궁극적으로 '나'에 의해 지시되는 신체에 귀속된다. 대상은 나를 중심에 둔 우주 안에 자리잡는다. 그런데 사랑에서는 이러한 내 지시의 실효성(實效性) 자체가 타자의 우주 내부에서 타자에 의해 (잠재적으로) 승인=지시됨으로써만 확립된다. 즉 나의 지시는 타자=당신의 우주 내부 요소여야 하고, 그런 한에서만 의미를 가질 수 있다. 이번에는 지시의 최종적인 담당자는 내가 아니라 타자=당신이 된다.

그러므로 사랑의 관계에서 지시의 궁극적인 귀속점은 나(자기)임과 동시에 당신(타자)이기도 하다. 먼저 나야말로 당신을 사랑하고 있고 당신을 사랑하는 대상으로 지시하는 행위의 귀속점이 나라는 구성은 해소되지 않는다. 그러면서도 나의 임의의 지시가 단지 당신의 우주 내 요소로서만 의미를 가진다면 나의 지시를 거듭 지시하고 있는 타자 쪽에 최종적인 귀속점이 위양(委讓)되어 있는 것이기도 하다. 그렇기 때문에 여기에는 현기증을 유발하는 지시 귀속점의 끝없는 반전이 존재한다.

이러한 반전은 (타자의) 체험을 (자기의) 행위에 접속하는 커뮤니케이션에서만 완전히 실현된다. 예컨대 체험에서 체험으로의 접속에서는 자기와 타자 쌍방에서 탈중심화가 생기고, '우주'는 자기나 타자 어느 한쪽으로만 귀속되지 않은 영역으로 나타나게 된다. 즉 자기와 타자, 이 둘의 중심이 함께 해소되고 마는 것이다. 선택성이 (타자의) 체험에서 체험으로 접속되는 양식의 대표는 '진리'(의 전달)다. 또 행위에서 행위로의 접속에서는 자기와 타자 각각이 상대에 대한 지시의 담당자로서 고유한 우주의 중심으로 기능한다. 즉 나(자기) 쪽에 위치한다면 이 나야말로 우주의 고유한 중심이고, 반대로 당신(타자) 쪽에 위치한다면 다름 아닌 당신이 중심이며, 한쪽의 비전에서 다른 쪽 비전으로의 반전은 일어날 수 없다. 물론 내 우주 안에서 타자가 "이 나를 그 내부에 포함하는 고유한 우주를 떠맡은 또 한 사람의 나"로서 지시되는 일은 있겠지만 말이다. 예컨대 이러한 행위에서 행위로의 접속 양식은 '권력'에 의해 대표된다. 그리고 (타자의) 행위에서 (자기) 체험으로의 접속, 즉 사랑의 관계와는 정반대의 접속관계에서는 단순히 자기에게 귀속되는 우주 내부에서 타자의 행위가 체험될 뿐이다. 그러한 행위-체험의 접속 양식으로는 '화폐'(지불)를 들 수 있다.

그런데 체험을 행위에 접속하는 경우, 행위하는 자는 자신의 선택(지시)을 (자기에게 귀속되는 것임과 동시에) 타자에게 귀속되는 것으로 구성해야 한다. 다시 말해 사랑에서는 '나' 중심으로서의 기능을 타자에게 빼앗기고 마는 것이다. 말하자면 사랑의 비극적인 구조는 이것

안에, 즉 능동적으로 행위하는 신체 쪽이 오로지 수동적으로 체험할 뿐인 신체 쪽에 종속되지 않을 수 없다는 관계성 안에 있다. 철저한 수동성이 오히려 관계를 지배하는 능동적인 항으로 전회하는 것이다.

따라서 사랑에서는 나의 단일성이 그 부정과 공존한다. 내가 단일적인 것은 그것이 우주(에 내재하는 지시)의 궁극적인 준거점으로 나타나기 때문이었다. 그런데 사랑하는 자에게 타자가, 또는 타자 역시 그러한 궁극적인 준거점으로 나타나게 된다. 낯선 준거점의 출현은 나의 단일성(고립성)을 부정하고 나를 타자와 대등하게 할 것이다.[14] 사랑에서는 나의 고립성(단일성)과 낯선 것(타자)의 공존성이 갈등하면서 병행한다. 고립(나의 단일성)이 사랑하는 자에게도, 또는 오히려 사랑하는 자에게야말로 가장 통렬하게 엄습하는 것은 이 때문이다.

사랑이 진실한 것이고자 할 때 단일적일 것을 요구하는——사랑받아야 할 대상(타자)이 단일적으로 지정되는 것을 요구하는——이유가 여기에 있다. 사랑이 단일적일 것을 요구받는 것은, 단적으로 말하면 내가 단일적이기 때문이다. 사랑에서 내가 바로 나라는 것의 근거가 되는 활동——우주의 궁극적 중심으로서의 활동——을 낯선 신체, 즉 타자가(도) 떠맡는다. 그런 까닭에 나의 단일성은 다시 타자 존재의 단일성으로 나타나게 된다. 이 구성은 기묘한, 말하자면 모순된 것이다. '나'에 의해 지시되는 신체가 먼저 세계 내부에 실체로서 주어져

---

14) 타자가 나의 우주 내적인 요소로만 나타나는 경우, 나는 타자와 대등하게 직면하게 되지 않는다. 사랑을 체험하는 경우처럼 나의 능동적인 행위(지시) 전체가 타자(낯선 장소)에 귀속하는 우주 내부에 정위되는 것을 지각한 경우, 타자는 나와 마찬가지로 고유한 지시의 귀속점이 될 수 있고 나는 타자와 직면할 수 있다.

있는 것은 아니다. '나'는 우주의 궁극적 중심으로서 그 기능 쪽으로부터 규정된다. 그렇다면 그러한 기능을 타자(당신)가 맡고 있는 것처럼 사태가 구성될 수 있는 것은 내가 (타자와) 동시에 같은 기능을 유지하고 있는 경우로 한정된다(그렇지 않으면 단지 '나'가 다른 신체를 지시하고 있다는 것에 지나지 않게 된다). 이리하여 사랑이라는 커뮤니케이션 양식에서 나의 단일성이, 따라서 우주의 단일성이 깨지지만, 그것은 나라는 신체나 우주라는 사상(事象)의 단일성을 지정하는 기능이 유지되는 한에서 그렇다. 반대로 말하면, 단일성을 요구하는 '사랑'이라는 관계는 내가 나(단일하다)라는 것이 그대로 타자로 이행하는 일이 있을 수 있다는 것을 가르쳐준다.

이러한 사태를 굳이 언어적으로 표현하려고 하면, 카사베츠의 영화 「오프닝 나이트」에 나오는 마토르처럼 "나는 내가 아니다"라고 선언할 수밖에 없을 것이다. 그것은 나를 정의하는 '단일성'이 나의 부정(타자)에 의해 점거된다는 것을 의미한다. 영화에서 여주인공 마토르는 이 선언과 함께 진실한 사랑을 회복한다.

'사랑하는 대상이 산드라가 아니었다면'이라는 가정은 이러한 사랑의 구조에서 유발된다. 사랑의 단일성(유일성)을 주장할 때 아무렇지 않게 사용되는 이 반사실적 상정은, 이미 말한 것처럼 우주의 동일성=단일성에 대한 부정을 함의하고 있다. 그러나 타자에 직면하고 타자의 고유성을 인정하지 않을 수 없는 사랑이라는 체험에서는 나의 단일성이, 따라서 또 이것과 필연적으로 결탁하고 있는 우주의 단일성이 ──한편에서는 보존되면서── 부정되기도 하는 것이다. 바꿔 말하면 이때 우주에는 외부로 연결되는 창문이 뚫리는 것이다. 사랑하는 대상은 고유명사에 의해 지시된 개체와 마찬가지로 단일적인 것이어야 한다. 이 단일성은 나의 단일성을 직접적으로 반사한 것이다. 그러나 바로 내가 사랑하는 타자가 또 하나의 고유한 지시의 담당자기 때문에 나의 단일성 부정이 구성되고, 사랑하는 대상의 개체로서의 단일성이 일단 배경화되기도 하는 것이다.

사랑의 관계와 동일하지는 않지만 신념의 보고에도 유사한 구조가 인정된다. 이미 말한 것처럼 신념 보고에서는 지시의 귀속점(그 지시에서의 '나')이 반드시 명시되어야 한다. 그런데 그 보고 자체는 보고의 화자에게 귀속된다. 예컨대 "지구2 주민 존은, 물2는 XYZ가 아니라고 믿고 있다"라고 지구 주민 필이 보고했다고 하자. 신념은 당장 어떤 물질을 '물2'라고 명명하는 자(또는 'XYZ'라고 명명하는 자), 즉 존에 귀속된다. 그러나 존이 그러한 신념을 소유한다는 것(존이 '물2'라는 이름으로 어떤 지시를 행하는 것) 자체가 더 한층 그 인물을 존이라고 명명하고 지시하는 신체, 즉 필에게 귀속된다.

신념의 소유자를 그 해당 신념에 관여하는 지시에서의 '나'로 고정한다면, 당연한 일이지만 신념의 보고자는 '타자'다. 그러므로 신념이 보고될 때, 신념은 우선 직접적으로는 '나'에게 귀속되지만, 나아가 궁극적으로는 그 귀속이라는 사실 자체가 '타자'에게 귀속되는 우주 내부에서 인정된다. 즉 여기서는 다른 귀속점을 가진 이중의 지시가 인정된다. 첫째로 '나'에게 귀속되는 지시가 있고, 둘째로 그 첫번째 지시를 지시하는 '타자'에게 귀속되는 지시가 있다.

여기에는 사랑의 체험과 유사한 지시의 교착이 존재한다. 사랑의 경우에는 타자의 지시를 다시 자기의 지시로 회수하는 반전이 준비되어 있지만, 신념 보고에서는 보고하는 타자의 지시가 종국적인 지시의 귀속점으로 고정된다. 이 경우에도 앞에서 확인한 것처럼 '보고자에게 당신'(타자의 타자)인 형태의 반사에 의해 타자(보고자)의 지시를 자기(신념의 소유자)에게 귀속된 형태로 되돌릴 수 있지만 말이다.

　여기서 복수 지시의 집합 사이의 다음과 같은 관계를 정의해두기로 하자. 다른 귀속점(신체)을 가진 지시 집합에 이름 사이의 동일성 관계를 보존하는 대응(번역) t가 발견될 때, 이 두 지시의 집합은 정접(正接)한다고 말하기로 하자. 지금 한쪽 귀속점 n에서 대상의 어떤 현상 x에 대응한 그 대상의 이름을 n(x), 다른 쪽 귀속점 m에서의 x에 대응한 이름을 m(x)라고 할당한다면, 그 각각은 서로에 대한 번역이 된다. 이를 기호로 나타내면 다음과 같다.

$$\forall x, \ \forall y : n(x) = n(y) \Leftrightarrow m(x) = m(y)$$

　이와 같은 관계가 성립할 때, n에 귀속되는 지시(명명)의 집합과 m에 귀속되는 지시(명명)의 집합과는 정접하고 있는 것이다. 이 경우의 번역은 물론 (동음) 번역을 포함하고 있다. 콰인처럼 번역의 가능성 자체를 회의하는 것도 가능하지만, 여기서 대상 자체는 '이것' 등의 지표사 또는 그에 상당하는 표현방법에 의해 고정되고, 그렇기 때문에 다른 지시 집합 사이의 번역이 성립 가능하다고 가정해두기로 하자.

　앞에서 말한 것처럼 신념 보고에서는 지시가 중층화된다. 그런데 지시의 이중 수준이 정접하고 있다는 보증이 반드시 있는 것은 아니다. 신념 소유자의 지시와 그것을 보고하는 타자의 지시가 정접하고 있지 않을 때, 신념 보고에 대한 패러독스가 생길 수 있다.

예컨대 피에르에게는 'London' 과 'Londres' 라는 두 개의 이름 사이에 동일성이 확립되어 있지 않지만, 피에르의 신념을 보고하는 우리는 양자의 이름(또는 우리의 언어에서 그것에 대한 번역 '런던')을 동일한 대상 런던에 대한 것으로 동일시하고 있다. 이때 크립키가 지적한 퍼즐이 해결될 수 있다. 보고자는 신념을 피에르에게 귀속되는 것으로 보고하지만 그 보고 자체는 보고자에게 귀속되기 때문에 신념의 표현은 최종적으로 보고자의 언어로 번역된다. 즉 우리는 피에르가 'Londres' 로 지시한 것에 대해 말한 신념을 우리 자신의 말 '런던' 으로 표현할 수밖에 없다. 여기에서 이름이 기술의 치환이 아니라 대상을 직접적으로 지시하는 것이라면, 이름 사이의 동일성은 그 동일성을 인지하고 있는 자에게는 필연적인 동일성(그 사물의 그것 자체에 대한 동일성)을 표현할 수밖에 없다는 것에 유의하기로 하자. 그렇다면, 피에르의 신념이 우리 보고자의 언어로 번역되자마자 '런던' 에 의해 지시된 대상은, 피에르가 'London' 을 지시한 대상과도 동일할 수밖에 없는 것으로 자리잡을 것이다. 그러나 이러한 동일성은 피에르의 지시에서는(피에르의 우주에서는) 존재하지 않기 때문에, 이미 본 퍼즐이 생길 수 있다. 쌍둥이 지구의 경우도 마찬가지다. '물2' 와 'XYZ' 사이의 동일성은 신념을 보고하는 지구 주민에게는 확립되어 있지만, 신념의 소유자인 지구2 주민에게는 존재하지 않는다.

그러므로 예컨대 일본어2의 화자가 "물2는 XYZ가 아니다"라는 것에 동의했을 때의 신념 보고문──"그는, XYZ는 XYZ가 아니라고

믿고 있다"——에 나타나는 모순은 일본어2의 화자에게 귀속되는 것
도 아니고 일본어 화자에게 귀속되는 것도 아니다. 모순은 두 지시의
틈에서 생긴다. 즉 어떤 지시가 이것과 정접하지 않은 다른 지시 내부
에 위치하는 데서 모순은 해결되는 것이다.[15]

　유의해야 할 것은, 신념 보고문이 셰익스피어적이지 않다[16] (공지
시적 고유명사——예컨대 여기서는 '물2'와 'XYZ'——의 교환 가능성이
없다)는 결론을 내려서는 안 된다는 것이다. 신념이 보고되는 이상, 그
것은 보고자에게 귀속되는 우주 내부에 자리잡아야 하고 셰익스피어
성(性)은 피하기 어렵다. 다시 말해 보고자의 우주에서 필연적으로 동
일한 것——예컨대 '물2'와 'XYZ'——은 교환 가능할 수밖에 없다. 기
묘한 퍼즐을 낳는 원천은, 신념이 타자에게서 보고된다는 관계 자체에
내재하고 있기 때문에 이미 보고의 가능성을 인정해버린 경우에는 그
퍼즐을 피할 수는 없다. 보고의 가능성을 인정하면서 또한 자의적인
금지——예컨대 셰익스피어성의 금지——를 도입하는 것은 일관성을
결여한 태도다. 그러므로 우리의 결론은 신념 문맥에서도 셰익스피어
성은 있으며, 그것은 그것이 초래하는 패러독스와 함께 감수될 수밖에
없다는 것이다.

---

15) 크리민스(Mark Crimmins, 1962~　)와 페리(John Perry, 1943~　)에 따르면 신념 문맥에
　서는 단순한 논리적 추론 규칙도 성립하지 않는다. 그 근본 원인은 지시의 비정접(非正
　接)적 관계에 있다. Crimmins, M. & J. Perry (1988). "The Prince and Phone Booth."
　CSLI TechReport, No. 128. 〔飯田隆・土屋俊 訳, 「王子様と電話ボックス」, 『現代思想』 17
　巻 7号, 1989.〕
16) "장미는 다른 이름이어도 달콤한 향기가 날 것이다" 라는 셰익스피어의 말을 통해 기치
　(Peter Thomas Geach, 1916~　)가 만든 용어.

다시 한번 유의해야 할 것은, 타자가 존재할 때 언제나 지시 사이의 비정접 가능성이 있을 수 있다는 사실이다. 또는 오히려 타자는 정접할 수 없는 지시의 집합을 낳을 가능성에 의해 정의된다고 해야 할지도 모른다. 이름 사이의 동일성은 단일한 우주 내부에서는 그 이상의 근거로 거슬러 올라갈 수 없는 동어반복(tautology)으로 나타난다. 그 동일성은 필연적이며, 그렇기 때문에 우주가 단일적이라는 것의 증거기도 하다. 그러나 그 필연적인 동일성도 낯선 준거점에 귀속되는 지시에 의해 비로소 문제화되고, 경우에 따라서는 기묘한 패러독스를 야기한다. 쌍둥이 지구의 사례는 이러한 타자와의 극히 통상적인 조우를, 아주 비슷하지만 다른 지시를 행하는 두 혹성의 병립에 의해 극적으로 표시하고 있는 것에 지나지 않는다. 그러나 이런 종류의 작위적인 사례에 의존하지 않고서도 우리는 사랑의 체험에서 불가피하게 타자에 직면한다. 그리고 신념 보고문에서 패러독스가 생긴다 해도 그것은 타자가 존재하고 있는 것의 신비 이상은 아니다. 타자의 존재(타자와의 공존)를 우리는 사랑의 체험에서 부단히 받아들이고 있고, 그렇게 하는 이상 신념의 퍼즐도 해소되는 것이 아니라 받아들여야 한다.

우리의 물음은 우주의 동일성은 어떻게 확정될 수 있는가에 있었다. 이에 대해 우리는 이제 다음과 같은 점들을 말할 수 있을 것이다. 첫째로, 우주의 동일성(단일성)을 구성하는 차이란, 또는——같은 것이지만——고유명사 지시 대상의 동일성(단일성)을 구성하는 차이란 타자(당신)와 자기(나)의 차이다. 우주가 그것에 대한 부정으로써 단일적인 영역으로 성립될 수 있는 차이는 지시의 낯선(또 하나의) 귀속점이 존재하고 있다는 사실에 의해서만 산출될 수 있다. 바꿔 말하면 필연적인 동일성(우주 내부에서는 항상 성립하는 동일성)에 대한 부정은, 비정접적인 지시를 생성할 수 있는 준거점(타자)이 존재하고 있는 것에 의해서만 구성할 수 있다. 그러나 둘째로, 우주의 동일성 또는 고유명사 대상의 동일성이 위의 타자성 차원에 의존하는 방법은 부정적인 형식을 취하고 있다. 예컨대 "물은 축축하다"라는 신념이든 "런던은 아름답다"라는 신념이든, 이것이 의미 있고 일관성을 갖기 위해서는 타자에 의한 지시(비정접적인 지시)로부터 격리되어야 한다.

포더는 퍼트넘의 쌍둥이 지구 사례를 검토하면서 신념이나 언명의 진리치 평가에 관한 '중용의 원리'(Principle of Reasonableness)라는 방침을 제기한다. 중용의 원리는 양화(量化)된 변항(變項)의 논의 영역을 극단적으로 넓게 취하는 것이 아니라 적당히 국지적인 표본에 한정해야 한다는 원칙이다. 이렇게 생각함으로써 지구에 대한 언명은 지구의 범위 내에서, 또 지구2의 범위 내에서 평가하게 되고, 쌍둥이 지구의 사례에서 생기는 모순을 피할 수 있게 되는 것이다. 우리가 채택하고 있지는 않지만 이 원리는 시사하는 바가 크다. 타자가 자기(나)와 공존하고 자기(나)에게 귀속되는 지시 전체가 타자의 지시 안에서 재정위되는 경우, 이미 주의 깊고 세심하게 논의해온 것처럼 패러독스는 피하기 힘들다. 그러므로 고유한 지시의 귀속점으로 작용하는 타자와의 노골적인 직면을 피하지 않고서는 모순 없는 지시를 할 수 없다. 포더의 원리는 이러한 사태에 대응하는 제안이다. 그러므로 타자와의 공존 차원은 우주의 동일성에 불가결하지만, 동시에 억압되지 않으면 안 된다. 그것은 억압되어야 할 차원으로서 반드시 필요한 것이다.

셋째로, 타자성의 억압은 결코 타자성의 소거가 아니다. 타자는 억압되어 통상적인 장면에서는 본질적으로 존재하지 않는(즉 자기 우주의 내적인 요소로서 자기에 대해 상대적·이차적으로만 발견된다) 것처럼 사태가 진행된다고 해도, 잠재적으로 그 작용을 계속 유지한다. 여기서 검토한 신념 보고에 대한 패러독스는 이러한 잠재적인 타자성 차원의 말소 불가능성을 드러내는 특별한 방안이다. 그리고 무엇보다도 더 한층 직접적으로는 사랑이라는 체험의 불가피성이 이 타자 차원의 놀랄 만한 작용을 이제 은폐할 수도 없이 개시해버린다.[17]

---

17) 원래 퍼트넘은 의미가 주체의 내면(뇌의 상태)만으로는 결정될 수 없다는 것을 보여주기 위해 쌍둥이 지구의 사례를 사용했다. 그는 여기서부터 나아가 결론적으로 신념 같은 지향적 태도의 내용이 내면의 현상이 아니라는 것을 추론하고 있다. 한편 포더는 본문에서 보여준 논의("물2는 축축하다"와 "물은 축축하다"는 동일한 신념이라는 논의)를 통해 지향적 태도의 내용은 모두 심적인 표상 내용으로 환원된다는 것을 보여주려고 했다(따라서 포더의 논의는 지향적 태도의 내용을 주체 내면 안에 존재하게 한다는 설을 옹호하게 된다). 나는 이 지향적 태도의 내용에 관한 외재설과 내재설 어느 한 쪽도 편들지 않는다. 내재주의란 다음과 같은 점에서 다른 입장을 취하고 있다. 첫째로 나는 — 포더의 논의를 부정한 문맥으로부터도 이해할 수 있지만 — 신념의 내용이 개인의 심적 표상으로 등치될 수 없다고 간주하고 있다. 둘째로 나는 신념의 유지에서 전제가 되는 이름의 지시가 타자의 존재를 전제로 해서만 결정될 수 있다고 생각하고 있으며, 독아론적인 함의를 갖는 내재주의와는 근본적으로 대립한다. 한편 우리는 주체로부터 독립한 존재자의 실재를 인정하고 있는 것도 아니다. 존재자의 존재는 단지 지시와 상관해서만 유효하지, 지시에서 독립하여 존재자가 스스로 존재하는 것은 아니다. 만약 지시를 광의의 지향적 태도 안으로 포함한다면, 해당 태도의 외부에서 지향적 태도의 내용을 구하는 것은 전혀 의미 없는 것이다. 그러나 그러한 광의의 지향적 태도는 결코 주체의 내면으로 환원될 수 없다. 그것은 처음부터 타자성에 대한 관계를 포함하고 있다. 지향적 태도에서 내용의 외재성은 지시된 대상의 동일성이 고립된 주체의 내면으로 해소할 수 없다는 것에서 귀결된다. 그리고 근본적으로는 독아론적인 '내면/외면'의 이원론적 전제로부터 귀결되는 가상이다.

2장 언어 이해의 본성을 찾아서

1. 방에 틀어박힌 자

우리는 언어를 이해하고 있고, 그 이해에 기초하여 언어를 사용하고 있다. 그러나 언어를 이해하고 있다는 것은 어떤 상태를 말하는 것일까? 물론, 예컨대 "우리가 언어를 이해하고 있다고 (나중에) 자각하는 상황에서 언어의 이해가 귀착되는 신체의 내부나 그 외부에서 생기는 물리적인 상태"를 기술하는 것은 원리적으로 가능한 일일 것이다. 그러나 그 물리적 상태는 '언어의 이해' 라는 상태의 본질이 아니다. 우리가 언어(엄밀하게는 어떤 언어의 어떤 문장)를 이해하고 있을 때, 뇌 안에서 특정한 신경전달물질, 예컨대 도파민(dopamine)이 작용하고 있다는 것을 알았다고 하자. 그렇다면 다른 생물이 도파민과는 다른 물질, 예컨대 노르아드레날린(noradrenaline)을 체내에서 작용하게 함으로써 동일한 언어를 이해하는 것이 가능한지 물어보기로 하자. 물론 가능할 것이다. '기능주의' 의 입장에 있는 인지과학자가 강조한 것처럼, 동일한 심적 상태가 다른 물리적 상태에서 실현될 수 있는 것이다. 이러한 입장에 서면 기계, 즉 '인공지능' 에 의해 언어 이해를 실현하는 것도 가능할 것이다. 그리고 만약 기계에 의한 언어 이해가 가능하다면, 그 기계에 의해서도 우리 신체에 의해서도 실현할 수 있는 동일한 무언가의 내부에는 이해라는 상태를 구성하는 본질이 있을 것이다.

하지만 존 설(John Searle, 1932~)은 기계에 의한 언어 이해의 가능성에 대해 강한 회의를 제기했다. 그 회의는 '중국어 방'이라고 명명한 사고 실험을 기초로 하여 표명되었다. 철학자들 사이에서는 널리 알려진, 이 사례로부터 고찰의 실마리를 풀어보기로 하자.[1]

중국어를 모어로 사용하고 있는 사람은 중국어 문장을 발화하고, 또 타인의 중국어 발화를 듣는다. 나아가 때로는 중국어 문학을 읽고 또 스스로 쓴다. 그들이 중국어를 이해하고 있다는 것은 의심의 여지가 없다. 그런데 이 중국어를 모어로 하는 사람의 행동을 모방할 수 있는 프로그램이 존재한다고 가정해보자. 이 프로그램에 의해 움직이는 기계는 중국어를 이해하고 있다고——중국어 모어 사용자와 같은 의미에서 이해하고 있다고——말할 수 있을까? 이것이 존 설의 질문이다.

여기서 존 설은 다음과 같은 상황을 상정해보라고 제안한다. 중국어를 전혀 이해할 수 없는, 예컨대 영어만을 이해할 수 있는 사람을 방 안에 넣어 두고 그 사람에게 영어로 쓰여진 위의 프로그램을 준다. 이 사람은 입력으로 주어진 중국어 기호——이것은 그에게 무의미한 도안에 지나지 않는다——를 프로그램에 쓰여진 순서에 따라, 역시 그에게는 무의미한 한 무리의 중국어 기호에 대응시키고 방밖으로 출력해 내

---

1) Searle, J.(1980). "Minds, Brains, and Programs." *The Behavioral and Brain Sciences*, Vol.3.

보낼 수 있을 것이다. 외부에서 관찰할 경우, 틀림없이 이 사람은 중국어를 모어로 하는 사람의 응답과 전혀 구별할 수 없을 정도로 반응할 수 있다고 설은 말한다. 예컨대 외부에서 중국어로 스토리를 주고 그 스토리에 명시적으로, 또는 암묵적으로 함의되어 있는 사항에 대해 이것저것 중국어로 질문하는 경우, 이 방안에 있는 인물은 상식적인 중국어 화자의 답과 동일한 문장을 출력할 것이다.

그런데 이 방안의 인물은 중국어를 이해하고 있는 것일까? 물론 아니다. 그렇다면 동일한 프로그램으로 움직이는 기계도 완전히 똑같은 권리로 중국어를 이해하고 있다고는 말할 수 없을 것이다. 설의 결론은 이렇다. 인간이 언어(예컨대 중국어)를 이해하고 있고 기계가 그 인간과 똑같이 반응하도록 설계되어 있다면, 그 기계는 반응에 있어서는 인간과 동형일지라도 언어를 이해하고 있지는 않다.[2]

---

2) 사실 이러한 프로그램의 존재 가능성 자체가 큰 문제다. 예컨대 주어진 방대한 스토리에 관해 극히 높은 확률로 적절하게 응답하고 마치 인간처럼 반응하는 기계를 만들기 위해서는 인공지능 연구자가 '프레임 문제'라고 부르는 어려운 문제를 극복하지 않으면 안 된다. 설이 직접적 목표로 삼은 것은 생크(Roger C. Schank, 1946~)의 언어이해 프로그램이다. 이 프로그램을 사용하면 기계는 스토리에 대해 일종의 질의 응답을 할 수 있다. 기계는 스토리가 명시적으로 언급하지 않아도 스토리로부터 상식적으로 추론할 수 있는 사항에 대해서도 적절하게 응답하기 때문에, 그 범위 안에서는 이 프로그램이 프레임 문제를 극복할 수 있는 것으로 보인다. 그러나 이것이 가능한 것은 프로그램 안에 처음부터 '스크립트'라고 불리는 정형화된 '시나리오'가 있기 때문이고, 스크립트의 수가 너무 많아지면, 즉 아주 다양한 스토리에 대응할 수 있도록 프로그램을 바꿔버리면, 결국 다시 프레임 문제가 출현할 것이다. 여기서 잠정적으로 말할 수 있는 것은, 만약 정말 프레임 문제를 피할 수 있는 프로그램을 작성할 수 있다면 그것에 의해 작동하는 물체는 '이해'를 실현하고 있다고 말할 수 있을지도 모른다는 것이다. 다만 한정적인 질의 응답에 '중국어' 화자와 똑같이 반응하도록 만들어진 기계가 그 한정적 커뮤니케이션의 범위 안에서 언어를 이해하고 있는가 하는 것으로 문제를 압축한다 해도, 여기서 나의 논지는 상실되지 않는다. 프레임 문제에 대한 상세한 설명은 오사와 마사치의 「지성의 조건과 로봇의 딜레마」(知性の条件とロボットのジレンマ, 『現代思想』 18巻 3·4号, 1990)를 참조할 것.

존 설의 논의에 대해서는 다음과 같이 반론할 수 있을 것이다. 이해라는 것은 '시스템' 전체에서 생기는 것이라고 말이다. 방안의 인물은 이 시스템의 부분에 지나지 않는다. 그 '부분'에 이해를 돌려버릴 수 없다는 것이, 시스템 전체에 이해라는 능력을 돌려버릴 수 없다는 것을 의미하지는 않는다. 존 설 자신도 어느 정도 이러한 반론을 예상했고 그것에 대한 방어적 재반론을 하고는 있지만, 그럼에도 여전히 당장에는 설의 사고 실험에 대한 타당한 반론이라고 말할 수 있을 것이다. 예컨대 우리가 언어를 이해하고 있을 때, 뇌 안에서는 신경세포에서 인접한 신경세포로 신경전달물질이 오가고 있다. 설의 사고실험이 증명한 것은, 신경전달물질이 중국어를 이해하고 있지는 않다는 것, 또는 더욱 엄밀하게 말하면 신경전달물질과 기능적으로 등가인 '신경세포 사이의 반응을 매개하는 장치'가 중국어 이해를 담당하고 있지 않다는 것에 다름 아니다. 신경전달물질에 이해라는 상태를 직접적으로 귀속시킬 수는 없다는 것에 동의한다고 해도, 우리 자신이 언어를 이해하고 있지 않다는 것에 동의하는 것은 아니다.[3]

존 설의 논의는 이렇게 반박되지만, 그래도 상상력을 자극하기에는 충분하다. 중국어 방에 틀어박힌 그 인물이 중국어를 이해하지 못한다고 하는 이유는 무엇일까(따라서 신경전달물질이나 신경세포를 매개로 하는 장치가 언어를 이해하고 있지 않다고 말하는 이유는 무엇일까)? 이 인물이 시스템의 부분에 지나지 않는다면, 어느 수준의 '전체'까지

---

3) 존 설에 대한 호지랜드(John Haugeland, 1945~)나 호프스태터(Douglas R. Hofstadter, 1945~)의 비판이 바로 여기에서 보여준 내용을 담고 있다.

상승해야 확실히 이해한다고 할 수 있는 '시스템'으로 인정되는 것일까? 어느 정도 포괄적인 전체까지 상승했을 때, 갑자기 이해라는 상태가 발생하는 이유는 무엇일까? 요컨대 언어를 이해한다는 것은 도대체 어떤 상태일까? 설의 논의는 자연스럽게 이러한 질문을 유발한다.

2. 지향성

우리가 중국어 방의 인물이 중국어를 전혀 이해하지 못한다고 곧바로 단정하는 이유는 무엇일까? 이 인물에게 입력·출력되는 일군의 기호가 완전히 '의미'를 결여하고 있기 때문이다. 엄밀히 말하면 그것들은 '기호'도 아니다. 기호란 '다른 무언가'와 대응함으로써 그 '다른 무언가'를 의미하는 것이기 때문이다. 이 인물에게 '지렁이가 꿈틀거리는 듯한 무늬'와 '한자' 사이에는 아무런 구별도 없다.

물론 '기호=무늬'의 집합 중에서 각각의 '기호=무늬'가 다른 '기호=무늬'와의 관계에서 갖는 '위치가(位置價)=의미'는 있다. 이 관계를 규정하는 것이 프로그램이다. 예컨대 어떤 '기호=무늬'의 열 (列) S가 주어져 있는 상황 하에서, 어떤 '기호=무늬'의 열 A가 입력되었을 때, 다른 '기호=무늬'의 열 B가 출력으로 대응해야 하고, 열 C와는 대응해서는 안 될지도 모른다. 그 경우 '기호=무늬'의 열 A는 이 인물에게 "열 B를 출력하라"는 명령으로서의 의미를 가지고 있다고 할 수 있다.

그러나 그것은 열 A 본래의 '의미'가 아니다. 기호에서 본래의 의미는 기호와 기호 외 무언가의 대응관계에 의해 규정되어야 하지만,

이 인물이 '이해' 하고 있는 것은 기호와 기호의 관계뿐이기 때문이다. 요컨대 이 인물에게는 '기호＝무늬'의 통사론적 관계만이 명확하고, 의미론적 관계는 완전히 빠져 있다.[4]

설은 이러한 상황을 지향성(示向性)의 결여로 특징짓고 있다.[5] 어떤 상태가 지향적이라는 것은 그 상태가 '다른 무언가에 대한' 이라는 구성을 취하고 있다는 것을 의미한다. 중국어 방의 인물은 기호를 다른 무언가에 **대한** 기호로 조작하는 일이 없다. 요컨대 설에 따르면 중국어 방의 인물이나 기계가 언어를 이해하지 못하는 것은 그 조작에 지향성이 결여되어 있기 때문이다. 그러나 지향성을 갖는다는 것이 어떤 상태인가에 대해 좀더 파고들어 물어보도록 하자. 그러한 상태가 확보되어 있다는 것 자체가 경탄할 만한 신비라는 것을 알 수 있다.

3. 외적 사상

지향적이라는 것은──언어이해라는 것에 입각하여 말하자면── '기호' 로서 기능하는 사상(事象)이 바로 **그것**에 대한 것이 되는, 즉 '기호' 인 사상이 관계하는 '기호에 대해 외재하는 사상' 이 존재한다는 것이 최소한의 요건이 될 것이다. 사상이 기호에 대해 외재하지 않고서는 그것을 향해 '～에 대하여' 라는 관계를 구성할 수 없을 것이다.

---

4) 존 설의 논의를 요약한 것과 그것에 대한 코멘트로서는 '土屋俊, 『心の科学は可能か』, 認知科学選書 7, 東京大学出版会, 1986, 59~63쪽' 이 참고할 만하다.
5) 나의 신체론에서는 'intentionality' (지향성)이라는 용어가 존 설과는 다른 의미로 사용된다. 이것과 구별하기 위해 설의 용어에 대해 '시향성' (示向性)이라는 번역어를 사용한다 (그러나 여기서는 다시 '지향성' 으로 번역한다─옮긴이).

그렇기 때문에 지향적이라는 상태의 가장 자연스러운 이해는 다음과 같은 것이 될 것이다. 마음 외부에 '우주'의 존재를 상정하는 것이다. 언어적 기호 자체는 마음 내부에서 표상되어 간직된다. 한편 우주는 '사물'과 '사물의 성질', '사물과 사물 사이의 관계'로 성립되어 있다고 한다(여기서는 이 세 가지 요소를 전체적으로 '사상'이라고 부른다). 심적인 상태가 지향적이라는 것은 그 상태가 이들 우주 안의 요소를 향하고 있다는 것, 즉 심적인 상태가 우주 안의 요소에 대해 어떤 특정한 관계를 가지고 있고, 더욱이 그 관계 자체가 마음 내부에서 지시되고 있다는 것을 알 수 있다는 것이다. 지향되어 있는 외적인 상태가 반드시 직접적으로 현재=현전할 수 있는 실재일 필요는 없다. 예컨대 약속이라는 행위가 발동되고 있을 때, 거기에서 나온 문장은 아직도 성립되지 않은 (우주 안의) 사상을 (자신의 행위를 통해 실현해야 할 것으로) 지향하고 있다. 이러한 학설에 입각한다면 지향성이란, 또 언어의 이해란 마음의 상태=언어 기호가 마음 외부의 가능적·현실적 사상과 특정한 내용의 관계를 담당하고 있고, 또 그 한정적인 관계 자체를 지시하는 작용을 그 동일한 마음에 귀속시킬 수 있다는 것이다. 설 자신도 지향적인 관계가 향하고 있는 외부의 가능적·현실적 사상을 지향적인 심적 상태의 '충분조건'이라 불렀다.

지향성은 심적 대상과 우주 내 요소와의 관계인, 특수하게 한정된 내용이다. 그러한 관계 안에서 가장 단순한 것은 무엇인가? 관계를 단순화해간다는 것은 관계의 내용적인 특수성을 환원해간다는 것이다. 이러한 환원 끝에는 전혀 내용이 없는 관계, 즉 마음 내부의 대상과 우주 내 사상과 단적으로 동형적인 대응관계가 얻어질 것이다. 그것은 마음 내부의 대상 ──기호(의 열로서의 문장) ──이 우주 안의 사상을 지시하고 있다(기술하고 있다)고 말해지는 관계다. 내용 없는 이러한 대응관계가 내용적으로 한정된 관계를 가능하게 하는 전제가 된다. 즉 가능적·현실적 세계에 객관적으로 실재하는 사상과의 지시관계가, 그 사상들에 대해 특정한 내용을 가진 지향적 관계가 성립하기 위한 전제가 되는 것이다. 기호(의 열)와 객관적인 실재의 (동형적) 대응성은, 방금 정의한 의미에서 지향성의 극한적인 영도(零度)이고, 동시에 지향성의 원점이다.

그러나 지향성이라는 것이 이러한 대응관계를 자체의 전제 조건으로 요구하고 있다고 한다면, 이러한 지향성은 전혀 불가능하다는 것을 보여줄 수 있다. 이러한 문맥에서 마음에 외재하는 객관적 실재(사상)를 상정하는 아이디어에 대한 퍼트넘의 비판을 이용할 수 있다.[6]

퍼트넘이 보여준 것은 언어 기호와 객관적인 사상(의 성질이나 관계)과의 최소한의 관계, 즉 지시 관계가 원리적인 결정 불가능성을 가지고 있다는 것, 따라서 객관적=외적인 실재와의 관계는 기호의 의미를 구성할 수 없다는 것이다. 좀더 자세히 설명하면 퍼트넘은 모델이론*의 이른바 스콜렘-뢰벤하임 정리(Skolem-Löwenheim theorem)를 증명할 때 사용되는 테크닉을 응용함으로써 객관적인 실재와의 대응에 의해 의미를 규정하는 구도와 (언어의) 의미 이론에 부과되는 조

---

6) Putnam, H.(1981). *Reason, Truth, and History*. Cambridge University Press.〔野本和幸·中川大·三上勝生·金子洋之 訳,『理性·真理·歷史』, 法政大学出版局, 1994.〕

* 고찰 대상 사이에 어떤 상사·유비·동형 등의 관계가 나타나는 모델을 설정하고 그것의 해석을 통해 직접 파악하기 어려운 현상을 해명하는 자료로 삼는 이론이다.

건이 모순된다는 것을 보여주었다. 의미 이론에 부과된 조건이란 "문장에서 부분의 의미가 바뀌었을 때 문장 전체의 의미도 바뀌어야 한다"는 것이다. 그런데 퍼트넘이 논증한 바에 따르면, 예컨대 "A cat is on a mat"라는 문장의 의미를 바꾸지 않고, 게다가 'cat'의 시시 대상을 (고양이에서) 버찌로, 'mat'의 지시 대상을 (매트에서) 나무로 치환할 수 있다는 것이다.[7]

퍼트넘의 논증은 마음 내적인 상태와 외재하는 객관적인 대상의 특정한 관계에 의해 지향성을 정의하는 것이 불가능하다는 것을 함의하고 있다. 심적 상태가 객관적인 대상과 지시적인 대응관계를 갖고 또 그 지시적인 대응관계를 스스로 지시할 수 있다는 것이, 특정한 내용을 떠맡은 지향적 관계를 구성하기 위한 전제가 된다. 그러나 퍼트넘의 논의는 이 전제가 성립할 수 없음을 분명히 했다. 그렇기 때문에 기계에 의한(혹은 중국어 방 인물의) 언어(중국어) '이해'와 우리의 진정한 언어 이해의 차이, 즉 기호가 외적 사상과 대응하고 있다는 것을 기계는 알지 못하지만 인간은 그것을 알고 있다고는 주장할 수 없다. 우리 역시 그러한 대응관계를 알지 못하기(확정할 수 없기) 때문이다.

4. 심적인 상

그렇다면 지향성이란 무엇인가, 이를 다시 물어야 한다. 마음에 대해 외적인 대상의 실재를 상정하고 그것과의 관계의 질에 의해 지향성을

---

7) 大澤真幸, 『意味と他者性』, 勁草書房, 1994. 8장을 참조할 것.

정의할 수 없다면, 지향성이 바로 **그것**에 대해 '~에 대한'이라는 관계가 성립되는 외적 사상 자체를 마음 내적인 상태로 간주할 수밖에 없는 것처럼 보인다. 즉 우주나 사상의 외부성 자체를 마음 내적인 효과로서 이해해야 하는 것이다. 물론 이는 언어 기호의 의미를 마음 내적인 상태로 간주하는 것이기도 하다.

의미를 마음 내부로 회수하는 이해의 가장 소박한 형태는 '아프다'라든가 '간지럽다', '파리한 잔상' 등과 마찬가지로 마음이 스스로 인지할 수 있는 '마음 내적인 상태의 질'로 의미를 정의하는 것이다. 요컨대 의미를 마음 내부의 내성(內省) 가능한 '상'(이미지)으로 간주하는 것이다.

그러나 이러한 이해의 곤란함은 명백하다. 만약 기호와 그 내부적인 이미지의 대응을 통해 기호의 의미가 구성된다면, 이 대응관계에 대해 여전히 퍼트넘이 논증한 난점을 지적할 수 있기 때문이다. 이 대응관계는 외적 사상과의 지시관계가 마음 내부에서 축소되어 동형적으로 재현된 것이기 때문에 (지시관계와 마찬가지로) 전혀 동일화할 수 없는 것이다.

예컨대 '입방체'라는 말을 사용할 때 (비트겐슈타인이 지적하고 있는 것처럼) 애당초 입방체의 이미지를 떠올릴 필요는 전혀 없다. 가령 '입방체'라는 말을 사용할 때마다 입방체 이미지가 표상된다고 해도 논리적으로 무한한——다양한 각도에서의——입방체의 모든 외양이 상기되는 것은 아닐 것이다. 그렇다면 어떤 범위의 이미지까지 입방체에 귀속되는 것일까? 표상되고 있는 특정한 이미지는 이것을 결정할 수 없다. 즉 표상되고 있는 이미지와 일치하는 입방체는 무언가를 미리 확정해둘 수가 없다. 비트겐슈타인이 말한 것처럼 '일치'를 정의하는 투영 관계의 규정 방법에 따라서는, 예컨대 삼각 프리즘을 입방체의 범위에 포함시키는 것도 가능하다.

5. 물자체라는 잉여

기호의 의미를 기호의 사용에 수반되는 심적 상태의 '내용'(내성 가능한 질)에 의해 정의할 수 없다면, 이를테면 심적인 상태의 '형식'에 의해 정의할 수밖에 없다. 즉 기호의 의미를 심적인 상태가 드러내는 경향성(disposition)의 효과라고 간주할 수밖에 없게 되는 것이다. 또는 가령 심적 상태의 내성 가능한 질(이미지)의 중요성을 유지한다고 해도 그 질과 심적 상태가 드러내는 경향성이 복합됨으로써 '의미'가 구성된다고 생각할 수밖에 없을 것이다. 예컨대 조지 레이코프(George Lakoff, 1941~)나 마크 존슨(Mark Johnson, 1949~)이 제기하는 의미 이론(인지의미론)은 실제로 의미를 심적 상태의 내용(이미지)과 심적 상태의 형식(경향성)의 복합으로 정의하고 있다.

심적 상태에 지속적인 경향성이 있고, 그 경향성이 다른 경향성과 정합적인 관계를 유지하고 있으며, 게다가 심적 상태의 귀속자에게 유효한——적어도 형편이 좋은——경우에는 그러한 경향성에 대응하여 외적 사상이 실재하고 있는 것처럼 사태가 구성되게 될 것이다. 그렇다면 심적 상태가 지향적으로 관련되는 외적 사상이란, 심적 상태가 드러내는 경향성 자체가 마음 외부에 투영된 것이라고 이해할 수 있을 것이다.

예컨대 인지의미론은 사실 이렇게 주장하고 있는 것으로 보인다. 인지의미론은 이미지의 역할을 강조하지만 이미지가 언어의 의미를 직접적으로 구성하고 있는 것은 아니다. 의미를 가능하게 하는 것은, 이미지가 관계될 때 반복해서 나타나는 다양한 패턴=구조다. 그것은 '이미지 도식'이라고 불리고, 심적 상태가 현저하게 보여주는 경향성의 일종이다. 레이코프나 존슨은 극히 소수(少數)에 한정할 수 있는, 이들 기본적인 구조의 구체적인 예들을 척출(剔出)하여 그것들에 '용기'(容器), '경로'(經路), '연결', '힘', '균형' 등 그 자체로 이미지 환기적인 이름을 부여한다. 이들의 구조는 '상/하', '전/후', '부분/전체', '중심/주변' 등 관계의 복합에 의해 구성된다.[8]

인지의미론의 학설에 따르면 이미지 도식은 우리 인간에게 기본적인 것이며, 직접적으로 의미를 가지고 있다. 또 이미지 도식은 고도의 사회적 일반성을 가지고 있다. 이미지 도식이 직접적으로 의미 있고 또 고도로 일반적인 이유는, 인간 신체의 객관적인 구조와 그 구조로 인해 생기는 운동·감각적인 경험에 의해 규정되어 산출되기 때문이다. 예컨대 신체는 스스로 자신을 일종의 용기로서 경험하고 또 종종 스스로가 용기(예컨대 방) 내부에 있는 것을 경험하기 때문에 '내부/경계/외부'를 요소로 하는 '용기'의 이미지 도식이 구성된다. 직접적

---

8) Jonson, M.(1987). *The Bodies is the Mind : The Bodily Basic Meaning, Imagination and Reason.* Chicago University Press. 〔菅野盾樹·中村雅之 訳, 『心のなかの身体―想像力へのパラダイム転換』, 紀伊国屋書店, 1991.〕 Lakoff, G.(1987). *Women, Fire and Dangerous Things : What Categories Reveal about the Mind.* Chicago University Press. 〔池田嘉彦·河上誓作他 訳, 『認知意味論―言語から見た人間の心』, 紀伊国屋書店, 1993.〕

으로 대상화된 이미지를 표상할 수 없는 추상적인 의미는 이미지 도식의 구조가 추상적인 영역으로 은폐된 채 투영되거나 기본적인 범주의 수준(원형이 되는 전형적인 이미지가 상정되는 수준)이 상위 또는 하위 범주로 투영되는 데서 얻어진다는 것이다.

만약 의미의 본능이 이렇게 심적 상태의 경향성으로 환원될 수 있다면, 즉 마음 내부의 구조적인 관계로 환원될 수 있다면 우리는 기계가 또는 중국어 방의 인물이 정말로 언어를 이해하고 있지 않았을까 하고 다시 물어야만 할 것이다. 중국어 방에 틀어박힌 인물에게 중국어의 기호는 확실히 통상의 '의미'를 갖지 않지만, 앞에서 말한 것처럼 다른 기호와의 관계에서 반사적으로 규정되는 '의미'는 가질 수 있다. 만일 의미가, 예컨대 패턴 도식 사이의 관계나 패턴 도식 안의 여러 항의 관계로부터 파생된다면 중국어 방의 인물에게 그 양상은 중국어의 의미 양상과 본질적으로 다르지 않다. 다만 중국어 방의 인물에게 관계 맺어질 사항(기호)은 극히 빈곤하고 관계 맺음의 패턴도 꼭 신체의 운동·감각적인 경험에 기반을 갖는 것은 아니다. 그러나 내부적인 관계가 외부적인 실재처럼 '물상화'되는 것이 의미의 본능이라고 한다면, 이러한 의미는 중국어 방의 인물에 대해서도 부여될 것이다.

그러나 사실 지향성을 몸 내부의 관계로서 이해하는 이상과 같은 논의는, 의미 있는 근본 측면을 완전히 무시하는 것이다. 여기서 무시되는 것은 의미의 '규범성'이다. 특정한 의미를 담당한 언어 사용은 반드시 타당한(또는 타당하지 않은) 선택으로 일어난다. 그러나 경향성으로부터 ―― 개인적으로 표출되는 것이건 집합적으로 표출되는 것이건——규범성은 나오지 않는다. 어떤 상황에서 어떤 발화가 이루어지는 경향성이 있다는 것은 그 발화의 사용이 타당하다는 말과는 다른 것이다. 언어가 드러내는 경향성과 언어 사용의 타당성이 다른 것이라는 것은, 예컨대 '오류'가 발생할 경향성이라는 것이 때로 있을 수 있다는 데서 금세 이해될 것이다. 인지의미론에서 고려되지 않는 것은 이러한 규범성이다.

그렇기 때문에 지향성이 향해져야 할 사상(의미)을 마음에 외재하는 사상으로 상정하는 학설도, 또 내재하는 상태로 이해하는 학설도 모두 난처함에 빠지고 만다. 존 설이 말한 것처럼 언어 이해를 특징짓는 것이 지향성이라고 해도, 그 지향성이 무엇인가는 수수께끼다.

인지의미론처럼 사상의 객관적인 존립을 마음 내부적인 상태의 반사로 설명하는 이론은, 거칠게 말하면 '물자체 없는 칸트주의'라고도 특징지을 수 있을 것이다. 그런데 칸트(Immanuel Kant, 1724~1804)는 '물자체'라는 인식의 피안——마음 내부로부터 도달할 수 없는 지점——을 마음 외부에 상정한다. 이 상정에 의해 인식이 지향하는 사상은 내부적이라고도 외부적이라고도 특징지을 수 없는 것이 된다. 물자체는 인식에 대한 필연적인 잉여다. 의미의 외부성도 내부성도 모두 오류라고 한다면, 우리는 칸트가 '물자체'의 비내부적인 존재를 요청한 것의 의의를 다시 생각해볼 필요가 있을지도 모른다.

3장 언어와 화폐 사이

1. 언어의 가능 조건

후기 비트겐슈타인은 다양한 각도에서 사적(私的) 언어론 비판을 시도
했다. 비트겐슈타인은 '사적 언어'의 가능성에 철저하게 반대했던 것
이다. 사적 언어란 단지 나에 대해서만 무엇인가를 의미하는 '언
어' ─더욱 일반적으로는 '기호' ─를 말한다. 비트겐슈타인의 비판
은 사적 언어에 대해 생각할 수 있는 최소한의 가능성조차도 배제한
다. 그것은 언어가 통상 커뮤니케이션의 도구로 사용되고 있다는 것에
대한 경험적 관찰로부터 온 것이 아니라 사적 언어가 언어(기호)라는
규정의 내적 부정을 포함한다는 논리적 통찰에 기초하고 있다. 통찰은
흔히 흥미로운 사고 실험에서 얻어진다.

예컨대 '감각 일기'에 대한 상정은 그러한 실험 가운데 하나다.
'나'만이 알 수 있는 감각이 반복해서 일어나고 그 감각을 기호 'E'와
결합시켜 그 감각이 나타날 때마다 그 기호를 일기에 적는다─비트
겐슈타인은 이러한 경우를 생각해보자고 제안한다. 즉 'E'는 사적 언
어고, 어떤 감각이 일어날 때마다 "이것은 E다"라는 지시가 반복되는

것이다. 반복되는 각각의 지시는 동일한 대상(=어떤 감각)에 대한 다른(다양한) 지시를 구성할 것이다. 그렇지만 비트겐슈타인에 따르면, 사적 언어의 지시에 의해서만 구성되는 이러한 (언어)게임은 원리적으로 있을 수 없다.

사적 언어를 사용한 지시는 무언가를 ── 무언가로서(즉 동일성으로) ── 지시할 수 없기 때문이다. 바꿔 말하면 그 지시는 특정한 대상을 다른 대상으로부터 구별하여 동일화할 수 없기 때문이다. 예컨대 무언가를 'E'로 지시하고 동일화한다는 것은 대상을 'E가 아니라는 것'(F라는 것)과의 시차에서 규정하는 것이다. 따라서 "이것은 E다"라는 지시는 "이것은 E가 아니다(F다)"라는 지시를 부정하는 데서 성립한다. 그런데 부정이란 가능성의 단적인 소거가 아니라 그 잠재화며, 그렇기 때문에 보존이다. 즉 부정되는, 타당하지 않은 지시의 가능성은 타당한 지시가 그것과의 구별에서 존립할 수 있는 낯선 것으로 유지되어야 한다. 요컨대 언어(기호)에 의한 지시가 실효적이기 위해서는 잘못된 지시의 가능성이 유지되지 않고서는 안 되는 것이다.

그러나 사적 언어에 의해서 대상을 지시하는 것에는 원리적으로 오류의 가능성이 존재하지 않는다. 예컨대 내가 어떤 대상(감각)을 'E'로 기록한 경우, 그 조작을 검증할 수 있는 사람이 나밖에 없는 이상, 그 지시는 원리적으로 반증(반론)과 조우하지 않는다. 반증(반론)이 원리적으로 있을 수 없다면 그것은 타당한 것일 수 없다 ── 타당하지 않은 것일 수도 없다. 요컨대 사적 언어에 의한 지시는 '그 밖에 있을 수 있었던 가능성'에 대한 구별로서 기능하지 않고, 따라서 결국 아무것도 지시·동일화하지 않는다. 사적 언어에서는 지시 자체의 발생 현실과 그 배경을 구성하는 가능성 사이에 어떠한 분리도 존재하지 않기 때문이다.

이 사고 실험으로부터 귀류법적으로 결론지어지는 것은, 기호(언어)는 본질적으로 사회적인 것이라는 것이다. 좀더 자세히 결론을 말하면, 기호를 사용한 어떤 지시도 그것을 승인하거나 부인할 수 있는 타자에게 제시된다는 것이다. 이러한 구성은 기호가 아무리 개인적으로 사용되는 것처럼 보이는 경우에도, 바로 기호의 기능이 확보되는 한에서는 유지된다. 그 기호를 사용한 나에 의한 지시는 타자를 향한다. 따라서 어떤 기호(언어)의 사용도──때로 잠재적인, 때로 현재적(顯在的)인 ── 커뮤니케이션 안에 놓이는 것이다.[1]

2. 언어에서 화폐로

이상의 논의를 통해 보면 언어에 대해 확인된 것과 완전히 같은 방식으로 화폐에 대해서도 논할 수 있다. 언어에 의한 지시가 타자에게 제시되고 승인되는 것을 (필요)조건으로 하는 것과 마찬가지로 화폐 역시 타자에게 수용될 가능성에 의해 상품(시장에 제공된 사물) 가치의 표현 매체가 될 수 있다.

---

1) 커뮤니케이션이 현재적이라는 것은 커뮤니케이션에 참여하고 있는 당사자들이 무언가의 방식으로 언어에 의한 지시가 타자(수신자)에게 제시되고 있다는 것 자체를 지시하는 것이며, 커뮤니케이션이 잠재적이라는 것은 언어에 의한 지시가 타자에게 제시되고 있다는 커뮤니케이션성에 대한 지시를 수반하지 않는다는 것이다. 직감적으로 말하면 이 구별은 커뮤니케이션으로서의 자체 모습이 당사자들에게 자각되고 있는가 아닌가라는 구별에 대응한다.

그렇지만 화폐를 '시장에 등장하는 사물에 대한 청구권'이라고 간주한다면, 이것은 정의(定義)상의 필연인 것처럼 보인다. 화폐 자체가 처음부터 상품(타자)과의 교환에 의해, 즉 커뮤니케이션적인 관계에 의해 정의되고 있기 때문이다. 그러나 사적 언어란 이를테면 자기 자신과의 커뮤니케이션에서 사용된 언어다. 그렇기 때문에 만약 화폐를 '자기 자신과의 교환'에서 기능하게 하는 것(사적 화폐로서 기능하게 하는 것)이 가능할지를 묻는다면, 비트겐슈타인이 사적 언어에 대해 했던 것과 똑같은 고찰을 화폐로 확장하는 것도 가능할 것이다. 화폐가 '자기 자신과의 교환'에 사용될 수 있다는 것은, 화폐가 그것 자체로 가치 있는 대상으로 기능한다는 것을 의미한다. 따라서 화폐의 '자기 자신과의 교환'이란, 좀더 일반적으로 말하면 당장 다음과 같은 여러 기능으로 화폐를 사용하는 것이다. 즉 그것은 직접적으로는 화폐를 '부(가치)의 저장수단'으로 기능하게 하는 것이며 또 간접적으로는 화폐 자체의 가치를 이용하여 '가치 척도'로 기능하게 하는 것이다.

따라서 사적 언어에 대한 비트겐슈타인의 고찰을 일반화하여 화폐에 적용한다면, 이 절 첫 부분의 결론을 다시 끄집어낼 수 있다. 즉 화폐의 가치는 단지 그것이 수용할 수 있는(또는 거부할 수 있는) 타자에게 제시되는 것을 조건으로 해서만 파생될 수 있다고 말이다. 화폐의 가치는 (타자=상품과의) 커뮤니케이션으로부터 독립하여 규정될 수 없다. 그렇기 때문에 저장될 수 있는 부(가치)로서의 기능이나 가치 척도로서의 기능은, 화폐가 타자에게 (적어도 잠재적으로) 제시되고 있다는 것으로부터 독립해서는 성립할 수 없다. 따라서 이러한 기능들은 구매 수단이나 지불 수단이라는 화폐의 기능에서 도출되는 것이다. 사실 근대 사회의 화폐는 지금까지 말해온 여러 기능, 즉 구매 수단, 지불 수단, 부의 저장 수단, 가치 척도를 직접적으로 동일한 사물에서 통합하고 있다. 그러나 반드시 동일한 사물이 이러한 기능들을 담당할 필요는 없다. 설령 이것들이 각각 다른 사물에 의해 담당되는 경우에도 부의 저장 수단이나 가치 척도라는 화폐의 기능은 커뮤니케이션적인 상면에서 사용되는 화폐의 기능과 교환 가능성을 상정하지 않고서는 실효를 거둘 수 없을 것이다.[2]

우리는 사적 언어 비판의 논지를 화폐에 의한 교환으로, 이를테면 유용(流用)하여 결론을 이끌어냈다. 그러나 사실 고찰의 초점을 화폐로 좁히면 사태가 좀더 복잡하다는 것을 알게 된다. 화폐는 그 자체로서는 가치를 지니지 않고, 단지 타자의 수용(의 가능성)을 통해서만 가치를 획득할 수 있다. 그 자체로서의 화폐, 이를테면 사적 화폐가 가치를 갖지 않는다는 것은, 화폐가 그 자체로서는 욕망을 충족할 성능을 갖지 않는다는 것, 즉 욕망의 최종적인 목표가 될 수 없다는 것을 의미한다.[3] 따라서 (상품을 팔아) 화폐를 받는다는 것은 위험한 선택이다.

그렇다면 왜 타자(판매자)는 화폐를 받아줄까? 화폐는 받아들여지지 않으면 전혀 가치가 없다 ──언어가 타자에게 승인되지 않고서

---

2) 여기서 언급한 화폐의 네 가지 기능 ──① 구매 수단, ② 지불 수단, ③ 부의 저장 수단, ④ 가치 척도 ──은 폴라니(Karl Polanyi, 1886~1964)가 화폐를 정의할 때 사용한 조건이다. 이 기능들은 동일한 사물에 떠맡겨진 경우에는 '전목적화폐'(全目的貨幣)라고 불린다. 물론 네 가지 기능이 다른 사물에 의해 맡겨진 경우도 있다.

3) 그에 비해 상품은 일반적으로 시장에서의 교환으로부터 독립해서, 이를테면 그것 자체로서의 가치(사용가치)를 지닐 수 있다. 즉 그것은 욕망의 종국적 충족 대상이 될 수 있다. 또한 가치의 가장 일반적인 수준에서의 정의는 "주체의 욕망을 충족할 수 있는 객체의 성능"(미타 무네스케[見田宗介])이다.

는 타당하지 않듯이. 타자=판매자가 화폐를 받아들이는 것은 현재의 커뮤니케이션 관계(교환관계)의 한층 더한 외부에 역시 화폐를 받아들이는 타자가 존재하고 있다고 스스로 믿고 있기 때문이다. 따라서 화폐를 기능시키고 그것을 가치 있는 것으로 만드는 것은, 이 '타자의 타자'가 화폐를 욕망하고 있다는 것에 대한 타자=판매자의 신빙성(인지적인 예측)인 것이다. 물론 완전히 동일한 것은, 이 판매자로부터 화폐를 받는 '타자의 타자'(판매자에 대한 판매자)에 대해서도 타당하다는 것이다. 따라서 여기서는 다음과 같이 결론지을 수 있을 것이다. 화폐를 화폐로서 기능하게 하는 것은 임의의 화폐를 받는 자(타자)에 대해 그 화폐를 받게 되는 후속의 타자(타자의 타자)가 존재할 것이라고 여기는 화폐를 받는 자(타자)의 신빙성이라고 말이다. 이것은 이와이 가쓰히토(岩井克人, 1947~)가 『화폐론』(貨幣論, 1993)에서 보여준 것이기도 하다.

그렇다면 화폐의 지불에서 구매자가 대면하는 타자는 항상 그때마다 직접적인 현전을 넘어선 것으로 존재하게 된다. 왜냐하면 대면하고 있는 타자는 동시에 현재의 커뮤니케이션에 직접 참여하고 있지 않은 외부의 타자도 대표하게 되기 때문이다.

중요한 것은 이 외부의 타자가 이러저러한 구체적인 타자일 수 없다는 것이다. 다시 말해 외부의 타자는 커뮤니케이션의 외부에 순수하게 계속해서 머물러 있는 타자이며 커뮤니케이션의 관계 내부로(커뮤니케이션의 참여자로서) 이 타자를 다 회수하는 것은 절대 불가능하다. 그것은 커뮤니케이션에 대해 계속해서 잉여적일 수밖에 없는 나사나. 그러나 화폐에 의한 커뮤니케이션의 가능성을, 즉 화폐의 가치를 보증하고 있는 것은 다름 아닌 이 잉여적인 타자다. 그것은 커뮤니케이션 자체에 직접 참여하지 않고, 그러나 그 가능성의 조건을 제공하고 있다는 의미에서 초월적인 제삼자로서 기능하게 된다.

그렇기 때문에 대면하고 있는 타자는 이중성을 띠고 있으며, 스스로 화폐의 직접적인 수취자임과 동시에 초월적인 제삼자로서의 기능도 대표하고 있는 것이다. 커뮤니케이션의 외부에 머무는 잉여적인 타자를 그 커뮤니케이션을 보증하는 초월적인 제삼자로 기능하게 하는 것은 사실 이 타자의 원본적인 부정성을, 즉 그 순수한 외부성=차이성을, 이 타자를 적극적으로 규정하는 동일성의 조건으로 전환하려는 것을 함의하고 있다. 그것은 항상 직접 현전으로 회수되지 않는다는 잉여성을 그 자체 존재=현전의 조건으로, 즉 적극적인 '무한'(무한개의 타자)으로 도약하게 하는 조작을 매개로 하고 있다.

3. 화폐에서 언어로

언어에 대한 고찰을 화폐에 대한 고찰로 확장해왔는데, 다시 동일한 고찰을 언어에 대한 고찰로 되돌리기로 하자. 앞에서 언어=기호에 의한 지시가 가능하기 위해서는 그것을 승인·부인할 수 있는 타자의 존재가 필요하다는 사실을 확인해두었다. 그러나 화폐에 대한 고찰은 기호를 의미 있는 것으로 효과를 발휘하게 할 수 있는 타자의 '권위'가 타자의 직접적인 현전과는 다른 데서 유래하고 있다는 것을 보여줄 것이다. 즉 기호나 화폐의 가능성을 보증하는 타자의 '권위'는, 타자가 직접적인 현전을 넘어 자기를 뒤따르는 무한한 타자를 선취하여 대표하는 초월적인 제삼자로서의 자격을 체현할 수 있다는 데서 유래하는 것이 아닐까? 기호를 가능하게 하는 것은 단순한 타자가 아니라 무한하게 된 이 초월적인 제삼자 쪽이다.

일찍이 '생성의미론학파'는 언어행위론의 성과를 얻어 임의의 평서문이 기정구조(基定構造)에서는 집행문의 형식을 취하고 있다는 것을 보여주었다. 이 가설에 따르면 임의의 문장은 반드시 구체적인 음으로서 나타나는 것은 아니지만, ① 1인칭 주어 'I'를 가질 것, ② 2인칭 목적어 'you'를 가질 것, ③ 평서·긍정·현재의 문장일 것, ④ 동사 'tell'에 대응한 의미소 성격을 가질 것, 이 네 가지 조건을 충족하는 기저(基底) 문장으로 짜여져 있다. 요컨대 현재적(顯在的)으로 발화된 어떤 문장 S도 기저적인 논리 구조에서 보면 'I tell you S'라는 형식을 취하는 것이다.

이러한 언어학적 사실은 언어를 발화한다는 행위에 다음과 같은 구조가 갖추어져 있다는 것을 함의한다. 첫째로, 발화라는 행위는 항상 그 행위와 발화된 내용의 선택성이 귀속하는 주체에 대한 지시를 수반하고 있다. 'I'(나)에 의해 표시되는 이 주체는 발화 행위에 앞서 발화 내용 안에 함의되어 있는 인지나 행위의 경험적인 선택성을 구성하는 것, 이를테면 초월(론)적인 것이다. 이것은 'I'에 상관하는 동사 'tell'이 시간적인 지속을 넘어선 시제인 현재형을 취하는 것 안에 함의되어 있다. 둘째로, 발화는 전달되는 발화 내용의 선택성이 이차적으로 귀속되는 장소로서 'you'를 지정한다. 셋째로, 발화는 일차적인 주체(I)에서 이차적인 주체(you)로 일종의 '힘'의 행사로서 구성되어 있다. 이것은 추상적인 동사 'tell'이 이른바 '집행 동사'라는 것에 의해 나타난다. 발화는 'I'에 우선적으로 귀속하는 선택의 권역에 'you'에 의해 표시된 주체 또한 참가해야 한다는 것을, 'you'에 의한 실제의 승낙 여부에 앞서 미리 지시하면서 수행된다.

여기서 언어적인 커뮤니케이션의 관계 구조에 대해 다음과 같은 결론을 이끌어낼 수 있을 것이다. 물론 기본적으로는 'I'가 지시하는 주체 즉 자기와 'you'가 지시하는 주체 즉 타자와는 단순히 발화된 내용의 시점과 종점으로서 대등하게 대치한다. 그러나 그것만이 아니라 자기는 타자를 발화의 긍정적인 수용자로서 미리 규정한 상태에서 발화를 행하는 것이다(힘의 행사). 즉 자기는 타자가 발화를 승인하고 커뮤니케이션이 실현되는 것을 미리 선취해버리는 것이다. 따라서 자기의 자격은 이중화된다. 한편 자기는 발화 내용의 시점(始點)에 지나지 않으며 타자와 대등하다. 그러나 다른 한편으로 자기는 자기로부터 타자로의 커뮤니케이션이 가능하다는 것을 미리 지시해버리는(자기와 타자에 대한) 초월적인 존재로 스스로를 위치시키기도 한다.

이러한 이중성은 원래 커뮤니케이션의 수신자인 '타자' 안에 있던 것이다. 타자는 단순한 수신자임과 동시에 커뮤니케이션의 가능성을 보증하는 초월적인 제삼자를 대표하고 있었기 때문이다. 그러나 이상의 언어적인 관찰은, 통상의 언어적인 커뮤니케이션에서는 사태가 더 한층 복잡해지고 타자의 이중성이 자기 안에 투영된다는 사실을 보여주고 있다. 자기는 타자의 기능(타자의 '초월적인 제삼자'로서의 기능)을 선취하고 있다. 이를테면 자기는 타자의 기능을 빼앗고 타자(라기보다 초월적인 제삼자)에 의한 승인이 이미 완료된 것처럼 사태를 구성해버린다.

마지막으로 다시 한번 고찰을 화폐적인 교환의 장면으로 되돌리기로 하자. 이미 앞에서 본 것처럼 화폐의 실효성을 보증하는 것은 수신자=타자다. 그러나 화폐의 소유자는 타자의 이러한 권능을 자신 안에 선행적으로 통합할 수 있는 것이 아닐까? 여기서 귀결되는 것은 화폐가 그 수용 가능성으로부터 독립하여 직접 그 자체로서 가치가 있는 것 같은 착시 현상이다. 화폐 소유자는 화폐의 수용과 비수용 양쪽으로 대등하게 열려 있는 상황에 직면하는 것은 아니다. 원래는 위험한 선택 항인 화폐의 수용 가능성은 거절 가능성을 훨씬 능가한다. 화폐의 '직접적인 가치'를 현상시키는 것은 이러한 착시 현상이다. 이 착시 현상이 직접 드러내고, 그것으로 인해 극대화하는 것은 '공황'(신용공황)에서다.

조금 전까지만 해도 부르주아는 호경기에 도취되어 자신만만하게 화폐 따위는 공허한 환상이라고 외쳐댔다. 상품이야말로 화폐다. 그런데 이제는 전 세계 시장에서 "화폐야말로 상품이 되었다!"는 외침소리가 들려온다. 사슴이 신선한 물가를 찾아 울듯이 세계 시장은 유일한 부(富)인 화폐를 찾아 울부짖는다. 공황에서는 상품과 상품의 가치형태인 화폐간의 대립이 절대적 모순으로까지 격화된다.[4]

---

4) 마르크스, 『자본』, 제1권 3장 3절 b.

4장 화폐의 타자성

1. 화폐와 자연수

화폐를 바로 화폐로서 가능하게 하는 기제는 자연수의 구조와 완전하게 상동성을 갖는다. 화폐란 시장에 등장하는 임의의 사물(물질적·정보적·관계적인 임의의 자원)에 대한 청구권이며, 바로 그것에 의해 그러한 사물의 (시장에서의) 가치를 표현하는 미디어다. 화폐에 의해 가치를 표현할 수 있는 임의의 사물이 잠재적·현재적인 '상품'('상품'이 될 수 있는 것)이며 시장에 참여할 수 있는 요소로 간주된다. 거듭 말하면 이러한 의미의 화폐를 초래하는 기제는 자연수를 정의하는 조건과 대응시켜 이해할 수 있다. 우선 이것부터 설명하기로 하자.

니클라스 루만은 화폐를 '상징에 의해 일반화된 커뮤니케이션 미디어'의 한 예로 보고 있다.[1] 상징에 의해 일반화된 커뮤니케이션 미디어란, 제기된 선택의 수용과 거부 쌍방에 열려 있는 상황을 만들어

---

1) Luhmann, N.(1976). "Generalized Media and Problem of Contingency." eds. J. J. Loubner et al. *Exploration in General Theory in Social Science : Essays in Homor of Tallcott Parsons.* New York : Bd.II.

내고, 게다가 수용 쪽에 거부보다 많은 선호를 배분하여 수용이 일어날 확률을 높이는 작용을 하는 미디어를 말한다. 즉 이런 종류의 커뮤니케이션 미디어는 이어지는 선택 중 실현된 선택(의미 제안)이 긍정적으로 전제될 개연성을 높이도록 작용한다. 이런 작용을 하기 위해 각 미디어에는 각각 고유한 상황의 이원적인 코드가 대응한다. 그것이 수용과 거부에 대응하는 상호 부정적인 값에 의해 상황을 표시한다.

예컨대 '권력'은 상징에 의해 일반화된 커뮤니케이션 미디어다. 어떤 사람이 다른 사람에게 뭔가를 해주었으면 한다고 의뢰했다고 하자. 물론 수신자는 의뢰를 거부할 수도 있다. 그러나 여기서 발신자로부터 수신자에게 권력이 작동하고 있다면 수신자가 거부할 가능성은 대폭 감소할 것이다. 권력과 함께 나온 의뢰는 '명령'이라는 형태를 취한다. 권력에 상관된 코드는 '명령의 수용/거부'다.[2]

화폐는 경제 시스템에서 작동하는 이런 종류의 미디어다. 루만에 따르면 화폐에 대응한 코드는 '지불하는 것/지불하지 않는 것'의 이항 대립이다.[3] 그러나 화폐의 코드를 이렇게 화폐 소유자(상품의 구매자)의 시점에서 표시하는 것은 잘못은 아니지만 사태의 본질에서 벗어날 위험성이 있다. 코드는 반대측에서, 즉 상품 소유자(판매자)의 시점에서 표시되는 편이 더 적합하다. 이 경우 코드는 '파는 것(화폐의 수용)/팔지 않는 것(화폐의 거부)'의 대립이다.

---

2) 다음의 책들을 참조할 것. Luhmann, N.(1975). *Macht*. Enke. 〔長岡克行 訳, 『権力』, 勁草書房, 1988.〕; 西阪仰, 「コムニオ・サンクトルム―宗教について」, 土方透 編, 『ルーマン/来るべき知』, 勁草書房, 1990.
3) Luhmann, N.(1988). *Die Wirtschaft der Gesellschaft*. Suhrkamp. 〔春日淳一 訳, 『社会の経済』, 文真堂, 1991.〕

확실히 화폐는 그 소유자에게 지불하거나 지불하지 않을 가능성을 열어놓지만, 이 점에만 착안해서는 화폐가 꼭 긍정적인 선택 항(지불) 쪽에 더 많은 선호를 배분한다고는 말할 수 없을 것이다. 구매자는 지불하는 것과 지불하지 않는 것에 완전히 같은 정도로 접근할 수 있고, 좋아하지 않은 상품에 대해 지불하지 않았다고 해도 특별히 부정적인 상황에 직면하는 것은 아니다.[4] 그렇다면 화폐가 '상징에 의해 일반화된 미디어' 라는 이해는 몰개념화된다. 이런 종류의 미디어는 긍정적인 선택 항을 촉진하는 효과에 의해 정의되어 있기 때문이다.

한편 전면적으로 전개된 화폐 경제에서는 '파는 것' 을 완전히 거부하는 것이 굉장히 곤란한 일이다. 첫째로, 화폐 경제 하에서는 누군가 (소유하는 모든 것은 아니라고 해도) 무언가를 팔고 화폐를 입수하지 않을 수 없다. 예컨대 '자유로운 노동자' 는 '노동력' 을 팔아야 한다. 둘째로, 일단 시장에 투입되어버린 상품은 원칙으로 제시된(그리고 그 가치에 걸맞은 양의) 화폐를 거부할 수 없다. 즉 화폐라는 미디어가 자극하고 있는 긍정적인 선택 항이란 '지불' 이 아니라 '판매' 인 것이다. 이렇게 다시 파악함으로써 루만의 미디어 개념이 가지는 함의를 더욱 선명하게 끌어낼 수 있다. 그리고 또 이 부분이 화폐의 가능성을 지지하고 있는 기제를 이해하기 위한 열쇠기도 하다.

사실 화폐를 받는 것은 위험한 선택이다. 화폐는 매개에 지나지 않고 욕망의 최종적인 대상이 아니기 때문이다. 최종적인 목표는 어떤

---

4) 그에 비해 부하가 상사의 탐탁치 않은 명령을 거부하면 부정적인 상황에 놓이게 된다.

형태의 상품(재화나 서비스)에 있다. 화폐를 받는 것은 목표에 도달하기 전에 자신의 소유물(의 가치)을 포기해버리는 것을 의미한다. 물론 상품을 구매한 측은 목표에 도달했으므로 이제 안전하다. 그러나 상품을 팔고 화폐를 받은 측은 목표에 도달하기 위해 바로 그가 욕망하는 재화나 서비스를 소유하고 있는 타자를 찾지 않으면 안 된다. 더욱이 가령 그러한 타자를 찾아낼 수 있었다고 해도 그 타자가 화폐를 받을 준비가 되어 있다고(파는 것을 받아들인다고)는 말할 수 없다. 화폐가 수용될 거라는 보증은 미리 주어져 있는 것이 결코 아니다.

반대로 말하면 사람이 화폐를 수용하는 것, 즉 자신의 소유물을 파는 것은 그 화폐를 수용할(팔 준비가 된) 타자가 존재하고 있다는 신뢰가 있기 때문이다(사실 이 신뢰에는 궁극적인 근거가 없다). 즉 화폐를 화폐이게 하는 것은 (그 화폐에 대한) 타자의 욕망이다. 자신의 욕망은 여기에 직접적으로 개재할 필요가 없다. 자신은 단지 타자가 화폐를 욕망하기 때문에 화폐를 욕망한다. 다시 말해 자신은 타자의 욕망을 반복하는 것이다.

그러나 이야기는 여기서 완결되지 않는다. 자신과 똑같은 사정은 화폐를 받게 되는 타자에게서도 성립하기 때문이다. 즉 타자가 화폐를 받는 것은, 그 외부에 역시 화폐를 받게 될 타자가 존재하고 있(다고 믿고 있)기 때문이다. 따라서 화폐를 받을 수 있게 하는 것은 이 '타자의 타자'의 (화폐에 대한) 욕망이다. 그러므로 여기서는 당장 다음과 같은 결론을 얻게 될 것이다. 즉 화폐를 화폐로서 기능케 하는 것은 임의의 화폐 수취인(타자)에 대해 그 화폐를 받게 될 후속의 타자(타자의 타자)가 존재한다는 사실이다. 이것을 명시한 것이 이와이 가쓰히토다.[5]

이렇게 해서 처음에 제기한 화폐 가능성의 조건이 자연수의 구조와 동형이라는 언명의 의미가 분명해진다. 단순하게 말하면 자연수란 다음의 두 가지 조건을 통해 정의되는 무한(집합)이다. 즉 첫째로 '0'은 자연수에 포함된다는 것, 둘째로 n이 자연수라면 그 뒤에 따라나오는 것(n+1)도 자연수라는 것이다.[6] 이 두 조건에서, 이를테면 '가장 작은' 무한(가산무한)이 구성된다. 여기서 '자연수의 집합'을 '화폐 수취인(팔 준비가 된 사람들)의 집합'으로 치환하면, 지금 말한 것과 같은 화폐의 조건을 얻을 수 있다. 화폐의 수취인이 될 타자가 존재하는 것, 그 타자에 대해 다시 타자가 존재한다는 것이다. 즉 화폐를 받는다는 것은 자연수의 무한성에 대응하는 무한의 수취인(타자)의 계열을 선취하고 있는 것과 등가의 사태인 것이다.

이상을 염두에 둔다면, 마르크스(Karl Marx, 1818~1883)의 가치형태론에 대한 일종의 다시 읽기——해석이 아니라 변경을 수반하는 계승——도 가능할지 모른다. 마르크스는 '단순한 가치형태'에서 출발하여 이를 그 확장판이라고 할 만한 '전체적인 가치형태'로 치환해 나

---

5) 岩井克人, 『貨幣論』, 筑摩書房, 1993, 181~191쪽.
6) 이것은 이른바 '페아노의 공리계'(Peano axioms)를 단순화한 것이다. 엄밀하게 말하자면 페아노의 공리계는 좀더 복잡하며, 다섯 가지의 공리 세트로 표현할 수 있다(페아노의 공리계는 1891년에 이탈리아의 수학자 주세페 페아노(Giuseppe Peano, 1858~1932)가 만든 공리계로서 자연수를 공리화한 것이다. 즉 이것은 자연수란 무엇인가에 대한 답이라고 할 수 있다. 페아노의 공리계는 다음의 다섯 가지 공리로 이루어져 있다. ① 자연수 0이 존재한다. ② 임의의 자연수 a에는 그 후속자(successor) 'suc[a]'가 존재한다 : suc[a]의 의미는 a+1을 의미한다. ③ 0은 어떤 자연수의 후속자도 아니다(0 앞의 자연수는 존재하지 않는다). ④ 다른 자연수는 다른 후속자를 갖는다 : a≠b일 때 suc[a]≠suc[b]가 된다. ⑤ 0이 어떤 성질을 충족하고 a가 어떤 성질을 충족하면 그 후속자 suc[a]도 그 성질을 충족할 때 모든 자연수는 그 성질을 충족한다——옮긴이).

간다. 단순한 가치형태란 '상대적 가치형태' (20자의 옷감)를 '등가형
태' (한 벌의 웃옷)와 등치함으로써 상대적 가치형태의 가치를 표현하
는 것이다. 전체적인 가치형태에서 상대적 가치형태는 다양한 등가형
태(한 벌의 웃옷, 10파운드의 차, 40파운드의 커피 등)와 등치된다. 전자
에서 후자로 이행하는 필연성을 어떻게 이해하면 좋을까? 단순한 가
치형태는 자기(상대적 가치형태)와 타자(등가형태) 사이의 교환관계를
지시하는 것에 지나지 않는다. 그러나 지금까지 말한 것처럼 교환관계
가 자율적이기 위해서는 직접적인 타자와의 관계만이 아니라 일련의
'타자의 타자'와의 관계가 선취되어 전제가 되어야 한다. 이들 '타자
의 타자' 들과의 관계를 현재화하면 당연히 전체적인 가치형태를 얻을
수 있을 것이다.

2. '타자의 타자' 로서의 〈타자〉

엠마누엘 레비나스(Emmanuel Lévinas, 1906~)에 따르면 타자와의
직면을 불가피한 본성으로 하는 자기는 그러한 직면을 통해, 이를테면
화폐화된다. 레비나스는 대략 다음과 같이 논하고 있다.[7] '삶' 의 실질
을 이루는 '향수' 는 기묘한 역설적 구조를 가지고 있다. 그것은 '자아
중심성' 의 원리임에도 불구하고 '타자의 향수를 향수하는 것' 으로 표
현되는 구조를 가지고 있다. 타자의 향수를 향수한다는 것은 자기를

---

7) Lévinas, E.(1974a). *En découvrant l'existence avec Husserl et Heidegger*. J. Vrin.;
   Lévinas, E.(1974b). *Autrement qu'être ou au-delà de l'essence*. Martinus Nijhoff.;
   合田正人, 『レヴィナスの思想』, 弘文堂, 1988.

(타자에게) 공여(供與)하는 일이다. 자기를 공여한다는 것은 자기를 타자의 '대신=대리'로 하는 것을 말한다. 바꿔 말하면 자기는 (타자의) '기호'가 된다. 이렇게 타자에게 공여되어야 할 것으로서 자기를 기호화하는 것을 레비나스는 '자기의 화폐화'라고 불렀다.

이미 말한 것처럼 화폐의 존립 기제를 염두에 둔다면 레비나스의 이러한 논의는 결코 난해한 것이 아니다. 확실히 이기적으로(자기중심적으로) 화폐가 욕망되는 경우가 있다. 그러나 그것은 타자가 화폐를 향수하는 것을 욕망하고 있기 때문이고, 화폐를 소유하는 것은 결국 '타자의 향수를 향수한다'고 표현할 수 있는 상황을 객관적으로 구성해버린다. 그런 의미에서 자기의 욕망은 타자의 대리다. 자기와 타자의 이러한 관계는 화폐에서 전형적으로 드러난다.

그런데 레비나스에 따르면 자기의 화폐화는 자기가 타자의 대신이 되는 것인데, 동시에 역관계(亦關係)의 불가능성도 표현하고 있다. 즉 타자 쪽을 자기 대신으로 삼는 것은 불가능한 것이다. 대신하는 관계에는 이러한 비대칭성이 존재한다. 그것은 왜일까? 그 비대칭성은 타자라는 것의 존재 양식 자체로부터 귀결된다.

1절 '화폐와 자연수'에서 말한 것처럼 화폐를 기능하게 하는 것은 타자가 항상 다시 타자로, 즉 타자의 타자로 접속되어 있는 관계성이다. 화폐를 가치 있게 하는 것은 현재적(顯在的)으로는 타자(의 욕망)다. 그러나 타자가 이러한 권능을 갖는 것은 그 타자의 장소를 잠재적으로 타자의 타자가 차지하고 있기 때문이다. 즉 타자는 타자의 타자로 그때마다 치환된다.

그런데 타자란 무엇일까? 타자란 절대적인 차이다. 차이가 절대적이고 다리를 놓을 수 없다는 것의 의미를 설명하기 위해서는 다소 우회로를 거쳐야 한다.[8]

임의의 (심적) 현상은 무언가에 대해 존재한다. **그것**에 대해 현상이 존재한다는 것이 의미를 갖는 존재자를 '신체' 라 부르기로 하자. 그리고 어떤 현상이 어떤 신체에 대해 존재할 때 그 현상이 그 신체에 귀속하고 있다고 표현하기로 하자. 또 (현실적·가능적으로) 체험 가능한 영역 전체를 '우주' 라고 하자. 우주는 물론 현상이 일어나는 장소다.

모든 (심적) 현상은 우선 '이 신체' 에 귀속되어 있다. 하지만 엄밀하게 말하면 임의의 현상이 직접적으로 귀속된다는 특징을 갖는 신체라는 것에 의해서 '이 신체' , 즉 '자기' 가 정의된다.[9] 현상이 정위되는 포괄적인 영역으로서의 우주는 자기에게 필연적으로 수반되는 상관항이다. 우주는 여러 현상의 집합적인 전체를 단일한 자기(이 신체)로 귀속하기 때문에 생기는 통일성(고유성)으로 표시한 것이다. 그러므로 우주와 자기는 동일한 것의 두 가지 표현 방식에 지나지 않는다.

따라서 타자가 자기에 대해 존재하고 자기에게 현현한다는 것은 엄청난 신비다. 물론 타자란 이 신체와는 다른 **또 하나의 고유한** (심적) 현상의 귀속점(이 되는 신체)이다. 그렇다면 타자는 우주 안의 한 요소일 수 없다. 즉 타자는 우주 내적인 현상이 아니다. 이를테면 타자는 자기로부터 직접 도달할 수 없는 것이다. 타자의 차이가 절대적이라는

---

8) 자세한 것은 다음을 참고할 것. 大澤真幸,「コミュニケーションと規則」,『現代哲学の冒険 10—交換と所有』, 岩波書店, 1990.
9) '이 신체가' 에서 '이' 가 함의하는 근접성·친밀성이란 귀속의 이러한 직접성을 말한다.

것은 그 차이를 우주 내부에서 상대화할 수 없기 때문이다. 그러나 이때 타자의 존재는 자기에게 어떻게 고지되는 것일까?

임의의 현상은 (이) 신체에 대해 현전할 때 다음과 같은 이중성을 띤다. 첫째로, 현상은 신체가 그것을 무언가로 파악하고 그것에 동일성(의미)을 부여함으로써 잠재적으로 존재를 개시한다. 그러나 둘째로, 현상은 신체에 주어진 것으로 나타나기도 한다. 요컨대 신체에서 현상은 스스로가 능동적으로 구성한 것임과 동시에 스스로에게 수동적으로 주어지기도 한 것이다.

여기에서, 현상의 현전에는 그 음화(陰畵)라고 해야 할 부정성이 반드시 수반되어 있다는 점이 시사될 것이다. 현상이 신체에 '주어진 것'으로 현전하기 위해서는 바로 그 수동성을 구성하는 (또 하나의) 능동성이 존재해야 한다. 다시 말해 현상을 이 신체에 주는 능동성이 이 신체와는 별도로 요청되는 것이다. 물론 능동성은 (심적) 현상의 귀속점으로서의 기능을 전제하고 있다. 중요한 것은 여기서 요청된 '또 하나의 능동성'이, 직접 현전하지 않는 한에서는 바로 능동성으로 존재할 수 있다는 점이다. 즉 현상의 현전에는 그 현전에서 퇴각해가는 '또 하나의 능동성'이 수반되는 것이다.

바로 여기에서 타자의 신체가 현현할 때의 기본적인 양식이 인정된다. 현상의 현전에 (필연적으로) 수반되어 부정적인 방식으로 나타나는 이 '또 하나의 능동성'이야말로 타자의 맹아적 형식일 수밖에 없을 것이다. 앞에서 본 것처럼 레비나스는 '자아중심성'의 원리인 향수를 타자성(타자의 향수를 향수)에 의해 규정했다. 자기의 자기성을 규정하는 조건인 (자기의 우주에서) 현전에는 타자성을 구성하는 계기가 항상 음화로서 수반된다. '향수'에 대한 레비나스의 규정은 이러한 사정을 반영하는 것이라고 이해할 수 있을 것이다. 레비나스는 또 이러한 사정을 '자기가 화폐화한다'고 바꿔 말하기도 했다.

그러므로 타자의 신체를 자기에게 직접 현전하는 것으로 받아들이고 자기의 우주 내적인 요소로 표상한다면, 이것은 타자의 타자성을 거세해버리는 일이기도 하다. 레비나스가 자기와 타자 사이에서 '대신'의 관계를 비대칭적이라고 한 것은 이 때문이다. 레비나스에 따르면 자기는 본성상 타자 대신이지만, 반대로 타자를 자기 대신으로 삼을 수는 없다고 한다. 어떤 존재자를 (다른 존재자의) 대신=대리로 인지하는 것은, 그것을 '기호'로서 구성하는 것이며, 따라서 인식의 어떤 형식에 대해 적극적으로 현전할 수 있는 요소로서 확보하는 일이다. 타자를 이러한 의미에서의 '기호'로 만드는 것은 그것이 바로 타자인 까닭을 부정하는 것이다.

그렇다 하더라도 타자에 직면하여 타자와의 사이에 뭔가의 관계를 맺고 끊는 것은 모두 타자를 현전의 영역으로 회수해가는 일이다. 타자와의 어떤 적극적인 관계도 타자의 절대적인 차이=거리의 부정을 전제하고 있다. 즉 그것은 타자의 타자성을 은폐함으로써만 성립할 수 있는 것이다. 여기서 타자로서의 본성대로 존재하는 타자를 〈타자〉라고 표기하기로 하자. 여기서 문제 되는 것은 〈타자〉와의 어떤 적극적=긍정적인 관계도 〈타자〉의 존재 자체를 부정해버린다는 역설이다.

그러나 〈타자〉와의 관계가 동시에 〈타자〉의 부정이라면 〈타자〉의 타자성은 어디로 가버리는 것일까? 이미 앞에서 말한 것처럼 모든 현전은 타자성을 띠고 있고 타자성의 그늘과 함께 존재한다. 타자성의 은폐, 타자성의 부정은 타자성 자체의 무화(말소)를 의미하지는 않는다. 그것은 현전하고 있는 타자와는 다른 곳에 보존되어야 한다.

〈타자〉와의 어떤 적극적인 관계가 타자성의 부정을 수반한다고 한다면, 타자성은 부재의 관계 속에서, 즉 관계의 소극성 속에서 유지될 수밖에 없을 것이다. 관계의 소극성이란 (직접적으로는) 관계하지 않는다는 부정적인 양식에서 구성되는 관계성이다. 자기에게 부재하는 것 때문에 오히려 존재해버리는 이러한 관계성에서는 자기의 '타자의 타자'에 대한 관계 안에서 근사적(近似的)인 대응물을 볼 수 있다. 자기는 우선 타자에 직면하고 타자와 관계한다. 이것은 자기가 동시에 타자에게 타자로서 존재하고 있는 신체와의 관계도 받아들이는 일일 것이다. 그러나 이러한 '타자의 타자'에 대한 관계는 간접적이고, 그러므로 당장은 구체적으로 상정되지 않는다. 이리하여 타자의 타자는 현전의 영역으로 회수되지 않는 〈타자〉의 모습을 의사적(擬似的)으로 대행할 수 있을 것이다.

다음과 같이 말해도 좋다. 〈타자〉의 본성은 현전에서의 퇴각이다. 따라서 〈타자〉와 구체적으로 관계하고, 그것을 자기의 우주에 현전시켰을 때, 이 퇴각 운동은 〈타자〉의 타자성＝차이성을 다시 현전의 영역 내부로 회수되어버리는 타자에 대한 한층 더한 차이 안에서, 즉 타자의 타자 안에서 다시 제기된다. 〈타자〉는 현전함으로써 거세됨과 동시에 타자의 타자 안에 흔적을 남긴다.

이리하여 우리는 다시 화폐에 대한 문제로 되돌려진 것을 알 수 있다. 화폐를 가능하게 하는 기제의 핵심적인 특징도 타자를 차차 '타자의 타자'(후속의 타자)로 치환해가는 반복이었다. 그렇다면 여기서 다음과 같이 추측하는 것도 허용되지 않을까? 화폐라는 미디어는 〈타자〉가 주어져 있을 때, 불가피하게 작용하는 기제, 즉 〈타자〉의 본성이 '타자의 타자'로 양도되어가는 기제를 스스로에게 도움이 되는 방법으로 활용함으로써 그 가능성을 얻고 있는 것은 아닐까 하고 말이다. 화폐로 지불한다는 것은, 직접적으로는 물론 바로 구입하려는 상품의 판매자와 관계하는 일이다. 그러나 그것을 통해 구매자는 필연적으로 그때는 구체적으로 상정되지 않은 더 한층 저쪽의 타자, 즉 판매자의 화폐를 받아들이는 후속 타자와 관계한 것이 된다. 그러한 관계는 구체적으로 그려지거나 표상될 필요는 없다. 그러나 그것이 존재한다는 것은 필수적인 전제기도 하다. 그러한 후속 타자(타자의 타자)야말로 현재의 지불 가능성의 조건을 부여하기 때문이다.

3. 화폐의 가능 조건

앞에서도 말한 것처럼 화폐가 가능하기 위해서는 논리적으로(화폐를 수용하는) 무한한 타자들의 계열이 전제되어야 한다. 즉 무한의 미래가 현재의 전제로서 선취되어 있어야 한다. 물론 이러한 타자의 무한성은 현실적일 수 없다. 어떠한 현실의 거래 연쇄도 유한한 크기다. 따라서 타자의 무한성에 대한 가정은 일종의 기만으로서만 사회적으로 효과를 지닐 수 있을 것이다.

우선 다음의 것을 확인할 수 있다. 화폐의 실효성이 유지되기 위해서는 임의의 판매자(화폐의 수취인)를 찾아낼 수 있으면 충분하다.

가산무한(자연수)한 타자들의 계열이 한꺼번에 전체적으로 선취될 필요는 없다. 누군가 적어도 한 사람의 후속 타자(화폐의 수취인)를 가질 수 있다면 화폐는 수용되고 유통된다. 이 후속 타자에 대해 동일한 조건을 재귀적으로 적용함으로써 자연수의 무한에 도달한다.

그러나 만약 후속 타자가 화폐만을 욕망하고 구체적인 재화나 서비스를 욕망하지 않는다면, 즉 만약 그 후속 타자에게 화폐가 욕망의 최종적인 목표였다면, 그때 무한한 타자의 계열이 존재하고 있는 경우와 등가의 효과가 얻어질 것이다. 따라서 사회적으로 확대되는 지불 연쇄의 네트워크 안에서 (적어도) 단 한 사람만 화폐를 그 자체로서 욕망하는 타자가 존재하고, 임의의 지불 연쇄의 말단에 이 타자가 놓인다면 화폐는 기능할 수 있는 것이다. 그 타자는 화폐를 받는다는 데서 유래하는, 이미 확인해둔 위험을 독차지하여 떠맡게 된다. 이 타자 이외의 모든 사람이 그에게 화폐를 건넴으로써 화폐를 소유하는 것의 위험으로부터 벗어날 수 있지만, 그 보상으로서 그 특이한 타자에게 위험이 축적되어간다. 이 타자는 모든 화폐가 그곳으로 수렴되어가는 블랙홀이다. 다만 이 타자는 일종의 환상이고 (현재) 실재하는 것은 아니다. 즉 현재의 지불 연쇄가 도달하지 않는 미래적=미재적(未在的) 지점에 존재하는 것이다. 그러므로 실제로는 화폐의 연쇄가 현실에서 특정한 타자에게 집중될 필요는 없다.

물론 이러한 타자의 존재를 상정하는 것은 무한한 타자의 계열을 가정하는 것과 마찬가지로 기만적인 것이다. 그것은 일종의 '착각'에 기초해서만 현실적인 것일 수 있다. 화폐를 최종적인 욕구의 대상으로 하고, 구체적인 재화나 서비스를 욕망하지 않는다는 것은, 어떤 의미에서 어떠한 욕망도 갖지 않는다는 것을 의미한다. 화폐는 최종적으로 향수될 수 있는 어떤 상품으로노 변환 가능하지만, 바로 그렇기 때문에 자신은 스스로 그런 상품일 수도 없다. 즉 화폐를 욕망한다는 것은 향수 가능한 임의의 대상으로의 변환 가능성만을 욕망하고 구체적인 대상을 욕망하지 않는다는 것을 의미한다. 화폐에 대한 욕망이란 공허한 욕망이다. 따라서 화폐를 욕망의 목표로 하는 타자란 구체적으로 누구일 수도 없다(어떤 신체일 수도 없다). 그 타자는 향수하는 것을 전면적으로 포기할 수밖에 없기 때문이다. 누구일 수도 없는 타자에게 누군가가 의존함으로써 화폐는 가능하게 된다.

화폐경제가 충분히 발달한 곳에서만 이런 공허한 타자에 대한 의존(혹은 타자의 무한 계열에 대한 의존)이 빠질 수 없는 긴요한 조건으로 존재한다는 사실을 유의해둘 필요가 있다. 바꿔 말하면 화폐가 존재한다고 해서 언제든지 이런 의존관계가 필수불가결한 것은 아니다.

예컨대 '소유/비소유'의 차이가 신체가 띠고 있는 규범적·경제외적 위신(威信)의 낙차에 대응하고 있는 사회[10]에서는 화폐의 기능이 한정적이다. 여기서 화폐는 위신의 낙차에 따라 자원을 재분배하기 위한 투명한 미디어다. 위신의 낙차를 정당화하는 규범의 권위가 부여되어 있으면 화폐의 작용에는 아무런 지장도 발생하지 않는다.

그러나 상품생산이 보편적인 성격을 띠는 단계(자본주의), 즉 화폐경제가 전면적으로 침투한 사회에서는 사정이 다르다. 전면적인 화폐경제란 경제적으로 이용될 수 있는 모든 것이 화폐와 같은 양적(量

---

10) '신분에 맞는 생활'이라는 말이 이러한 모습을 상징한다.

的) 표현을 가지고 있는──따라서 잠재적으로 모두 상품이 되는──경제다. 화폐경제로의 완전한 이행을 꾀하는 사건은 경제 시스템을 외부로 잇는 두 개의 접점이 상품화되었다는 사실일 것이다. 두 개의 접점이란 '토지'(경제 시스템의 내재적 자연환경으로의 입구)와 '노동력'(경제 시스템의 초월적인 인간 자체로의 입구)이다. 상품의 보편화가 의미하는 것은, 누구든지 있을 수 있는 욕망에 대해 열려 있으며, 이것에 대한 규범적인 제약은 기본적으로 존재하지 않는다는 것이다. 이때 자원의 분배는 화폐를 매개로 한 (등가)교환에 기초해서만 전면적으로 수행될 수 있다. 이제 교환에 대한 외적인(예컨대 규범적인) 보증은 있을 수 없기 때문에 화폐에 의한 교환은 자기 자신이 스스로를 기초짓고 조정할 수밖에 없다. 이때 비로소 '공허한 타자'(또는 '타자의 무한계열')가 경제 시스템의 결정적인 요체로 등장한다. 경제 시스템을 정의하는 미디어인 화폐만을 욕망하는 이 타자는 우선 내적으로 폐쇄된 경제 시스템의 자기준거성을 상징하는 존재라고 말할 수 있을 것이다. 그러나 사실 시스템의 폐쇄성을 구성하는 바로 이 점에서야말로 시스템은 외부로 열려 있기도 한 것이지만 말이다.

2절 '타자의 타자로서의 〈타자〉'에서 화폐는 〈타자〉의 현현에 수반되는 특수한 기제를 활용함으로써 존립한다는 사실을 시사해두었다. 〈타자〉의 타자성이 후속하는 타자, 즉 '타자의 타자' 내에 각인되어 있기 때문이다. 그러나 〈타자〉의 현현이 직접적으로 화폐 가능성의 조건을 부여하는 것은 아니다. 〈타자〉는, 또 그 본성을 계승하는 '타자의 타자'는 아무런 동일성도 갖지 않은 순수한 차이다. 따라서 〈타자〉

〈타자의 타자〉는 화폐경제의 기능을 담보하는 '공허한 타자' 로서는 기능할 수 없다. (미래의) '공허한 타자' 의 존재를 모든 화폐 사용자들이 신뢰할 때 화폐가 받아들여지는 커뮤니케이션의 연쇄가 구성될 수 있다. 그런데 어떠한 동일성도 누락시킨 〈타자〉에 관해서는 그 적극적인 존재를 상정하는 것 자체가 불가능할 것이다. 〈타자〉는 '어떤 것' 으로서도 현전할 수 없기 때문이다.

순수하게 화폐만을 욕망하는 타자를 '공허한 타자' 라고 불러왔다. 그러나 여기서 이 표현을 약간 수정하지 않을 수 없다. 엄밀하게 말하면 이러한 타자를 공허하다고 형용하는 것 ─ 어떠한 실질적인 욕망에 의해서도 정의할 수 없다는 의미에서 ─ 은 적절하지 않다. 그러한 타자는 욕망을 결여하고 있는 것이 아니기 때문이다. 즉 그것은 다름 아닌 '화폐' 를 욕망하고 있기 때문이다. 물론 화폐에 대한 욕망은 어떤 구체적인 대상에 대한 욕망으로도 특정할 수 없다. 화폐에 대한 욕망은, 이 '어떤 구체적인 욕망도 아닌' 라는 부정적인 조건 자체를, 그것 자체가 자신의 동일성을 규정하는 적극적=긍정적인 조건으로 전화시켰을 때 성립한다. 즉 '개개의 구체적인 재화나 서비스가 아닌 것' 이라는 부정성이야말로 화폐를 정의하는 긍정성인 것이다. 여기에는 '공허' 의 실체화·존재화라고도 부를 만한 점이 있다.

실로 공허한 것은 〈타자〉다. 그것은 (긍정적인) 통일성으로 전화하는 일이 없는 순수한 차이성·부정성이기 때문이다. 바로 그렇기 때문에 〈타자〉는 그것에 대한 (자기의) 관계지음에 의해 구체적인 타자로서 현전하자마자 스스로에 대한 한층 더한 차이로서, 즉 '타자의 타자' 로서 현현의 장을 옮겨가게 된다.

이상의 고찰을 전제로 한 상태에서 다음과 같이 추정할 수 있을 것이다. 〈타자〉(또는 '타자의 타자')를 '화폐를 최종적인 욕망의 대상으로 하는 미래의 타자'로 전환함으로써 화폐가 실제로 효과 있는 작용소가 될 수 있기 위한 조건이 성립하는 것이 아닌가 하고 말이다. 이 전환은 ① 본원적으로 공허할 수밖에 없는 순수한 차이성(〈타자〉)을, ② '공허의 부정성을 그 동일성의 조건으로 하는 화폐'에 대한 욕망으로 변화시키는 것이다. 이를테면 그것은 '공허'(〈타자〉)에 동일화 가능한 형식을 부여하는 것이다.

이 전환을 마르크스의 가치형태론, 즉 '전체적인 가치형태'에서 '일반적인 가치형태'로의 변태(變態)와 대응시켜보는 것도 가능할지 모른다. 앞에서 본 것처럼 전체적인 가치형태는 단일한 상대적 가치형태(20자의 옷감)를 다양한 등가형태(한 벌의 웃옷, 10파운드의 차, 40파운드의 커피 등)와 등치시킨 것이다. 일반적인 가치형태는 이 관계를 역전시켜 다양한 상대적 가치형태(한 벌의 웃옷, 10파운드의 차, 40파운드의 커피 등)의 가치를 단일한 등가형태(20자의 옷감)와 등치시킨다. 이 단일한 등가형태는 많이 쓰는 상대적 가치형태의 가치를 표현하는 '일반적 등가형태'다. 상대적 가치형태 등식의 나열은 바로 '어떤 것'인가로 고정(등치)되자마자 자기 자신에 대한 배반이 구성되어버리고, 다시 '다른 것'(타자의 타자)에 의해 규정될 수밖에 없는 〈타자〉의 모습을 생각케 한다. 〈타자〉의 차이성은 어떤 등식(동일화의 방식)으로도 고정시킬 수 없다. 그러나 어떤 등식에 의해서도 충분히 표현할 수 없다는 이 부정성을 그대로 적극적인 동일성의 조건으로 전환시켜버린다면, '화폐' 즉 '일반적인 등가형태'가 얻어진다. 이 전환은 '전체적인 가치형태' 중에서는 차례차례 치환되고 옆으로 미끄러져간 일련의 등치관계를 모두 긍정하는 것 ── 즉 그것들 중 어떤 것일 수도 있는 것 ── 을 함의한다. 그러므로 일반적인 가치형태에서는 복수의 등식이 '및'으로 연결되게 된다(그것들은 전체적인 가치형태에서는 '또는'으로 병치되었다).

동일성을 누락시킨 공허(《타자》)를 부정적인 동일성(화폐를 욕망하는 미래의 타자)으로 전환하는 과정에 수학적인 유비(類比)를 부여할 수 있다. 앞에서 화폐가 가능하기 위한 조건이 자연수의 무한집합을 정의하는 조건과 상동적이라는 점을 지적했다. 지금의 고찰을 이 대응관계에 접목시킨다면, 〈타자〉의 절대적 차이성은 자연수의 농도(집합의 크기)와 실수 연속체(實數連續體)의 농도 편차에 의해 표현해둘 수 있을 것이다. 먼저 이것의 의미부터 설명하기로 하자.

물론 실수의 집합은 자연수의 집합과 마찬가지로 무한집합이다. 그러나 같은 무한집합이라고 해도 실수는 자연수보다 커다란 무한이다. 이것을 증명하는 방법이 칸토어(Georg Cantor, 1845~1918)의 유명한 대각선논법이다. 그것은 다음과 같은 순서의 귀류법이다.

자연수	실수
1	0.179043…
2	0.279540…
3	0.849094…
4	0.605428…
⋮	……

지금 0에서 1까지의 모든 실수와 자연수가 동일한 농도라고 가정하자. 이것은 0에서 1까지의 모든 실수에 자연수의 번호를 붙일 수 있다는 것을 가정한 것과 같다. 그래서 실수와 자연수를 다음과 같이 종으로 늘어놓는다(실수 쪽은 모두 무한자릿수의 소수로 표현해둔다). 만약 실수의 농도와 자연수의 농도가 같다면 이 실수 계열에 나타날 수 없는 (0과 1 사이의) 소수는 존재하지 않을 것이다. 그런데 여기서 각 소수의 대각선 요소의 숫자——1, 7, 9, 4, ……——를 가져와, 이 각각의 숫자를 모두 다른 한 자릿수 숫자로 바꿔놓고(예컨대 각각에 1을 더해서), 이렇게 해서 얻어진 숫자를 소수 첫째 자리부터 차례로 늘어놓음으로써 만들어지는 소수——0.2805…——는 이 계열의 어떤 숫자와도 일치하지 않는다.* 그리하여 "자연수와 실수가 같은 농도다"라는 가정은 기각된다.

대각선논법으로 증명되는 자연수와 실수 사이의 편차가 〈타자〉의 모습과 유비적이라는 것은 다음과 같은 의미에서다. 앞에서 말한 것처럼 〈타자〉는 무언가로서——즉 구체적인 타자로서——적극적으로 현전하자마자 자신의 본성인 타자성을 부정당하고, 곧바로 한층 더한 차이로, 즉 '타자의 타자'로 미루어진다. 물론 '타자의 타자' 역시 적극적인 동일성을 가진 것으로 인정되자마자 마찬가지로 한층 더한 타자('타자의 타자의 타자')로 송부될 것이다. 이미 본 것처럼 이렇게 후속 타자를 차례차례 산출해 나가는 반복은 자연수를 구성하는 순서와 같

---

* 대각선의 숫자를 바꿔 놓은 소수는 1의 경우 소수 첫째 자리에서 차이를 보이고, 2의 경우 소수 둘째 자리, 3의 경우 소수 셋째 자리에서 차이를 보인다. 이에 따라 n의 경우 소수 n번째 자리에서 차이를 보이므로, 바뀐 소수는 자연수의 어느 수에도 해당되지 않는다.

은 것이다. 무한개 자연수와 대응시킨다는 것은 '단일한 동일성'으로 현전할 수 있지만 최고도로 무제한의 가능성이 허용되고 있다는 것에 다름 아닐 것이다. 그런데 이처럼 대각선논법은 가능한 동일성이 가장 느슨하고 완전히 무제한으로 허용되었다고 해도 여전히 이 가능한 동일성의 계열로 수용할 수 없는 요소가 이 계열 안에서, 이를테면 자연스럽게 나온다는 것을 보여주고 있다.[11] 그것은 자연수와의 대응에 의해 확보되는, 가능한 동일성의 어떤 것일 수도 없다는 의미에서 순수한 차이를 표현하고 있다. 그것은 바로 〈타자〉의 모습이다. 〈타자〉 역시 적극적인 동일성을 가지고 현전하는, 가능한 타자들(자연수개의 타자들) 누구와도 등치시킬 수 없다는 것에 의해 소극적으로 주어질 뿐이기 때문이다.

이렇게 하여 실수 집합이 자연수 집합과 동일**하지 않다**는 것을 알 수 있다. 그러나 그것만으로는 실수 집합과 자연수 집합의 불일치(차이)가 알려질 뿐이고, 실수 집합이 (자연수 집합과의 관계에서) **무엇인가** 하는 것을 적극적으로 규정할 수는 없다. 그래서 칸토어는 자연수 집합과의 관계에서 실수 연속체의 농도에 정확한 장소를 주려고 했다. 그것이 '연속체 가설'이다. 연속체 가설이란 자연수의 집합보다 농도가 큰 집합 중에서 실수 집합의 농도가 최소라는 명제다. 이 명제는 결국 가설로 그치고 증명할 수는 없었다. 다시 말해 근거가 없는 독단인 것이다. 그러나 이 가설에 의거한다면 실수 집합이 다양한 농도를 가

---

11) 이 점에 대해서는 오카모토 겐고의 다음 글이 참고가 될 것이다. 岡本賢吾, 「〈他なるもの〉への写像―ヘーゲル・カントール・ゲーデルの記号論的思想を横断するもの」, 『現代思想』 15巻 6号, 1987.

진 집합들의 우주 질서(순서) 속에서 어떤 위치를 가지는가가 명확해지고, 그것에 의해 적극적으로 동일화될 것이다. 즉 연속체 가설이라는 독단은 실수 연속체가 암시하는 으스스한 차이를 동일성의 질서 쪽으로 회수하려는 것이다.

대각선논법의 수준과 연속체 가설 수준의 차이를 〈타자〉의 수준과 '화폐를 욕망하는 타자' 수준의 차이에 대응시킬 수 있을 것이다. 각 조의 전자(대각선논법, 〈타자〉)는 단순한 차이며, 그렇기 때문에 어떤 것일 수도 없는 공허에 대응한다. 후자(연속체 가설, 화폐를 욕망하는 타자)는 그 '공허'를 동일성으로 전환하는 일종의 사술(詐術)에 의해 ─ 즉 공허의 은폐에 의해 ─ 가능해진다. 설령 기만에 의해 지지된다고 해도 후자에 의해 일종의 질서 ─ 집합의 질서·지불 연쇄의 질서 ─ 가 비로소 보증되는 것이다.

4. 상품의 물신성

충분히 보편화된 화폐경제는, 구체적으로 누구일 수도 없는 '화폐를 욕망하는 타자'가 (미래에) 존재한다는 상정에 의해 가능해진다. 이 '화폐를 욕망하는 타자'를 특징짓는 것은 이를테면 **위장된** 공허다. 그것은 바로 공허라는 '동일성의 부정'에 의해서 자신의 동일성을 규정하기 때문이다. 그러나 이 (의사적으로) 공허한 타자의 상정이란 경제 시스템에서의 어떤 현상과 대응하고 있을까?

물론 '화폐를 욕망하는 자'의 공허한 존재를 상정한다는 것은, 수전노(守錢奴) 같은 인물이 어딘가 현실에 실재하고 있을 것이라고 믿고 경제 시스템이 작동하고 있다는 것은 아니다. 화폐를 계속 보유하고 있다는, (이미 앞에서 말한 의미에서) 위험하고 따라서 어리석은 선택을 하는 구체적인 타자가 존재하고 있을 것이라는 가정은 화폐경제 하에서 이루어지는 화폐의 작용을 이해하고 있는 사람들에게는 전혀 설득력이 없다.

지금까지 말한 것은 다음과 같은 것을 보여주고 있다. 즉 사람들이 화폐를 이용하고 그것에 의해 지불 연쇄를 구성할 때, 그들은 (이해에서라기보다) 오히려 그 지불의 실천에서 (구체적으로는 어디에도 모습을 드러내지 않는) '화폐를 최종적인 목표로 욕망하는 타자'가 미래에 도래한다는 것을 가정하게 된다는 것이다. 사람들이 화폐의 흐름을 흡입하는 타자를 가정하고 있다는 것은 그들이 실제로 화폐를 받아들이고, 그런 한에서 바로 화폐 자체를 욕망하고 있는 것처럼 행위하며, 그리하여 지불의 연쇄가 구성되어간다는 것 안에 나타난다. 그들이 이 가정을 자각적으로 보유하고 있는 것은 아니다.[12] 그러나 화폐를 받아들인다는 것은 지금까지 말해온 미래의 타자에 대한 가정을 보유하고 있다는 것과 똑같은 일이 된다. 즉 가정은 (의식에서가 아니라) 행위에서 채택되는 것이다.[13]

거듭 말하면 화폐를 최종적인 욕망의 대상으로 하는 미래의 타자에 대한 가정은, 사람들이 화폐를 보유하는 것의 위험을 이해하고 있

---

12) 그들은 수전노의 선택이 비합리적이라는 사실을 알고 있다.
13) 의식이 아닌 행위에서 보유되는 이데올로기라는 문제에 대해서는 지젝의 다음 고찰이 참고가 된다. Žižek, S.(1989). *Sublime Object of Ideology*. Verso. 〔鈴木晶 訳, 「イデオロギーの崇高な対象」, 『批評空間』 1·2号, 1989, 254~257쪽.〕

는데도 화폐를 받아들인다는 행위 안에 나타난다. 이 가정은 이것을 채택하는 사람들에게 ─ 설사 그들이 화폐의 위험을 인식하고 있다고 해도 ─ 실제로 화폐를 욕망하게 만든다. 그러므로 경제 시스템에 참여하는 임의의 사람들은 결국 화폐를 그 자체로서 욕망하고 있는 것처럼 행동하게 된다. 그렇기 때문에 그들은 화폐를 받아들인다. 물론 그들은 수전노가 아니기 때문에 받아들인 화폐를 다시 지불하고 필요한 상품을 구입한다. 그들의 지불 행위는 그들이 모두 화폐를 욕망하고 화폐를 받아들일 준비가 되어 있기 때문에 실제로 가능하다. 그들은 왜 지불하는 것일까(즉 왜 화폐를 포기하는 것일까)? 그것은 더욱 커다란 지불 가능성(화폐)을 획득하기 위해서다. 이렇게 해서 바로 화폐를 획득하기 위해 화폐를 받아들이고 그것을 다시 지불하기 위해 투입하는 순환이 성립한다.

이러한 순환이 발생하는 것은, 즉 그것이 무익한 반복 이상인 것은, 이 순환을 통해 화폐=가치가 증식하기 때문이다. 그러나 경제 시스템이 화폐를 매개로 한 등가교환에 의해 다 메워져버릴 때, 왜 가치의 증식(잉여가치)이 발생하는 것일까? 그것은 등가교환의 통일적인 시스템 내부에 그 부정이 잉태되어 있기 때문이다. 마르크스의 논의에서는 그 부정을 구성하는 역설적인 상품이 '노동력'이다.[14] 어쨌든 중요한 것은 등가교환의 연쇄로 그려낼 수 있는 경제 시스템의 통일성이 바로 부정적인 요소 ─ 그것이 반드시 '노동력'일 필요는 없다 ─ 에

---

14) Žižek, S.(1989). *Sublime Object of Ideology*. Verso. 〔鈴木晶 訳, 「イデオロギーの崇高な対象」, 『批評空間』 1・2号, 1989, 253쪽.〕

의해 담보되고 있다는 것이다. 부정적인 요소에 의해 초래되는 가치의 증식이 없다면, 등가적인 교환 자체가 발생하지 않기 때문이다.

여기서 자세히 설명할 수는 없지만 가치의 증식이 발생한다는 것은 교환이 다른 가치 시스템을 횡단하여 발생하기 때문이라고 생각할 수밖에 없다.[15] 단일한 가치 시스템 내부에서는 가령 교환이 일어난다고 해도 가치는 일정하게 유지되기 때문이다. 다른 시스템과의 횡단적인 관계를 시스템의 특정한 내적 요소에 투영했을 때, 그것은 예컨대 '노동력' 같은 역설적인 상품으로 나타나게 된다. 그렇다면 교환의 등가성을 초래하는 시스템의 통일성 자체가, 그 시스템이 다른 시스템과의 사이에서 형성하는 관계에 의해 유지되게 된다.

그런데 여기서 결론적으로 말해두고자 하는 것은 다음과 같은 것이다. 화폐의 가능성을 보증하는 (의사적으로) 공허한 타자에 대한 가정이 실천적으로 규정되어 있다는 것은, 등가교환의 경제 시스템이 내적인 부정을 내포하고 있다는 것과 같다는 사실이다. 화폐의 가능성을 보증하는 타자에 대한 가정은 경제 시스템의 일관성(등가성)을 지지하는 내적 부정성 안에 반영된다.

같은 문제를 다른 각도에서 고찰할 수도 있다. (의사적으로) 공허한 타자를 상정하는 것은 마르크스가 말한, 이른바 '상품의 물신성(fetishism)'을 초래하는 원인이기도 하다. 상품의 물신성이란, 상품의

---

15) 柄谷行人, 『マルクスその可能性の中心』, 講談社, 1978.; 大澤真幸, 「経済の自生的反秩序 3―ルーマンに映したハイエク」, 『現代思想』 20巻 2号, 1992.

가치는 상품 생산자 사이의 사회 관계의 반영인데도 그것이 상품, 특히 화폐가 갖는 자연적인 속성으로 현상한다는 것이다.

슬라보예 지젝(Slavoj Žižek, 1949~)은 상품의 물신화와 인간의 물신화 사이에 역상관(逆相關) 관계가 있다는 흥미로운 지적을 하고 있다.[16] 인간의 물신화란 자연화된 '지배/복종관계'를 말한다. 예컨대 어떤 인물이 왕인 것은 왕과 신하 사이의 사회관계적 효과에 지나지 않는데도 그것이 왕이라는 인물의 자연적인 속성에서 유래하는 것처럼 나타날 때 인간과 인간 사이에 물신화가 생긴다고 말할 수 있다. 화폐경제가 미숙한 사회 ── 예컨대 봉건사회 ── 에서는 인간의 물신화는 있지만, 그 대신 아직 상품의 물신성은 발달하지 않았다. 그에 비해, 발달한 화폐경제(자본주의) 하에서는 인간은 탈물신화(탈주술화)하는 데도 그것을 벌충이라도 하듯이 물(物)=상품이 물신화된다.

그렇다면 화폐경제에서 사람들은, 부(富)를 양적으로 표현하는 화폐의 기능이 화폐라는 물건의 직접적이고 자연적인 속성이라고 착각하고 있는 것일까? 그렇지는 않을 것이다.[17] 당연하게도 인간을 탈물신화한 시선은 물체에도 적용된다. 화폐를 사용하는 사람들은 화폐의 어디에서도 신비한 구석이 없다는 것, 화폐가 사회적인 여러 관계의 표현에 지나지 않는다는 것을 잘 알고 있다. 즉 사람들의 일상적인 관념 속에서 화폐는 사회적 산물의 일정 부분에 대한 청구권을 표시하는 기호에 불과하고, 완전히 편의상의 물건일 뿐이다. 그러나 중요한 것

---

16) Žižek, S.(1989). *Sublime Object of Ideology*. Verso. 〔鈴木晶 訳, 「イデオロギーの崇高な対象」, 『批評空間』 1·2号, 1989.〕

17) 덧붙여 말하자면 이 착각이야말로 수전노의 것이다.

은 지젝이 날카롭게 지적하고 있는 것처럼, 그래도——라기보다 바로 그렇기 때문에——상품의 물신성이 생겨난다는 사실이다.[18] 왜냐하면 화폐의 신비성을 전혀 믿지 않는다고 해도, 즉 화폐에 대해 완전히 시니컬하다고 해도, 화폐를 받아들이고 화폐를 욕망하는 행위에서 사람들은 화폐 자체를 마치 가치를 가지는 실체인 것처럼 취급하기 때문이다. 다시 말해 결국 사람들은 화폐에 대한 물신숭배자와 마찬가지로 행동해버리는 것이다.

신념과 행위 사이의 이러한 물구나무서기는 왜 발생하는 것일까? 각 개인은 자기 자신으로서는 화폐를 직접적으로 가치를 구현하는 것이라고는 믿지 않는다. 다만 그들은 모두 화폐를 욕망하고, 그렇기 때문에 직접 화폐를 가치 있는 것으로 간주하고 있는 '타자'의 존재를 상정하고 있다. 한번 이러한 타자가 상정되면, 신념에 반하여 사람들은 행위할 때 물신숭배자가 되어버린다. 화폐를 욕망하는 타자가 존재하고 있다는 상정 하에서 화폐는 실제로 유효하기 때문이다. 다시 말해 이때 화폐는 현실에서 유통되기 때문에 그들이 욕망하고 있는 개별 재화나 서비스로의 길을 보증해준다.

화폐의 물신성에 대한 신념을 자기 자신이 아니라 '타자' 쪽에 귀속시킴으로써 개별적인 어떤 '자기'도 자기 자신의 신념 수준에서는 화폐를 탈물신화시킬 수 있다. 즉 그들은 화폐를 편의를 위해서만 이용하는 '자유로운 주체'로서 자신을 정초(定礎)할 수 있는 것이다. 상

---

18) Žižek, S.(1989). *Sublime Object of Ideology*. Verso. 〔鈴木晶 訳,「イデオロギーの崇高な対象」,『批評空間』 1·2号, 1989, 255쪽.〕

정된 타자에게 화폐에 대한 공허한 욕망을 귀속시킴으로써 그들 개개인은 각각의 고유한 구체물에 대한 욕망을 자신에게 귀속시킬 수도 있는 것이다. 그러나 그들은 주체화된 것의 대가로서 행위할 때는 여전히 물신적인 환상에 계속 포박되어 있어야 한다. 그들의 주체적 행위는 타자에게 귀속되어 있는 것으로 상정되어 있는 욕망을 전제하지 않을 수 없기 때문이다.

5장 기다리는 것과 기다려지는 것[*]

1. 기다리는 자들

이토 세이코^{**}의 『고도는 기다려지며』¹⁾ 는 말할 것도 없이 사뮈엘 베케트(Samuel Beckett, 1906~1989)의 유명한 희곡 『고도를 기다리며』(*En Attendant Godot*, 1952)를 뒤집어서 포착한 것이다. 즉 그 작품은 베케트의 특수한 반복이다. 이 반복에서 시점은 반전한다. 제목이 단적으로 보여주고 있는 것처럼, 베케트에게는 시점의 중심이 고도를 기다리는 두 사람에게 있지만, 이토 세이코의 희곡에서는 시점이 기다리게

---

* 여기서 '기다려지는 것'이라고 번역한 말의 일본어 원문은 '待たれること'이고, '기다려지는 자'는 '待たれる者'이다. 이는 누군가 어떤 대상을 기다리고 있을 때, 그 어떤 대상의 입장, 즉 어떤 대상이 누군가에 의해 기다려지고 있다는 것을 의미한다. 따라서 '기다려지는 자'는 기다림의 대상을 의미하는 것으로 사용한다. 우리말에서 '기다린다'는 것은 기다리는 사람의 행위를 말하고, '기다려진다'는 것은 기다리는 사람의 심정을 말하는 것이 일반적이다. 이것의 시점은 모두 기다리는 쪽에 있다. 그러나 여기서 '기다려지는 것'이나 '기다려지는 자'로 번역한 표현은, 누군가에 의해 기다려지고 있는 자, 즉 기다림의 대상이 되는 자의 시점에서 쓴 말이라는 점을 밝혀둔다.
** 이토 세이코(いとう せいこう, 1961~)는 고단샤(講談社)의 편집자를 거쳐 소설, 아동문학, 기행문, 에세이, 번역, 연극, 영화, 음악, 래퍼, 작사, TV 탤런트, 연극배우, 텔레비전 연출, MC 등 여러 장르를 넘나들며 폭넓게 활동하고 있다.
1) いとう せいこう, 『ゴドーは待たれながら』, 太田出版, 1992.

하는 고도 쪽에 두어졌다. 시점이 한쪽 극에서 다른 쪽 극으로 이행함으로써 보여지는 것은 단순히 동일한 것이 다른 각도에서 비추어진 것만은 아니다. 나중에 논하겠지만, 시점의 이행에 의해 사태를 만들어내는 틀 자체에서 미묘하긴 하지만 중요한 변용이 생겨난다. 이토의 희곡은 변용이 포함되어 있기 때문에 더 한층 베케트의 '반복'이라고 부를 만하다.

다들 아는 바와 같이 베케트의 작품은 에스트라공과 블라디미르라는 2인조가 오로지 고도를 기다리고 있는 모습을 연극화한 것이다. 고도는 어떤 사람인가, 두 사람은 무엇 때문에 고도를 기다리는가, 이러한 것은 한번도 설명되지 않는다.

먼저 고도(Godot)란 신(God)을 의미한다고 말할 수 있다. 그렇기 때문에 당연히 고도를 기다린다는 행위——또는 오히려 행위의 부재——는 종말론적인 구성을 암시한다. 사실『고도를 기다리며』에서는 1막의 거의 첫 장면에서 '최후의 순간'에 대한 대화가 교환된다. 마찬가지로『고도는 기다려지며』에서도 고도는 '세계의 끝'에 대해, 더욱 정확하게 말하면 '세계의 끝'의 근본적인 불가능성에 대해 반복해서 말하고 있다.

고도가 신이라면 기다린다는 것은 형식으로 순화된 종속(물론 신에 대한 종속)이다. 여기서 기다린다는 것이 종속의 순수한 '형식'이라고 한 것은 다음과 같은 의미에서다. 통상 종속이라는 것은 특정한 행위에 의해 나타난다. 예컨대 왕에 종속되어 있다는 것의 실질은, 왕이 내리는 이런저런 명령을 수행하는 것이다(예를 들어 그것은 군대에서 전투하는 것일지도 모르고 또 세금을 징수하거나 납부하는 일일지도 모른다). 그런데 『고도를 기다리며』에서는 종속이 바로 그것에 의해 나타나야 할 행위의 구체적 내용이 일체 제시되지 않는다. 그러나 특정한 내용을 결여한 채 여전히 종속이라는 형식을 유지하려고 한다면 그것은 '기다린다'는 '행위의 정지'로 귀결될 수밖에 없을 것이다.

물론 종속은 수동성＝수고성(受苦性)의 양태다. 쌍을 이루는 능동적인 항은 지배자가 차지한다. 그러나 수동적인 종속도 바로 그 종속성을 보여주는 구체적인 행위에 의해 부분적으로 능동성을 회복한다. 설사 왕의 명령에 의해서라도 싸우는 자는, 바로 싸운다는 행위에서는 능동적이다. 그는 명령을 거부할 수도 없을 것이기 때문이다. 다시 말해 명령받은 그 행위를 수행한다는 것은 그에게 귀속시킬 수 있는 선택이기 때문이다. 그런데 종속으로부터 일체의 내용이 사상(捨象)되어버린다면 그것은 능동성을 박탈당하고 수동성의 극점으로 밀려나게 될 것이다.

그건 그렇다 치고 블라디미르와 에스트라공은 왜 기다리는 것일까? 다시 말해 왜 종속이라는 형식에 얽매이는 것일까? 그것은 (완전히 역설적인 사태지만) 결국 그들의 행위에서 모든 능동성＝자율성이 지금까지 말해온 철저한 수동성을 전제로 해서만 가능하기 때문이다. 이것을 두 사람이 극 중에서 몇 번이고 시도하고 있는 '생각한다'는 행위, 또는 반대로 '생각하는 것을 그만둔다'는 행위에 의해 검증해보기로 하자. 말할 것도 없이 '생각한다'는 것을 자율적인 행위로서 실현하는 것이 데카르트(René Descartes, 1596~1650)의 코기토(Cogito)다. 생각한다는 행위와 나라는 것이 코기토에서 단적으로 통합되기 때문이다. 그리고 데카르트적 인간은 베케트의 기본적인 주제기도 하다(이

점은 다카하시 야스나리〔高橋康也, 1932~2002〕가 자세히 논하고 있다). 예컨대 베케트의 첫번째 단행본 『호로스코프』(Whoroscope, 1930)는 주인공 데카르트의 고백이라는 형식을 취하고 있다. 블라디미르와 에스트라공이 생각한다는 것에 집착하면서 그것에 변조가 일어나는 것도 '데카르트'라는 베케트의 주제에 대한 반향일 것이다.

생각한다는 것에서 자율적이라는 것의 배리는, 『고도는 기다려지며』에서 고도의 고독한 격투에 의해 잘 드러난다. 2막 첫머리에서 고도는 "자유로워지지 않으면 안돼", 즉 자율적이어야 한다며 뭔가를 생각하는 것을 정지하려고 한다. 뭔가를 생각하면 그것에 속박되어버리기(종속되어버리기) 때문이다. 그러나 생각한다는 것을 정지하려고 하는 시도는 결국 좌절된다. 왜냐하면 생각하는 것을 그만두려고 하면 바로 그만두려는 그것을 생각하고 말기 때문이다. 다시 말해 생각하는 것을 그만두려고 하면 사람들은 생각하는 것을 그만둘 수 없게 된다는 것이다. 생각하는 것에서의 자율성(코기토)이 완전하기 위해서는 '생각하다/생각하지 않는다'라는 선택 자체가 생각한다는 행위에 의해 실현되지 않으면 안 된다. 고도의 좌절은, 생각한다는 것에서의 자율성을 관철할 수 없다는 것을 증거로서 보여주고 있다. 바꿔 말하면 생각하는 것의 자율성은 종속의 형식에 의해 상실된다.

그러나 이것은 이미 데카르트 자신이 말한 것이다. 모든 것을 의심하는 것이 코기토의 자율성이 가능한 조건이지만, 그럼에도 데카르트는 『방법서설』(Discours de la méhode, 1637)에서 철학적인 여행의 일상을 빠져나가기 위해서는 여러 격률이 필요하다고 말하고 있다. 그 격률 중 첫번째는 의외로 자신이 태어난 나라의 습관이나 법의 권위에 의문을 품지 않고 그것들에 따르는 것이라고 규정하고 있다. 그리고 두번째 격률은 이것을 더욱 일반화한 내용으로 되어 있다.

스스로의 행동에서 가능한 한 빈틈없고 결연한 태도를 취할 것, 그리고 아무리 의심스러운 의견에도 일단 그것을 존중하기로 마음먹었다면 전혀 의심할 바 없는 의견의 경우와 비교해 조금도 뒤떨어지지 않게 그것에 따를 것. 이 점에서 나는 여행자의 예를 따르고 있다. 숲에서 헤매는 여행자들은 자신들이 이리 갔다 저리 갔다 하면서 헤매서는 안 되고, 더구나 한 군데 머물러 있어서도 안 되며, 항상 같은 방향으로 어디까지고 똑바로 계속해서 걸어가야 하고, 그들이 그 방향을 선택한 것이 처음에는 단순한 우연에 지나지 않았다고 해도 아주 사소한 이유로 그 방향을 바꿔서는 안 된다는 것을 알고 있다. 이렇게 함으로써 그들은 자신이 바라는 바로 그 장소에 갈 수는 없다고 해도 적어도 어딘가에 이르게 된다. 아마 그 곳은 숲의 한가운데보다는 나은 장소일 것이다.

여기서 말하고 있는 것은 역시 내용을 잃어버린 순수하게 형식화한 종속이라는 것(무엇이든 최초의 지시에 따를 것)이다. 코기토라는 '사고의 자율'의 이상을 지지하고 있는 것은 그 반대물, 그 근본적인 부정이다(이러한 사정에 대해서는 슬라보예 지젝이 계몽의 내적 균열로써 선명하게 논증하고 있다).

여기서 상기되는 것이 베케트의 첫 장편소설인 『머피』(*Murphy*, 1938)에 나오는 주인공의 기묘한 명상법이다. 주인공 머피가 명상에 잠긴 방이, ──이 점에서 『호로스코프』의 경우도 똑같은데 ── 데카르트가 철학 원리에 도달했다는 그 화로가 있는 방에 견주어지는 것은 명백하다. 이 방에서 명상할 때 머피는 일곱 장의 손수건으로 자기의 몸을 흔들의자에 묶는다. 다시 말해 육체를 완전히 구속하는(무언가에 종속시킨다) 것을 전제로 하고 사고가 전개되는 것이다.

그렇게 되면 블라디미르와 에스트라공의 불행한 실태는 명백하다. 그 불행한 실태는 그들을 종속시켜야 할 능동적인 지배자가 결코 나타나지 않는다는 데 있다. 1막의 마지막 부분에서, 소년을 통해 "내일은 반드시 간다"는 고도의 메시지가 온다. 그러나 그 다음 날이라고 생각되는 2막에서도 똑같이 "내일은 간다"는 메시지가 온다. 이러한 구성은 고도의 도래가 언제까지고 계속해서 '내일'에 그친다는 것을 시사한다.

이러한 의미에서 고도는 이 두 사람으로부터 한없이 멀다. 그러나 반대로 고도는 이미 충분히 가깝다고도 할 수 있다. 고도는 극한적으로 가깝기 때문에, 즉 이미 도착해 있으므로 이제 도래할 수 없다고도 할 수 있다. 이것은 희곡에서 몇 번이고 암시된다. 고도의 가까움을 철저하게 추구하면 어떻게 될까? 그것은 두 사람 자신이 고도인 경우일 것이다. 실제로 고고(에스트라공)와 디디(블라디미르)라는 애칭은 두 사람을 합쳐 고도(신)라는 가능성을 보여준 것이다. 또는 블라디미르라는 러시아식 이름은 세계(mir)를 지배한다(valdi)고 해석할 수 있다. 물론 세계를 지배하는 자는 신이다. 유사한 사정은 에스트라공에게도 보인다. 희곡 중에서 에스트라공은 종종 그리스도로 견주어지고 있기 때문이다. 고도라는 이름은 신을 의미하는 영어 'God'에, 애칭을 나타내는 프랑스어 접미사 '-ot'를 붙여서 만들어진다. 애칭으로 불릴 정도로 신의 친밀함은 이러한 신의 극한적인 가까움에서 파생하는 성질일지도 모른다.

고도의 극한적인 가까움은 다음과 같은 결과를 낳는다. 이미 말한 것처럼 블라디미르와 에스트라공의 자율성은 그들의 종속이라는 형식에 의해 보증된다. 그러나 그 두 사람이 바로 그것에 대해 종속되어 있는 자율적·능동적인 항(고도)은 종속자인 그 2인조에게 너무 근접해 있어(2인조 자체와 합치되어 있어) 종속자들의 외부에 실체적인 것으로 규정할 수 없다(실체화할 수 없다). 물론 이것은 종속이라는 형식을 불발로 끝나게 할 것이다. 자율성이 바로 그 부정인 종속성에 의해 지지된다는 배리를 지적했지만, 여기서는 다시 종속이라는 것이 불가능한 사태가 되어 있다. 자율의 배리를 지지하는 종속이라는 형식이 더 한층 심각한 배리의 엄습을 받고 있는 것이다. 블라디미르와 에스트라공의 기묘하고 비정상적인 행위나 사색은, 이러한 곤란에 의해 그들의 자율성이 침범당하고 있다는 것의 반사일 것이다. 거듭 말하자면, 블라디미르와 에스트라공의 비극은 고도라는 이름을 부여받은 능동적·자율적인 항의 불가능성에 있는 것이다.

『고도를 기다리며』의 1막과 2막 양쪽에 '포조'와 '럭키'라는 이름의 2인조가 등장하여 블라디미르와 에스트라공 앞을 지나쳐간다. 럭키는 마치 개처럼 목이 줄에 묶여 있다. 물론 줄을 잡고 있는 사람은 포조다. 포조는 럭키를 노예처럼 부리고 있다. 럭키는 아주 세세한 것까지 포함한 모든 행동에서 오로지 포조의 명령에 의해서만 움직인다. 참으로 비참한 환경에 있는 것처럼 보이는 럭키는 왜 행복(럭키)한 것일까? 럭키는 블라디미르와 에스트라공이 가질 수 없는 것을 가지고 있기 때문이다. 즉 럭키의 행복은 자기가 따라야 할 타자를 외부에 가지고 있다는 것에 근거한다. 포조(Pozzo)는 이탈리아어로 '샘'〔泉〕이라는 뜻이다. 행위의 원천을 외부로 분리할 수 있다는 점에서 럭키는 행복한 것이다. 포조는 럭키에게 블라디미르와 에스트라공이 아무리 해도 도달할 수 없는 고도에 대응하고 있다. 덧붙여 말하면 럭키에 대한 포조의 가장 중요한 명령은 '생각하라' 는 것이다. 이 명령에 따라 럭키는 고장난 기계처럼 그칠 줄 모르고 불가해한 사고를 전개해 보인다. 사고의 주제는 '세계의 종말' 이다.

2. 기다려지는 자

고도는 누구인가. 이토 세이코의 희곡에 등장하는 고도는 누구인가. 물론 고도는 『고도를 기다리며』에서 기다려지고 있는 그 인물이다. 그러나 이렇게 말하는 것만으로는 이 인물이 누구인가에 대해, 이 인물의 동일성에 대해 아무것도 밝히지 못한 것이다. 고도가 '신' 이라면 고도를 주제화하자마자, 고도는 어떤 사람일 수도 없게 되기 때문이다.

　신은 우주 자체를 대표하고 있다. 그런데 동일성을 갖는다는 것은, 즉 어떤 사람(것)인가 하는 것은 그 부정을, 바꿔 말해 그것과 다른 것의 차이를 주제화할 수 있다는 것이다. 타자는 동일성을 비추는 거울로서 기능한다. 그러나 최고로 포괄적인 영역인 우주에 대해서는 자신을 반사하는 '다른 것' 이 존재하지 않는다. 우주를 체현하고 있는 신이 주인공이 되자마자 그것이 어떤 것으로서의 동일성도 가질 수 없다는 것은 이러한 의미다. 실제로 희곡 안의 고도는 자기 자신이 누구인지를 규정할 수 없게 되어 괴로워한다. 또 1막에서도 2막에서도 신의 동일성 위기를 해결 불가능한 가장 커다란 동일성 위기로 지적한다. 그 논리에 따르면 우주 자체인 존재=신은——이 사람이 "나인데"라고 지적한 후에 고도는 말한다——자신의 동일성을 확인하기 위한 거울을 가질 수 없다. 거울 역시 우주의 일부일 수밖에 없기 때문이다.

그러므로 우리는 고도에게 '신'이라는 것 이상의 규정을 부여해야 한다. 전편을 통독해보면 다양한 부분에서 고도의 정체를 알게 하는 단서가 흩어져 있다는 사실을 알게 된다.

예컨대 고도는 블라디미르가 아닐까 하고 생각해볼 수 있다. 고도는, "알베르 씨입니까?"라는 전화 문의에 대해 "그렇습니다"라고 대답한다. 사실 본인은 그렇게 생각하지 않는데도 웬일인지 그 물음에 긍정적으로 답하고 있는 것이다. 또 1막에서도 2막에서도 각 막의 끝 부분에서 고도를 찾아온 소년은 그에게 '알베르 씨'라고 부르고 있다. 이것에도 고도는 응하고 있다. 이 소년이 베케트의 『고도를 기다리며』에서 역시 1막과 2막의 끝 부분에 등장하여 고도가 보낸 메시지를 전하는 소년(들?)에 대응하고 있다는 것은 명백하다. 이 소년(들)은 블라디미르를 '알베르 씨'라고 부르고 있고, 블라디미르도 이에 대답하고 있다. 그러나 고도는 에스트라공이 아닐까 하고 생각할 수 없는 것도 아니다. 방금 말한 전화 장면 직후에 자신의 동일성을 잃어버릴 뻔한 고도가 최초로 자신의 이름으로 생각해낸 것은 '카투루스'다. 이 로마 시인의 이름은 에스트라공이 포조의 질문에 대답하여 스스로 말한 이름과 합치한다. 게다가 고도란 럭키가 아닐까 생각할 수 있는 유력한 '증거' 도 있다. 1막의 마지막 장면에서 고도는 목 언저리가 까져 있는 것을 알게 된다. 이것은 고도의 목이 무언가로 묶여 있었다는 것을 암시한다. 목에 줄을 매고 있던 것은 럭키가 아니었나. 목의 피를 발견한 직후 고도는 자문한다, 자신은 "행복한가 불행한가"(럭키인가 그렇지 않은가)라고 말이다. 이렇게 고도의 정체를 탐색하려고 해도 그 시도는 끝나지 않는다. 오히려 고도는 누구라도 될 수 있을지 모른다. 이점에 대해서는 뒤에서 다시 한번 살펴보기로 하자.

사실 이 연극 안에서 동일성을 확정할 수 없는 것은 고도만이 아니다. 고도를 곤혹스럽게 만드는 것은 누가, 언제, 어디서 그를 기다리고 있는가를 확정할 수 없다는 사실이다. 고도는 만나기로 한 장소에 가려고 하지만, 이런 것들을 결정할 수 없기 때문에 어디에도 갈 수 없다. 어떻게든 답을 얻으려 해도 나오는 것은 동어반복적인 반복일 뿐이다(기다리고 있는 자는 기다리고 있는 놈이라는 등). 타자와 시간과 장소의 동일성이 빠져 있다. 요컨대 여기서는 일체의 동일성이 비결정상태에 머물러 있는 것이다. 이들 미결의 동일성을 집약한 것이 신의 동일성 부재와 자기 자신(고도)의 동일성 부재(양자는 같은 것이다)다.

『고도는 기다려지며』에 앞선 『고도를 기다리며』에서 이미 동일성의 동요는 시작되었다. 예컨대 희곡에서 가장 첫 물음 "어이, 자네, 또 있구만, 거기에"라는 말이 블라디미르에게서 나왔을 때, 이에 에스트라공은 "그런가?"라고 또 하나의 물음으로 응하고 있다. 블라디미르의 아무렇지 않은 인사에 대해 에스트라공이 보내는 것은 데카르트에 비견될 수 있는 '방법적 회의'다. 여기서는 에스트라공이라는 개체와 여기라는 장소의 동일성이 의문시되고 있기 때문이다. 또 이 두 사람도 고도를 괴롭힌 질문, 누구와 언제 어디서 만나기로 되어 있는가 하는 질문으로부터 자유로운 것은 아니다. 예컨대 두 사람은 만나기로 한 일시에 대해 다음과 같은 대화를 주고받는다.

에스트라공 확실히 오늘밤인 거야?
블라디미르 뭐가?
에스트라공 만나기로 한 거 말야?
블라디미르 토요일이라고 했어. (사이) 그런 거 같은데[동요하는 코기토].
……
에스트라공 대체 어떤 토요일인 거야. 게다가 오늘이 토요일이야? 오히려 일요일 아냐? 아니, 월요일인가? 아니면, 금요일?
블라디미르 (당황해서 마치 주변 경치에 날짜라도 쓰여 있는 양 주위를 돌아본다) 그럴 리가 없어.

『고도를 기다리며』에서 선명하지 않았던 동일성은 『고도는 기다려지며』에서는 완전히 결정되지 않은 것으로 밀려나 있다. 다시 말해 『고도는 기다려지며』에서의 동일성 부재는 『고도를 기다리며』에 보이는 곤란함이 강화되어 다시 나타난 것이다.

우선 『고도는 기다려지며』라는 희곡을 지탱하는 아이디어는 단순하다. 이미 앞에서 말한 것처럼 기다린다는 것은 단순화된 종속이며 극한적인 수동성이다(이것이야말로 자율과 능동의 조건이기는 했지만). 이에 비해 『고도는 기다려지며』는 시점을 만나기로 한 장소로 가는 고도 쪽으로 옮김으로써 종속의 형식과 수동적인 태도를 단적인 자율성·능동성으로 치환했다. 소극적으로 기다릴 뿐인 블라디미르와 에스트라공이 아니라 적극적으로 행동하는 측인 고도의 입장에서 세계를 바라보자는 것이다.

그런데 여기에서 다시 한번 기묘한 역설이 예감된다. 그 역설은 기다려지고 있어야 할(가야 할) 고도가 결국 기다리는 자가 되어버린다는 역전으로 표현된다. 이 역전이 이 희곡에서 보이는 유머의 주요 부분을 구성하고 있다. 고도는 자신을 기다리는 상대=타자가 누구인지, 그 타자가 어디에서 기다리고 있는지, 언제 기다리고 있는지 알지 못한다. 다만 누군가 기다리고 있다는 것만을 알고 있다. 또는 그렇게 믿으려 하고 있다. 이러한 때, 고도는 어떻게 하여 기다려지고 있는 현실을 충족하면 좋을 것인가. 예컨대 불확정적인 장소에 대해서 고도는 다음과 같이 대처할 수밖에 없다. 어디든지 한 지점을 선택하고 그곳이 바로 약속 장소일 가능성에 모든 것을 걸어보는 것이다. 이 도박의 성패는 약속한 인물이 그곳에 나타나느냐 마느냐에 따라 결정난다. 그러므로 고도는 그 장소에서 약속한 상대가 나타나기를 기다려야 한다. 이렇게 하여 어느새 기다려지고 있어야 할 고도는 누군가를 기다리게 된다. 시간에 대해서도 마찬가지다. 약속 시간이 언제인지 확정되지 않았기 때문에 고도는 어쨌든 지금 바로 약속 장소로 갈 수밖에 없다. 그리고 약속 시간에 상대가 나타나기를 기다리는 것이다.

나아가 시간의 불확정은 다음과 같은 곤란함에 직면한다. 당연한 일이지만, 고도가 기다려지고 있는 것은 고도가 아직 도착하지 않았기 때문이다. 그러나 약속 시간을 알지 못한 고도가 약속 위반을 피하기 위해서는 충분할 정도로 빨리 도착해버리는 수밖에 없다. 그러나 이것은 '기다려지고 있다'는 현실 자체를 파괴해버린다. 다시 말해 '가버리기' 때문에 고도는 이미 기다려지고 있지 않다. 기다려지기 위해서는 결국 가지 않는 것을 선택해야 한다. 바꿔 말하면 기다려지고 있기위해서는 철저한 수동성=소극성으로, 즉 '행위하지 않는 것'에 머물러 있어야 한다. 이렇게 되면 결국 기다리는 자와 같아져 버린다.

이렇게 기다려지는 것이 기다리는 것으로 역전되는 것은 '단적으로 능동적·자율적인 것'의 곤란함을 시사한다. 이미 1절 '기다리는 자들'에서 능동성·자율성은 특수한 배리 안에 있다는 사실을 지적했다. 다시 말해 능동적·자율적이라는 것은 그 부정인 종속을 전제로 해서만 가능한 것이다. 여기서 우리는 다시 동일한 배리의 반향을 볼 수 있다. 그러나 사실 여기에는 더 큰 곤란함이 예상된다. 종속이라는 형식을 전제로 능동성이 확보된다 해도, 다시금 종속이라는 것 자체 내에어떤 근본적인 우유성(偶有性)*이 숨어 있다는 것 말이다.

---

* 아리스토텔레스(Aristoteles, B.C. 384~B.C. 322)가 사용한 말로서 라틴어로 'contingens'라고 한다. '우유성'(accident)은 어떤 사물을 생각할 때 그 사물의 존재에 영향을 주지 않는 성질, 즉 비본질적인 성질을 가리킨다. 논리적으로는 "어떤 존재가 필연은 아니지만 그것이 존재한다 해도 그것 때문에 아무런 불가능도 생기지 않는 것"으로 정의된다. 필연적인 것에 대해서는 논증과 이론적 지식이 성립하지만 우유적인 것에 대해서는 성립하지 않는다. 우유성은 형상과 질료로 합성되는 존재사물(감각적 개체) 본연의 양상이다. 질료는 우유성을 본성으로 하기 때문이다. 이런 우유적 개체에 관계됨으로써 행위와 모든 실천적지식이 성립한다. 행위는 존재하지도 그렇지 않을 수도 있는 존재사물 가운데 어떤 목적을실현하는 것이고, 실천적 지식은 이 행위를 이끌어가는 것이기 때문이다. 중세의 형이상학은 창조자인 신을 필연적인 존재로 삼고 모든 피조물을 우유적 존재로 여기는 존재 파악을근간으로 했다. 우유적 존재의 현존 사실에서, 그 존재 원인으로서의 필연존재인 신의 현존을 추론하는 방법은 토마스 아퀴나스(Thomas Aquinas, 1225?~1274)가 행한 5가지 신의존재증명 가운데 세번째다.

3. 불안과 희망

기다리는 자에서 기다려지는 자로 시점을 이행시킴으로써 볼 수 있는
것은 우선 다음과 같은 사태일 것이다. 기다리는 자들의 순수한 기다
림(待機)은 그들의 행위와 그들의 능동성, 그리고 그들의 자율성이 신
과 같은 초월적인 존재에 종속되어 그것에 의존하고 있는 모습을 보여
준다. 그러나 기다려지는 측, 다시 말해 초월적인 존재 쪽으로 시점을
옮겨보면, 바로 이 초월적 존재야말로 '기다려지고 있다'는 것 ── '기
다려지고 있다'는 행위(의 부재)가 보여주는 그에 대한 승인 ── 에 의
존하여 비로소 자신의 존재를 확보할 수 있게 된다는 것이 명백해진
다. 다시 말해 기다리는 자들이 종속되어 있는 기다려지는 자야말로
기다리는 자들에게 종속되어 있었던 것이다. 기다려지는 자에게서 행
위의 능동성·적극성을 구성하고 있는 것은 철저하게 종속적·수동적
인 자(기다리는 자)에 대한 그의 종속인 것이다. 종속하는 자에게 (파생
적으로) 자유성을 낳는 지배적인 심급은 이러한 이중적인 종속에 의해
구성되어 있다.

　예컨대 1막에서 고도는 그의 존재이유를, 즉 그를 필요로 하고 있
다는 것을 바로 자신이 기다려지고 있다는 것에서 변증하려고 한다.
물론 이러한 추론의 배후에는 자신이 기다려지고 있지 않은 것은 아닐
까 하는 불안이 존재한다. 실제로 이러한 불안은 고도의 독백 가운데
몇 번인가 명시적으로 표명된다.

　물론 이러한 불안은 '신'에게만 엄습하는 불안이 아니다. 능동
적·자율적으로 행위하려는 모든 자는 자신이 하는 행위의 의미를, 따

라서 또 자기 자신의 존재의식과 동일성을 보아온 구성 속에서 ── 즉 그 행위의 대상이 되는 수동적·종속적인 타자의 승인에 의해서만 ── 확립할 수밖에 없다. 이렇게 행위하는 자는 보편적으로 행위가 함의하는 관계 속에서 '신'의 위치를 차지할 수밖에 없다. 신을 사로잡고 있는 것은 절대자인 그의 존재와는 정반대로 기다려지고 있지 않을지도 모른다는 근본적인 불안이다. 고도는 이 점을 다음과 같이 표현하고 있다. 여성들은 자신을 행복하게 해줄 왕자님이 찾아오기를 대망하고 있고, 반대로 남성들은 누구나 자신이야말로 그 왕자님이라고 생각하려 한다고 말이다.

『자본』(Das Kapital, 1867)에서 마르크스의 유명한 각주가 지적하는 것은 앞에서 말한 것과 대응한다.

이 사람이 왕인 것은 그저 다른 사람들이 그에게 신하로서 행동하기 때문이다. 그런데 반대로 그들은 그가 왕이기 때문에 자신들이 신하인 것이라고 생각한다.

기다리는 자들은 고도가 신이기 때문에 기다린다. 그러나 신으로서의 고도라는 존재를 규정하고 있는 것은 바로 기다리는 자들이 기다리고 있다는 사실뿐이다. 거듭 말하면 이러한 왕 또는 신의 입장은 행위하는 자가 보편적으로 서게 되는 숙명이다. 그것은 가라타니 고진(柄谷行人, 1941~)이 '가르치다-배우다' 관계에서 가르치는 자의 입장으로 주제화한 곤란함과 동질의 것이다. 가르치는 자는 배우는 측에 있는 자가 만약 아무것도 합의해주지 않는다면 근본에서부터 권위를 잃어버리는 위태로운 지점에 서게 된다.*

반대로 기다리는 측은 편하다. 기다리는 측에 선다는 것은 그(녀)의 행위에 의미를 부여하는——그 행위에 (파생적인) 능동성·자율성을 가져오는——타자를 선취해버린다는 것과 같기 때문이다. 기다려지는 자에게 근본적으로 우유성(불확정)이었던 타자가, 기다리는 자에게는 미리 확정적인 것으로 설정되어 있다. 이것을 고도는 2막이 전개되는 중에, 기다리는 자에게는 기다려지는 자신과는 달리 "희망이란 게 있다"(그러니까 편하다)라고 표현하고 있다. 이를테면 기다리는 자는 기다린다는 그 지향의 강도(强度)에 의해 미래를 현재화하고 있는 것이다. 왜냐하면 기다린다는 태도는 타자가 지금은 없다고 하더라도 '반드시 온다'고 전제하는 것을, 바꿔 말하면 현재와 같은 확실성을 가진 것으로 간주하는 것을 함의하기 때문이다.

여기서 기다리는 것과 기다려지는 것(가는 것)의 대조를 '혁명'에 대한 두 가지 태도의 대립과 비교해보면 흥미롭다(이 점에 대해서는 슬라보예 지젝의 논의를 참고했다). 기다리는 것과 가는 것은 각각 혁명 과

---

* "'가르치는 입장'은 일반적으로 생각하는 것과 달리 결코 우월한 위치가 아닌 것이다 오히려 '가르치는' 입장은 '배우는' 측의 합의를 필요로 하며 '배우는' 측이 무슨 생각을 하든 거기에 따르지 않을 수 없는 약한 입장이라고 봐야 할 것이다. 이를 이해하기 위해서는 '파는' 입장을 유추해봐도 좋다. 마르크스가 말한 대로 만약 팔리지 않는다면(교환되지 않는다면) 상품은 가치를 지니지 못하며 따라서 사용 가치조차 지니지 못한다. 그리고 상품이 팔리고 안 팔리고의 문제는 '목숨을 건 도약'이다. …… 말에 대해서도 이와 똑같이 말할 수 있다. '가르치는' 측에서 보면 내가 말로 무언가를 '의미한다'고 해도 타자가 인정해주지 않는다면 의미는 성립하지 않는다. 내 자신 안에 '의미하다'라는 내적 과정 따위가 존재하지 않는다는 말이다. 더욱이 내가 무언가를 의미한다고 해도 그것은 타자가 그렇게 인정하는 무언가일 수밖에 없고 그것에 대해 나는 원칙적으로 부정할 수가 없다."(가라타니 고진, 송태욱 옮김, 『탐구1』, 새물결, 1998, 12~13쪽)

정에 대한 베른슈타인(Eduard Bernstein, 1850~1932)과 룩셈부르크(Rosa Luxemburg, 1870~1919)의 견해에 대응시켜볼 수 있다. 이미 아는 바와 같이 베른슈타인은 혁명이 성급하게 실행되어버리는 것, 즉 적당한 객관적 조건이 성숙되기 전에 권력 탈취를 시도하는 것에 강한 우려를 가지고 있었다. 이에 대한 룩셈부르크의 반론은 이렇다. 어떠한 권력 탈취도, 처음에는 필연적으로 성급한 것일 수밖에 없다. 왜냐하면 시기상조의 권력 탈취 시도가 노동자 계급을 성장시키고 혁명에 적당한 조건을 성숙시키는 유일한 방법이기 때문이다. 그저 조건이 갖추어지기를 기다리고 있다면 우리는 영원히 시기상조에 머물러 있을 것이다——즉 적당한 때는 고도처럼 언제까지나 '아직 오지 않는' 것이다. 시기상조의 권력 탈취를 배척한다는 것은 권력 탈취 전반을 배척하는 것일 수밖에 없다.

베른슈타인과 룩셈부르크의 대립에서 핵심은, 역사를 파악하는 시점의 위치가 다른 데 있다는 사실에 주의해야 한다. 지젝은 룩셈부르크의 논의를 "혁명의 언어에 메타언어는 있을 수 없다는 것"이라고 요약했다. 베른슈타인이 혁명의 적당한 시기에 대해 운운할 때, 마치 혁명의 주체는 역사 외부의 초월적인 위치에 서서 혁명의 과정을 이끌고 있는 듯하다. 룩셈부르크가 베른슈타인에 반대하는 것은, 그녀가 혁명의 주체도 역사에 내재해 있으며, 그러므로 혁명의 과정이 스스로 만들어낸다는 것에 대해 통렬한 자각을 가지고 있었기 때문이다.

그런 까닭에 다음과 같은 시점의 교착이 존재한다. 기다리는 자는 자신의 시점을 내재적(종속적)인 위치에 두기 때문에 오히려 타자의 시점을 초월적인 위치에 확정적인 것으로 전제할 수 있다. 베른슈타인이 취한 것은, 이렇게 해서 설정된 초월적인 시점이다. 그에 비해 기다려지는 자는 우선 맨 처음에 시점이 초월적인 위치에 있기 때문에 오히려 그것이 내재적인 장소(종속적인 장소)로 뒤집히는 것을 불가피하게 알게 된다. 룩셈부르크는 이 쪽에 속해 있다.

그러나 사실 이것도 사태를 너무 단순화한 것이다. 룩셈부르크가 상정하는 혁명 주체의 시점이 (역사적 과정에) 내재해 있다고 주장하는 것은 사태를 정확히 기술한 것이 아니다. 이것을 분명히 하기 위해서도 고도의 경우를 더욱 세밀하게 살펴볼 필요가 있다. 앞에서 이미 기다려지는 고도의 입장은 위기적인 것이라는 것을 분명히 해왔지만, 아직 우리는 그의 비극적인 상황 모두를 본 것은 아니다.

4. 공무(空無)로서의 존재

지금까지 전개해온 과정을 다음과 같이 말할 수 있다. 기다려지는 자의 고통은 그의 존재가 전면적으로 자신을 기다리는 타자에 의존하고 있지만 그 타자의 존재가 불확정적이라는——즉 그를 기다리고 있는 자가 있는지 없는지 미리 알 수 없다는——데 있다고 말이다. 그러나 더 정확히 말하면 그러한 타자——기다려지는 자를 (기다림으로써) 승인하는 타자——의 존재는 불확정적이라기보다 본원적으로 불가능한 것이다. 그렇지만 불확정적이라는 표현이 잘못되었다는 것은 아니다. 불가능성은 불확정성의 극치기 때문이다.

고도가 자신을 기다리고 있을 타자에 대해 이것저것 상상한다면, 그 상상은 거의 항상 같은 지점으로 수렴되어간다. 그 지점은 자신을 기다리는 타자 따위는 존재하지 않는 게 아닐까라는 결론이다. 예컨대 1막에서 고도는 누군가 확정할 수 없는 기다리는 사람의 얼굴을 상상하고, 결국 상대가 미워질 정도까지 현실감을 획득한 바로 직후 돌연 태도를 바꿔, "사실 약속 같은 건 안 했는지도 몰라. 다시 말해 아무도 날 기다리지 않아. 나 혼자 착각하고는 누군가 날 기다리고 있는 것 같아서 이렇게 매일 애태우고 있는 거야"라고 결론짓고 있다.

주의해야 하는 것은 1막에서도 2막에서도 목소리만으로 등장하는 소년이다. 앞에서도 말한 것처럼 이 소년은 베케트의 『고도를 기다리며』에도 등장한다. 그러나 『고도를 기다리며』에서 소년은 목소리만이 아니라 실제로 모습을 드러낸다. 『고도는 기다려지며』에서 소년이 그 신체를 고도와 관중 앞에 드러내지 않는 것은 왜일까? 게다가 2막에서 소년은 거의 모습을 드러낼 뻔했다. 고도의 "실제로 있다면 그 문을 열고 들어와"라는 도발에 대해 처음에는 머무적거리고 있던 소년이 문을 열려고 한(했을) 그 순간 웬일인지 고도가 격렬하게 거절한다. "열지마! …… 오지마!" 마치 소년의 존재가 본성상 그 신체의 은폐를 포함하고 있는 것처럼 말이다.

소년과 고도의 대화를 보면 1막에서나 2막에서나 고도가 소년에게 불가해한, 거의 근거 없는 의심을 보내고 있다는 사실을 알 수 있다. 1막에서 고도는 소년에게, 넌 죽은 게 아니냐고 묻는다. 2막에서는 단순한 환각에 지나지 않는 게 아닐까, 즉 존재하지 않는 게 아닐까 하고 묻는다. 지금 막 본, 문을 열라고 한 명령은 환각에 지나지 않을 것이라는 의심과 이어져 있다(환각이라면 들어올 리 없으니까). 소년은 고도를 기다리는 누군가를 대신하여 그와 고도의 관계를 매개한다. 그렇다면 소년은 고도와 직접 대화를 나누고 있을 때, 기다리는 자로서의 입장을 직접 연기하고 있다고 해야 할 것이다. 소년은 거의 기다리는 사람과 등치되어 있다.

타자의 타자성, 타자의 본성이란 결코 감축·소거되는 일 없는 지향작용(≒의사)의 불확정성이다. 타자는 나에게 귀속되는 나의 우주와의 차이에 의해 정의될 수 있다. 바꿔 말하면 타자는 나의 우주 안에 무언가로서 규정된 장소를 가지고 있지 않다. 규정된 우주 안의 요소로 변환되자마자 타자는 순치되고 타자인 이유를 잃어버린다. 그렇다면 타자는 바로 그 본원적인 불확정성 때문에 허무여야 한다. 완전한 역설이지만 타자의 존재란 그 허무다. 타자는 존재의 부정에서만 존재할 수 있는 것이다.

고도의 타자에 대한 상상의 궤적이, 또는 고도와 소년의 기묘한 관계가 모두 시사하는 것은 이러한 타자의 자기부정적인 존재 양식이다. 타자가 허무로서만 본래의 타자일 수 있다면, 타자에 대한 상상은 현실감을 획득하면 할수록 오히려 타자의 틀림없는 존재를 부정하는 것이 될 것이다. 소년이 그 신체 전체를 드러내고, 자신의 존재를 과시할 수 없는 이유도 분명해진다. 목소리만의 부정적·소극적 존재인 것에 의해서만 타자로서의 소년이 가지는 순수성이 유지되기 때문이다. 소년을 '죽은 자'나 '환각'으로 취급하는 것은 이것들이 기묘하게 굴절된 타자의 존재 양식을 표현하는 비유가 될 수 있기 때문이다. 예컨대 죽음(죽은 자)이란 경험의 내부에서는 도달할 수 없는 영역에 주어진 이름이다. 더욱 단적으로 환각은 존재하지 않는 존재(라는 모순)에 대한 잠정적인 이름이다.

소년이 고도에게 가져다주는 메시지는, 고도가 화를 내며 지적한 것처럼 전혀 무의미한 것이다. 알베르(기다리는 자)가 고도에게 보내는 메시지는 단지 소년이 알베르를 만났다는 사실에 대한 보고일 뿐이다. 그러나 이러한 보고는 알베르로부터의 메신저로서 소년이 찾아왔다는 사실 자체로부터 곧바로 논리적으로 도출될 수 있는 것이고, 알베르라는 인물에 대해서는 아무것도 지정하지 않는다. 이 메시지는 『고도를 기다리며』에서 블라디미르(알베르)가 소년에게 보내는 전언과 정확히 대응하고 있다. 확실히 블라디미르는 "나와 만났다"고 고도에게 전하도록 소년에게 명령한다. 사실 블라디미르는 자기 자신에게, 내일의 자기 자신에게 이 말을 보내고 있는 것이다. 다음 날 나타난 소년이 그 소년과 동일하다는 것을 확인하기 위해서 말이다. 이러한 구성은 블라디미르야말로 고도일 것이라는 추정을 방증하고 있다. 어쨌든 여기서 확인해두고자 하는 것은 소년이 고도에게 전하는 메시지는 메시지로서 기능하지 않는다는 점이다. 내용이 있는——고도가 무엇에 뜻을 두고 있는지 결정할 수 있는——메시지를 소년이 가지고 올 수 없는 데는 필연적인 이유가 있다. 규정 불가능성은 기다리는 자가 고도에 대해 타자로서 존재하는 조건이기 때문이다.

그러므로 기다려지는 자(가는 자)는 극복 불가능한 곤란함에 직면해 있다는 것을 알 수 있다. 기다려지는 자의 행위(만나기로 한 장소에 적당한 때에 가는 것)가 의미를 갖는 것이나 그의 동일성을 구성하는 것은 그를 기다리고 있는 타자라는 존재 때문이다. 그러나 그 타자는 바로 타자인 한에서 단적으로 공무(空無)일 수밖에 없다. 이러한 근본적인 곤란은 기다리는 측에서 기다려지는 측으로 시점을 이행시킴으로써 비로소 보이게 되는 것이다. 그리고 또 기다려지는 자가 대상으로 하는 타자(기다리는 자)의 태도에 의해서만, 즉 철저한 수동성에 의해서만 타자라는 존재의 공허(부정성＝소극성)를 모사(模寫)할 수 있기 때문이다.

기다려지는 자가 이러한 곤란을 극복하고 결연히 행동하는 것──즉 만나기로 한 장소로 달려가는 것──이 가능하기 위해서는, 타자의 공허를 해소하고 그 존재에 적극성을 부여해야 한다. 예컨대 1막에서 고도는, 밖에서 여자가 가슴을 다 드러내놓고 춤을 추고 있으면 문을 열고 뛰어나갈 수 있을 텐데 하며 개탄한다. 2막에서 고도는, 상대는 단지 기다리는 것만이 아니라 자신을 부르러 와야 한다고 화를 낸다. 이것들은 전혀 다른 수단이지만 어느 것이나 타자의 존재에 적극성의 외관을 부여하기 위한 것이다. 욕망을 유발하는 신체의 현전에 의해서, 또는 기다리는 자가 찾아온다(기다려지는 자가 된다)는 행위의 능동성에 의해서 말이다. 물론 이것들은 수행되지 않는다. 그것들은 의미 없는 해결이기 때문이다. 적극성의 외관을 가짐으로써 타자는 그 본성을 잃고 **타자에게** 기다려진다는 본래의 구성 자체를 파괴해버리기 때문이다.

고도는 밀폐된 방에 고립됨으로써 타자와 맺는 관계의 순수성을 유지하고 있다. 이를 철저하게 하면, 단지 방문을 닫을 뿐만 아니라 자기 자신의 눈을 닫아버리는 것, 즉 맹인이 될 것이다. 실제로 2막 끝 부분의 몽상 중에서 고도가 결국 맹인이 되는 것이 예감된다. 여기서 상기해야 할 것은 『고도를 기다리며』에 등장하는 포조다. 럭키의 주인 포조는 2막에서는 맹인이 되어 다시 나온다. 앞에서 말한 것처럼 럭키는 불철저한 블라디미르(에스트라공)다. 이것과 대조시키면 2막의 포조는 철저한 고도라고 말할 수 있을지 모른다.

나는 2절 '기다려지는 자'에서 기다려지는 자(고도)가 반대로 기다리는 자로 전회하는 구도가 있다는 사실을 지적했다. 이제 이 전회를 이끌어갈 근본적인 원인이 분명해졌다. 그것은 타자의, 또는 타자를 둘러싼 여러 사정의 환원 불가능한 미규정성이다. 타자가 언제 기다리려고 하는가, 어디서 기다리려고 하는가, 이런 것을 규정할 수 없을 때 전회는 불가피하게 구성된다. 사실 이것과는 반대 방향의 전회도 있을 수 있다. 즉 기다리는 자가 어느새 기다려지는 자로 역전되어 버리는 과정이 존재할 수 있는 것이다. 이러한 벡터가 있을 수 있다는 것을 이해하기 위해서는, 1절 '기다리는 자들'에서 베케트의 희곡에 입각해 논의를 전개하면서 그대로 방치했던 논의를 여기서 다시 상기해야 한다.

1절에서 말한 것처럼 그저 순수하게 계속 기다린다는 태도에도 그 철저한 수동성·종속성 때문에 어떤 배리가 잉태되어 있다. 그 배리는 결코 도착하지 않는 타자를 기다린다는 것이, 오히려 기다리는 자가 타자를 자신의 극한적인 가까움으로 규정한 것이 된다는 점에서 나온 것이었다. 외부에 규정되지 않은 타자라는 상은 기다려지는 자를 곤란에 빠뜨린 그 공허한 타자와 한없이 비슷해질 것이다. 또는 다음과 같이 말해도 좋다. 기다려지고 있는 능동적인 타자가 기다리는 수동적인 자에 근접하고, 드디어 그 위에 완전하게 겹쳐져 버리면 그때는 기다리는 자 자신이 기다려지는—따라서 스스로 나간다—능동적인 행위자로 바뀌어버림에 틀림없다고 말이다. 요컨대 기다리는 자가 확실히 기다리는 자로 순화해간다면 돌연 기다려지는 자로 전화해 버리는 결정적인 임계점이 어딘가 존재하고 있는 것이다.

이상의 고찰에서 '럭키 → 블라디미르(에스트라공) → 고도 → 포조'라는 천이(遷移) 계열을 보는 것도 가능할 것이다. 2절에서 본 것처럼 『고도는 기다려지며』에서는 확실히 고도가 블라디미르(알베르)임과 동시에 럭키기도 한 것으로 그려져 있다. 그리고 결국 포조가 되는 것으로 예시되어 있다.

그렇다고 하더라도 기다리는 자(블라디미르와 에스트라공)와 기다려지는 자(고도) 사이에는 근본적인 단절이 있다는 것도 잊어서는 안 된다. 확실히 기다리는 측——철저한 수동성의 위치——에 선 경우에도 그 행위에 의미를 부여하는 타자는 언제까지나 나타나지 않는다. 그러나 기다리는 것은, 처음부터 타자가 도래할 것으로 예정해버리는 것을 의미한다. 그것은 타자의 공허 위에 존재의 충실을 덮어씌우는 일이다. 다시 말해 기다린다는 태도는 타자라는 텅 빈 심연을 은폐하는 효과를 가지고 있다. 그러므로 기다리는 것은 타자의 공허에 의해 생길 수 있는 공황에 대한 최후의 방어선이 된다. 그러나 타자라는 심연 위에 덮인 베일은 단지 기다려지는 측으로 시점을 이동시켜보는 것만으로 곧장 벗겨지고 만다.

이제 고도가 자기 자신을 포함한 모든 것의 동일성이 결정되지 않는 것에 대해 고민해야 하는 이유는 분명하다. 고도의 행위, 고도가 내재하는 우주와 그 내부의 사물이 의미를 가질 수 있는 것은 고도를 기다리고 있을 타자가 존재하기 때문이다. 그러나 타자는 근본적으로 공허한 형식이다. 그것의 귀결은 말 그대로 우주의 붕괴다.

5. 알베르

타자의 존재가 공허한 것은——바꿔 말하면 타자가 나의 우주 안에서 적극적으로 이미 정해질 수 없는 것은——아주 기묘하게 들릴지 모르지만, 이 나야말로 사실 이미 타자기 때문이다. 고도의 기묘한 체험은 이를 보여주고 있다.

1막의 소년과 고도 간의 대화와 2막의 대화를 비교함으로써 이 기묘한 구성을 조명할 수 있다. 어느 쪽이든 소년은 알베르(아마 블라디미르)로부터 알베르(고도)에게 보내는 메시지를 전달하고 있다. 1막에서 소년은 두 알베르가 마치 다른 사람인 것처럼 대하고 있다(그는 '저쪽 알베르 씨'라는 표현을 이해하고 있다). 실제로 메시지 전달이라는 구성을 유지하기 위해서는 두 알베르가 분리되어 있다는 것이 반드시 필요하다. 그런데 2막에서 소년은, 알베르는 한 사람밖에 없는 것처럼 행동한다('어느 쪽 알베르 씨인가'라는 고도의 질문에 대해 그저 곤혹스러워할 뿐이다). 이는 베케트의 희곡 중에서 소년에게 말을 거는 블라디미르의 태도와도 대응하고 있다. 블라디미르는 고도에게 보내는 메시지를 소년에게 맡기면서 마치 그 메시지의 수취인이 자기 자신인 것처럼 말하고 있기 때문이다("그렇군, 분명히 날 만났지, 자넨. 내일이 되면, 만난 적 없다는 말은 안 하겠지?").

1막과 2막의 두 대화가 시사하고 있는 것은 "알베르는 알베르다"라는 동어반복에 분기(分岐)가 잉태되어 있다는 것이다. 한편 그것은 단순히 "나는 나다"라는 것을 표시하고 있을 뿐이다(1막에서 고도의 대사 "저는 …… 음 …… 접니다"). 그러나 다른 한편으로 그것은 "나(고도)야말로 타자(블라디미르)다"라는 것이기도 하다. 다시 말해 기다려지고 있는 나에게 그 대극에 있을 기다리는 타자가 직접적으로 등치되고 마는 것이다.

이러한 기묘한 구성을 이해하기 위해서는 타자만이 아니라 이 나도 우주 내적인 요소일 수 없다는 것을 먼저 확인해둘 필요가 있다. 나라는 것은 우주가 그것에 대해 귀속하고 있는 지점이다. 그렇다면 나라는 존재는 우주의 존재와 등치된다. 비트겐슈타인은 『논리철학논고』(Logisch-philosophische abhandlung, 1921)에서 나는 우주의 경계에 견줄 수 있다고 말했다.

여기서 고도를 몇 번이고 괴롭힌 '신의 동일성'이라는 문제를 상기하자. 신의 동일성에 대한 논의는 특권적인 형이상학적 존재에 대한 철학 강론이 아니다. 그것은 오히려 신의 동일성이야말로 나의 동일성이라는 것의 최상 모델이라는 데 있다. 타자는 "나는 우주로부터 달아난다"는 성질에 의해 그 부정적 존재를 현시한다. 비트겐슈타인의 비유에 호소한다면 당연히 타자는 우주의 경계 바깥쪽에 해당한다. 타자를 타자이게 하는 (나의 우주로부터) 달아나는 작용은, 나의 우주가 성립할 때 불가피하게 수반되어 있을 것이다. 우주로부터 달아나는 운동만이 우주의 경계를 구축할 수 있기 때문이다. 그렇다면 내가 존재한다는 것의 필연성은 그것과 완전히 똑같은 무게에서 타자의 존재를 필연적인 것으로 성립시키는 일이 된다. 그리하여 양자가 동등한 필연성을 가지고 동시에 성립한다면, 이들 두 존재는 다른 사태일 수 없을 것이다. 바꿔 말하면 나는 동시에 타자기도 하다. "알베르는 알베르다"라는 반복이 설정되어 있는 층위는 바로 여기다.

이렇게 보면 2막의 소년과 고도의 대화 그리고 그 직전 고도의 사색이 어떤 필연적인 연계를 가지고 있다는 것을 알 수 있다. 방금 본 것처럼 고도와 소년의 대화는 메시지의 송신자인——그런 의미에서 아무래도 타자여야 한다——알베르가 나=고도(알베르)와 동일하다는 것을 보여준다. 이 직전에 고도를 엄습한 의문은, 여기는 어딘가, 나는 누구인가 하는 장소와 자기의 동일성에 대한 문제였다. 물론 장소에 대한 물음과 자기(나)에 대한 물음은 같은 것이다. '여기'라는 곳은 내가 있는 장소기 때문이다. 여기서 확인해야 할 것은 나의 동일성을 확정하려는 시도가 그대로 나(고도)를 타자(블라디미르)와 등치시키는 도착과 접속하고 있다는 것이다.

나의 타자성은 고도의 독백 여기저기에서 드러난다. 예컨대 한쪽 신발이 벗겨지지 않고 다른 한쪽 발의 신발을 신을 수 없을 때, 고도는 무심코 "마치, 두 사람의 인생이다"라고 말해버린다. 그리고 자신의 말에 자기가 놀란다. 그것들은 "양쪽 다 나"기 때문이다. 다시 말해 나의 단일성이 타자성을 내포한 쌍수성(雙數性)과 그대로 근저에서 통하고 있는 것이다.

나의 존재에 타자성이 각인되어 있다는 것은, 바꿔 말하면 나는 다른 어떤 사람일 수도 있다는 것을 의미한다. 사실 1막에서 자신이 누구인가를 생각해내려고 고도는 자신이 "역사상의 모든 이름"일 수 있다는 니체의 말을 내뱉고 있다. 어쨌든 거듭 강조하자면 내가 타자라는 것은 타자가 나에게 허무한 심연이라는 것과 모순되지 않는다. 모순되기는커녕 타자의 이러한 허무로서의 존재를 구성하고 있는 것은 바로 타자가 나에게서 성립하고 있기 때문이다.

6. 끝과 반복

베케트의 희곡이나 이토의 희곡 모두 신의 도래를 다루는 이상, 그 주제는 세계의 종말이라고 할 수 있다. 그런데 종말에 대한 태도는 시점의 이행에 따라 변경되었다. 베케트의 『고도를 기다리며』에서는 신(고도)이 언제까지고 도래하지 않기 때문에 최후의 순간은 어디까지고 연기된다. 여기서 자본의 운동과 동형적인 형식을 인정할 수 있을지도 모른다. 자본은 항상 그때마다 끝(이윤)을 지향하지만 결코 궁극적인 끝에 도달하지 않는 운동으로 그려낼 수 있기 때문이다.

『고도는 기다려지며』에서도 끝은 불가능한 사태로 언급되는데, 그것은 『고도를 기다리며』와는 다른 의미에서다. 『고도는 기다려지며』가 끝에 부여하는 불가능성은 『고도를 기다리며』의 경우보다도 훨씬 더 강한 함의를 가지고 있다. 거기에서 끝은 미래에 설정된 형식에서든, 물론 과거에 설정된 형식에서든 대체로 원리적으로 불가능한 사태라는 것이 발견된다. 그러나 이는 기묘한 일이다. 『고도를 기다리며』에서 끝이 현실화되지 않은 것은 끝을 선언할 권한을 가진 자가 나타나지 않기 때문이다. 그런데 『고도는 기다려지며』는 확실히 그 끝을 선언할 수 있는 사람이 주인공으로 존재한다.

고도는 다음과 같이 말한다. "끝났으면 좋겠다, 아니 끝났다고 알려주었으면 좋겠다." 그러나 이것은 이루어지지 않는 바람이다. "끝내는 것은 나니까."

어떤 사람이 끝을 결정할 수 있다는 것은, 그 사람이 일단 결말이 난 게임(역사)에 대해 끝을 선언할 수 있는 외재적=초월적인 입장에 있기 때문이다. 게임에 내재하는 각자가 게임의 종결을 결정할 수 없는 것은 '사적 언어'(비트겐슈타인)가 불가능한 것과 같은 이유에 근거하고 있다. 그러므로 게임에 내재하는 자는 끝을 고지받는다. 그런데 기다려지고 있는 자, 즉 초월적인 입장에 있는 자가 주인공으로 주제화되었을 때, 바로 그 초월자(기다려지는 자) 자신이 종속적=내재적인 입장에 있는 자(기다리는 자)에 종속되어 있다는 순환이 발견되고 만다. 이것은 특수한 루트를 경유하여 초월적인 입장을 내재적인 입장에 묻어버리는 조작을 발동시켰다는 것을 의미한다. 원래 끝을 결정하는 권한을 가진 고도가 바로 그 권한 때문에 오히려 결코 끝을 획득할 수 없게 되는 것은 이러한 사정에 근거한다.

여기서 다시 3절 '불안과 희망'에서 논의의 재료로 삼은 베른슈타인과 룩셈부르크의 논쟁을 생각해보기로 하자. 물론 이 논쟁에서 '끝'은 혁명의 시기에 대응한다. 극히 단순하게 생각하면 다음과 같다. 베른슈타인이 상정하는 혁명 주체는 기다려지는 자의 초월적인 시점이 효력을 가질 수 있는 세계에 속해 있다. 다시 말해 그것은 『고도를 기다리며』에 대응한다. 반면 룩셈부르크가 상정하고 있는 혁명 주체는 기다려지는 자의 초월성이 불가능해진 세계에 속해 있다. 그것은 『고도는 기다려지며』의 세계다.

그러나 이러한 대응이라고 한다면, 룩셈부르크가 말하는 혁명의 주체가 고도의 경우와 달리 끝의 부재에 괴로워하는 일이 없는 이유가 무엇인지 알 수 없게 된다. 게다가 순수한 '기다려지는 자'에 대해서는 그 행위에 의미를 부여할 타자가 공허로서만 존재할 수 있다는 점을 염두에 둔다면 또 하나의 더욱 커다란 의문이 생긴다. 혁명 주체가 자기 자신의 동일성이 완전하게 확산되는 것이나 권력 탈취를 위한 자신의 행위가 의미를 상실하는 것에 괴로워하지 않는 이유는 무엇일까?

엄밀하게 말하면 룩셈부르크가 생각하고 있는 혁명 주체는 두 개의 세계에 이중으로 귀속되어 있다. 확실히 주체는 역사의 과정에 내재해 있고, 기다려지는 자의 초월성이 이미 존재하지 않는 세계에 귀속되어 있다. 그러나 주체는 자신이 그러한 세계에 소속하고 있다는 사실을 알지 못한다. 그(녀)가 소속하고 있다고 생각하는 것은 오히려 베른슈타인의 세계다. 즉 주체는 끝(혁명의 시기)을 객관적으로——바꿔 말하면 초월적인 시점에서——결정할 수 있다고 생각하고 있는 것이다. 바로 그렇기 때문에 그(녀)는 혁명의 성취(끝의 존재)에 참여할 수 있다. 요컨대 룩셈부르크의 혁명 주체는, 기다리는 자(바로 그렇기 때문에 기다려지는 자의 초월성을 상정해버리는 자)로 있으면서 기다려지는 자(바로 그렇기 때문에 기다리는 자의 내재성으로 억지로 끌어내려지고 마는 자)인 것이다. 혁명 주체는 자신을 '기다리는 자'(혁명의 성취를 대망하는 자)의 입장에 두는 환상을 유지함으로써만 초월적인 타자의 공허로부터 생기는 모든 행위와 사건의 무의미화로부터 자기 자신을 지킬 수 있다.

룩셈부르크가 기대한, 최초의 권력 탈취 시도를 통한 (노동자에 대한) 교육적 효과는 이러한 시점의 이중성이 유지되지 않고서는 결코 얻어질 수 없다. 한편 진정한 권력 탈취로 사람들을 동원하기 위해서는 끝(혁명의 시기)의 존재에 사람들을 참여시켜야 한다. 그러나 이러한 시도는 반드시 실패한다. 왜냐하면 끝의 실재성을 지탱하고 있는 초월적인 시점은 사실 환상이기 때문이다.

끝이 불가능한 『고도는 기다려지며』의 세계를 지배하는 시간 구조는 반복이다. 반복이라고 해도 그것은 단순히 같은 것이 반복되어 생겨나는 것은 아니다. 여기서 출현하는 반복은 5절 '알베르'에서 고찰한 "알베르는 알베르다"라는 규정에 표시되어 있는 순환과 동형적인 반복이다. 다시 말해 반복은 다른 것(타자)이 같은 것(나)으로 다시 돌아오는 운동이어야 한다.

이러한 반복은 이미 『고도를 기다리며』의 세계도 침식하고 있다. 『고도는 기다려지며』는 반복의 시간성을 더욱 보편화하고 시간의 다른 형식을 완전히 구축해버린다——2막에서 끝이 동시에 시작이기도 하다는 것이 몇 번이고 강조되는 것은 이것의 한 출현이다. 이러한 반복의 특징은 다음과 같은 데 있다. 모든 사건이 앞선 사건과 같은 것인가 다른 것인가 하는 것을 결정할 수 없게 된다는 것이다. 예컨대 두번째로 등장하는 소년은 어제의 소년과 동일한 소년인지 그렇지 않은지 결정할 수 없다. 그것은 표면적으로는 건망증의 세계로 나타날 것이다 (고도나 에스트라공에게는 명백하게 그런 징후가 인정된다). 그러므로 『고도를 기다리며』든 『고도는 기다려지며』든 아무래도 2막극이어야 하는 것이다.

능동적·자율적일 것이라는 것, 기다려지는 자 측에 선다는 것, 이 것이 분명히 한 것은 단적으로 다음과 같은 무서운 사태였다. 능동적·자율적인 행위는 모두 타자의 승인에 의존해서만 구성될 수 있다는 것, 그러나 그 타자는 본성상 미규정된 텅 빈 것으로밖에 존재할 수 없다는 것이다.

그 귀결은 명백하다. 모든 자율적인 행위의 조화 상실이다. 예컨 대 우리는 고도의 사고(코기토)가 모조리 옆으로 미끄러져가는 것을 본다. 여기에서는 착실한 걸음걸이를 가진 사고의 자율은 조금도 확보 되지 않는다.

그리고 더욱 극한에서는 가려고 하는 것(자율적으로 행동하려는 것)이 그대로 기다리는 것(행위의 정지)과 등치되어버리는 것에 틀림없 다. 자율성이 최고의 종속에 의해서만 확보되는 극점이 있음에 틀림없 다. 사실 1막에서도 2막에서도 마지막에 고도는 "가자"라고 말한 채 긴장병(緊張病) 환자처럼 신체를 완전하게 응고시켜버린다. 이 응고는 『고도를 기다리며』의 첫 부분, 또 『고도는 기다려지며』의 첫 부분의 "아무 할 일이 없다"(해나갈 수가 없다)라는 대사와 대응하고 있다. 또 는 2막의 마지막에서 고도가 의자에 앉은 자세는 베케트의 『머피』에서 머피가 명상하는 자세를 상기시킨다.

이러한 것을 고려한다면, 고도를 (연극으로서) 연기한다는 것은 자 기모순적인 도전임을 알 수 있다. 지금 본 『고도를 기다리며』나 『고도 는 기다려지며』에 있는 첫 부분의 대사—— "해나갈 수가 없다"(Rien à faire)——는 모두 연극적 함의에서 이해할 수 있다. 다시 말해 그 대사 는 연기해야 할 것이 아무것도 없다는, 연극의 불가능성에 대한 선언 으로 받아들일 수도 있다(다카하시 야스나리의 지적). 그러나 바로 그렇 기 때문에 고도는 예컨대 소설 같은 방법에 의해서가 아니라 아무래도 행위 자체에 의해, 즉 연극에 의해 표현되지 않으면 안 된다. 연극만이 행위(연극)가 불가능한 것으로서, 바로 행위라는 긴장을 표현할 수 있 기 때문이다.

그렇다고 하더라도 우리는 현실에서도 확실히 고도의 입장으로 계속해서 다가간다는 것을 생각해야 한다. '끝'이라는 문제 하나만 들어도 그것은 명백하다. 예컨대 미국과 소련의 핵 균형이 지배했던 냉전체제 하에서 세계는, 이를테면 『고도를 기다리며』와 같은 틀을 가지고 있었다. 이때는 미국과 소련의 이원적 관계가 쌍방의 진영에 속하는 어떤 나라에도 움직이기 힘든 절대적인 것으로 기능하고, 고도의 초월적인 시점을 대신했다. 세계는 최후의 파국적인 전쟁에 의해 끝날지도 모르지만 누구나——미국이나 소련조차도——그때를 결정할 수 없다. 그것은 미국과 소련 어느 쪽으로도 환원될 수 없는 세번째 요소, 즉 바로 양자의 '관계'에 의존하고 있었기 때문이다. 그러나 이러한 절대적인 관계를 잃어버린 현재의 우리는 분명히 『고도는 기다려지며』의 세계에 한 발 더 다가섰다. 그렇다면 우리는 고도의 곤란함을 받아들일 수밖에 없다.

6장 미를 완결하는 난조(亂調)
─수학과 사회학

미시마 유키오*의 초기 걸작 가운데 하나인 『금각사』는 극도의 투명감과 깊이 있는 수수께끼를 모두 가지고 있는 작품이다. 주인공 승려는 금각사라는 건축물을 최고의 미(美)라고 생각한다. 그럼에도 그 승려는 금각사에 불을 질러버린다. 금각사의 미는 그 타오르는 불꽃, 그 완전한 파괴에서야 완성되는 것으로 그려지고 있다.

이 소설은 널리 알려진 대로 실제로 있었던 금각사 방화사건에서 착상을 얻었는데, 물론 그 본질적인 의의는 현실의 어떤 사건과도 무관하다. 이 소설은 그저 소설에 내재하는 원리에 의해서만 전개되고 있기 때문이다. 그렇다면 왜 이 세상 최고의 미를 체현하고 있는 건축물이 타오르는 불꽃이라는 비극적인 결말에 의해 완성되는 것일까?

내가 해온 일의 주요 과제는 경험과 행위의 사회성 탐구(사회학)다. 동시에 나는 수학을 사랑한다. 그러나 양사의 관계는, 예컨대 물리

---

* 미시마 유키오(三島由紀夫, 1925~1970)는 소설가이자 극작가로서, 『가면의 고백』(假面の告白, 1949: 양윤옥 옮김, 동방미디어, 1996), 『금각사』(金閣寺, 1956: 허호 옮김, 웅진닷컴, 1995) 등을 통해 독특하고 관능적인 미학을 전개했다. 그후 『로쿠메이칸』(鹿鳴館, 1957) 등의 희곡을 써 고전주의로 경사한 미시마는 『우국』(憂国, 1960)을 거쳐 윤회를 테마로 한 『풍요의 바다』(豊饒の海, 1965~1971) 4부작을 완성하고, 육상자위대 총감실에서 할복 자살했다.

학자가 한편으로 고전음악에 조예가 깊다거나 공학자가 역사학에 대한 지식을 가지고 있다는 등의 지식 공존 방법과는 전혀 다르다. 나에게 사회학과 수학은 조금도 다른 것이 아니며, 한 줄기 탐구의 길 안에 완전히 통합되어 있기 때문이다. 그렇다고 수학이 사회학에 이용될 수 있다고 말하는 것은 아니다. 확실히 그러한 이용 관계는 자주 있다. 예컨대 사회조사에 의해 얻어진 정보를 통계적으로 처리할 때가 전형적이다. 거기에서 수학은 사회학적 결론을 얻기 위한 추론 도구로 유효하게 활용된다. 그러나 나에게 수학은 추론을 위한 도구가 아니다.

또한 수학이 사회학적 탐구의 대상이 될 수 있다는 것을 지적하고 있는 것도 아니다. 분명히 수학도 일종의 '사회적' 실천이라는 것은 틀림없으며, 특정한 사회 관계를 배경으로 해서만 성립할 수 있는 지식일 것이다. 그런 의미에서 수학의 (지식)사회학이라는 것을 구상할 수 있다. 그것은 실제로 아주 흥미로운 지적 과제다. 그러나 이러한 관계라면 수학만이 특별한 것은 아니다. 마찬가지로 사회학 자체를 포함하는 모든 지(知)의 형태가 탐구의 대상이 될 수 있다.

내가 주장하는 것은 수학적인 탐구 자체가 사회학적 통찰을 제공해준다는 것이다. 그러나 이것은 우회로를 통해 설명할 수밖에 없다. 비유적으로 말하면, 나에게 수학은 미시마 유키오의 소설 세계 안에서 금각사가 떠맡고 있는 장소를 차지하고 있다. 수학은 이런저런 '경험과학'과는 달리 고유한 대상을 갖지 않는다. 통상 경험과학은 자신의 외부에 자존하는 대상을 (준)동형적으로 모사하는 태도를 취함으로써 정당화된다. 이러한 시점에서 보면 사회학 역시 경험과학이다—적어도 사회학의 많은 부분이 경험과학적 방식으로 정당화된다.

이러한 의미에서 수학이 모사해야 할, 수학에 외재하는 대상은 있을 수 있을까? 없다고 하지 않을 수 없다. 그렇다면 수학이라는 지적 실천을 통해 탐구되는 대상은 무엇일까? 그것은 바로 탐구라는 행위 자체에 의해 산출된다. 바꿔 말하면 수학적인 대상은 수학적 조작=연산에서 그 조작=연산의 상관 항으로서 불가피하게 산출되는 것이다. 이러한 의미에서 수학적인 대상은 수학 자체에 내재해 있다. 어느 수학자의 교묘한 비유를 사용하자면, 그것은 음악에서의 음과 비슷하다. 음악은 외재하는 음을 모사하는 것이 아니다(적어도 모사하는 것이 그 성립의 근거가 되지는 않는다). 음악적 대상으로서의 음은 음악적 조작=연주에서 비로소 대상으로서의 존립을 얻는다.

확실히 어떤 태도를 취하는 자는, 예컨대 플라톤주의자는 수학에 대해서도 외재하는 실재를 확인하려고 한다. 그러나 이렇게 주장한다고 해도 수학이 탐구하고 있다고 생각되는 '이데아적 대상'의 존재는 단지 수학적 실천에서만 개시된다. 이처럼 수학적 실천을 떠나 실질적인 존재의 장을 갖지 않는다면, 이러한 대상이 수학에 외재한다는 주장은 공허한 것이 될 수밖에 없다. 다만 유의해야 할 것은 수학적인 조작의 상관 항으로 산출되는 대상은 마치 그러한 조작과는 독립하여 이미 존재하고 있었던 것처럼 산출된다는 것이다. 대상이 그렇게 주어지는 방식이, 예컨대 플라톤주의적 수학 이해를 촉구한다.

따라서 수학은 하나의 닫힌 세계로서 완결하려고 한다. 외재하는 대상에 의존하지 않고 하나의 세계를 완결하려 하는 수학의 운동을 구축적=건축적(constructive)이라고 형용할 수 있을 것이다. 실제로 플라톤(Platon, 427?~347?)은 어떤 외적 원인에도 의존하지 않고 비존재에서 존재로 이행하는 연관을 건축적이라고 표현했다('architechtōn' 은 시원의 'archē' 와 직인의 'techtōn' 으로 분해할 수 있다. 즉 건축이란 외적인 것에 의존하지 않는, 시원으로부터의 창출이다). 이러한 의미에서 금각사라는 건축물은 수학의 구축성을 상기하게 한다.

그러나 이런 한에서 수학은 본질적으로 고립된 행위, 고독한 실천 일 수밖에 없다. 이는 수학이 궁극적으로 만인에게 수용되는 '보편적 지식' (또는 그러한 가장)이라는 것이나 특정한 사회관계·사회구조에 내재한 사회적 실천이라는 사실과는 완전히 독립된 것이다. 이러한 사 실들이 모두 인정된다 해도 여전히 수학은 고독한 실천이라 해야 한 다. 수학이 닫힌 세계의 구축이라면, 그것은 단일한 시선, 단일한 선택 성(늑의지)에 대해 존재하는 것으로 나타날 수밖에 없기 때문이다. 가 령 수학을 받아들이는 자가 다수라고 해도 그것들이 궁극적으로는 단 일한 조작 안으로 해소된다면 그 실천은 고독한 행위가 될 것이다.

일반적으로 단일성은 수학의 무모순성＝일관성(consistency)의 형태를 취한다. 그것은 수학이 수학이기 위해 사수해야 하는 최소한의 규칙이다. 금각사에서 발견되는 미는 우선 이 무모순성과 대응하는 계 기라고 해도 좋을 것이다. 완전한 건축물로서의 금각사에는 건축하는 의지에 귀속될 수 없는 무의미한 요소가 전혀 발견되지 않는다. 금각 사의 미는 우발적인 잉여물로부터의 엄격한 격리에 의해 유지된다.

만약 수학이 고독한 실천이라면, 수학이라는 탐구는 사회학과는 가장 먼 위치에 있다고 해야 할 것이다. 그러나 사회학이 직접 대상으 로 하는 것과의 가장 먼 거리 때문에 수학은 오히려 엄밀한 의미에서 사회학이라는 탐구의 필연성(필요성)을 드러내 보이기도 한다.

수학은 외재하는 세계로부터 독립의 도를 높이고, 그 엄격한 규칙으로서의 무모순성을 철저하게 하려고 하면 오히려 스스로 파탄에 이끌리지 않을 수 없다. 수학적인 탐구의 역사는 이것이 단순한 우발적인 실패 이상이라는 것을 확실히 보여주었다. 수학적인 일관성 끝에는 불가피한 난조(亂調)가 있다. 이러한 역리(逆理)를 보여주는 전형적인 사례로 집합론을 들 수 있다. 자주 지적되는 것처럼 (어떤 견해에 따르면) 현존하는 모든 수학은 집합론을 기초로 전개할 수 있기 때문에 집합론은 수학의 기초인 수학이다. 그러나 칸토어나 러셀은 집합에 의한 대상 파악을 철저하게 하면 역으로 거기에 포섭될 수 있는 모순과 조우한다는 것을 발견했다. 그것은 그들 자신이 전혀 의도하지 않았던 결과다. 이 사실은 금각사가 궁극적으로는 전면적인 파괴에 의해 소실되어야 했다는 것에 유비할 수 있을 것이다. 수학에 파탄이 불가피했던 것과 마찬가지로 금각사에는 소실이 숙명이었던 셈이다.

그런데 이러한 수학의 궁극적인 난조는 고독에서의 파탄이며, 어떤 단일한 시선, 단일한 선택성으로 해소할 수 없는 본원적으로 낯선 것의 징후라고 생각해야 할 것이다. 그러한 본질적인 위화감이야말로 타자라는 존재자의 본질적인 규정이 아닐까? 그렇다면 수학은 바로 고독하기 때문에 타자라는 존재자의 불가피성을 보여주게 된다. 수학이 사회학과 결탁하는 장면은 우선 이 지점이다.

더욱 주목되는 것은 수학 자체가 총체적으로, 오히려 이러한 난조, 이러한 파탄에 의존하여 그 대상을 확보하고 있는 것으로 보인다는 점이다. 이러한 의미에서 수학이라는 조작의 성립은 타자의 존재에 의존하고 있다. 예컨대 파탄을 회피하여 집합론의 영역을 감축하면 수학을 기초짓는 집합론의 중요한 능력까지도 잃게 된다. 또는 현대수학에서 다양한 수준의 '무한'은 잃어버릴 수 없는 본질적 대상이지만, 그것은 단일한 조작에 대해서는 물론이고 단순한 가산적 합으로서 존재하는 복수의 조작에 대해서도 원리적으로 현전할 수 없다. '무한'이 가능한 것은 바로 단일한 조작이 그 자체 안에 차이에 대한 참조를 포함하고 있기 때문이다. 즉 타자성으로 열려 있기 때문이다. 또한 앞에서 수학적인 조작의 상관 항으로 산출되는 대상은 이 사실을 배반하는 플라톤주의적 이해도 유발한다고 했다. 이것은 수학적 조작이 그 자체로 환원될 수 없는 잉여를 내포하고 있는 것의 어떤 전도된 귀결 가운데 하나다. 이러한 수학적 사실은, 금각사의 미가 진정한 의미로 확립되는 것이 소실에서라는 소설상의 필연과 대응하고 있을 것이다.

수학은 우리의 본질적 고독이, 그런 까닭에 오히려 타자성에 의존하고 있는 것을 보여주는 것처럼 생각된다. 다시 말해 고독한 행위에 대한 어떠한 탐구도 사회성의 장(場)과의 관련에서만 확립될 수 있는 것이다. 수학적 탐구가 그 자체로 동시에 사회학이라는 것은 수학의 이러한 이해 위에 서 있기 때문이다.

『금각사』의 주인공이 말더듬이라는 것은 상징적이다. 말을 더듬는다는 것은 커뮤니케이션의 곤란함을 나타낸다. 즉 그것은 그의 고독을 보여준다. 그러나 말더듬이는 동시에 의지와 소리의 괴리, 자신의 내부에 내포되어 있는 타자성의 징후기도 하다. 그리고 사실 타자는 이러한 신체의 모습에 주어진다. 이것은 주인공이 말더듬이라는 사실 때문에 타자의 사랑을 획득할 수 있는 자로 그려지는 데서 드러난다.

7장 표현의 금지를 경유하는 표현

1. 표현의 금지 위에 선 문화

유대인은 의외로 비예술적인 민족이라고 말할 수 있다. 고대 유대인의 활동은 종교의 영역을 경유하여 현대 문명에까지 그 흔적을 남기고 있을 정도로 명백하게 영향을 끼쳤다. 또 유대인은 그 종교에서 연원하는 특이성으로 인해 아주 최근까지(아마 현재도) 유럽의 역사 속에서 부정적인 영웅이라고 부를 만한 역할을 수행해왔다. 그러나 유대인은 이러한 종교적 풍요로움에 비해 예술적으로는 너무나 빈곤하다.

이것과 대조해볼 수 있는 것이 고대 그리스의 문화다. 그리스는 특히 예술의 영역에서 압도적으로 많은 유산을 남기고 있다. 다들 아는 바와 같이 후대의 많은 예술가들은 그리스의 조형예술에서 미의 이상을 보았다.

고대 유대 문화(헤브라이즘)와 고대 그리스 문화(헬레니즘)는 유럽 문화의 기본적인 두 원류로 간주된다. 그리고 바로 그 유럽에서 현재 온 세계에 유포되어 있는 '근대'라는 사회의 원형 모델이 양성되었다. 그렇다면 유대와 그리스는 우리의 현재를 규정하는 두 개의 벡터가 될 것이다. 그러나 이 둘은 '예술'을 준거로 해서 바라본 경우 완전히 정반대 방향을 가리키고 있다. 한쪽에는 예술의 극단적인 빈곤함이 있고, 다른 한쪽에는 예술의 압도적인 풍요로움이 있다. 이렇게까지 직접적으로 대립하는 두 경향이 하나의 문화 안에서 그럭저럭 융합되는 일이 어떻게 가능했을까? 그 비밀은 표현이라는 것에 내장된 자기모순적인 구성에서 풀어볼 수 있다.

예술은 표현(expression)에서 쾌락을 추구하는 행위라고 규정할 수 있다. 표현에 이용된 대상이 (다른 목적과의 관계에서가 아니라 그것 자체에서) 쾌락을 줄 때, 그 대상의 성질을 '미'라고 한다. 말할 것도 없이 일반적으로 미는 예술에서의 행위(표현 활동)를 이끌어내는 지고의 가치다. 표현은 통일되어 있지만 구별되어야 하는 두 가지 구성 요소로 이루어져 있다. 즉 '표현되는 것'과 '표현하는 것'(협의의 표현) 사이의 특수한 관계가 표현인 것이다.

우선 유대 문화가 예술 분야에서 성과를 거둘 수 없었던 이유는 금방 알 수 있다. 유대 문화는 바로 표현이라는 것에 대한 근본적인 금지에 의해 기초지어져 있다. 여기서 '표현되는 것'의 위치에 선 것은 모든 존재의 원천, 즉 '신'이다. 일반적으로 이 금지는 '우상숭배의 금지'라 불리며, 유대교의 법률 중에서 가장 중요한 항목이 되었다.

왜 신을 표현해서는 안 되는 것일까? 표현은 '표현하는 것'이 바로 '표현되는 것'으로 받아짐으로써 가능해진다. 다시 말해 두 계기는 등치되어야 한다. 그런데 한편으로 표현이라는 관계가 성립하기 위해서는 두 계기가 구별되어야 한다. 그런 의미에서 '표현하는 것'은 '표현되는 것'의 부정이다. 따라서 신을 뭔가의 지각 가능한 상(像)에 의해 표현한 경우에는 다음과 같은 착각이 일어날 수 있다. 즉 신(표현되는 것)의 부정일 터인 상(표현하는 것)이 신과 등치되어버리는 전도가 생기는 것이다. 유대교에서 신은 어떻게 해도 표현할 수 없는 실체다.

이처럼 유대인의 문화는 표현에 대한 일반적인 불신을 전제로 하고 있다. 예술은 쾌락 추구였다. 그렇다면 유대교는 쾌락 원칙에 대한 초월론적 정지를 포함하고 있었다는 이야기가 된다. 또 기묘하게 장황한 금지의 성격에도 유의해볼 필요가 있다. 일반적으로 금지는 가능한 것에 대해서만 내려질 수 있다. 그런데 신은 표현 불가능한 실체기 때문에 '우상숭배 금지'는 애초부터 불가능한 것을 굳이 금지하는 구성을 취한 것이 된다. 그렇다면 이는 무의미한 금지가 아닐까?

그런데 이에 비해 고대 그리스 문화는 유대교 같은 표현에 대한 엄격한 금지를 모른다. 표현은 순순히 자신의 쾌락을 추구하여 풍부한 성과를 남겼다. 고대 그리스에서는 신 역시 (통상의 대상과 마찬가지로) 표현할 수 있었다. 흥미로운 것은 이때 신──정신적인 개체──은 유대교의 신과 달리 복수적인 것(다신교)으로 존재했다는 사실이다.

다만 고대 그리스 안에서도 이미 부분적으로는──이를테면 첨단 사상 중에서──표현에 대한 불신이 싹트기 시작했다. 예컨대 플라톤은 회화의 효용을 부인했다. 플라톤에게 회화는 부정적인 의의만을 가진 것일 뿐이었다. 왜일까? 회화의 표현(표현하는 것)이 '이데아'와 오인될 우려가 있기 때문이다. 이처럼 헬레니즘 안에서 '표현 금지'의 맹아가 발견되는 것은──적어도 표현이라는 계기에 관해서는──헤브라이즘이 헬레니즘에 대해 논리적으로 뒤를 잇는 차원에 있다는 것을 시사한 것은 아닐까? 아마 헬레니즘 안에 이미 헤브라이즘적인 것으로 경사하는 요인이 있었던 까닭에 헤브라이즘의 헬레니즘 섭취(예컨 대 바울로*)가 가능했고 두 문화의 융합도 가능했던 것이다.

그렇다면 물어야 할 것은, 표현이 머지않아 단호한 금지(우상숭배 금지)와 조우할 수밖에 없었던 이유다. 이 물음에 대해 금지를 포함하 는 규범=종교에 내재한 답을 내놓는다 해도 어쩔 수 없다. 예컨대 "본 원적으로 신을 표현할 수 없으므로"라는 답은 의미가 없다. 그것은 단 순한 동어반복에 지나지 않기 때문이다. 문제는 불가능하기 때문에 금 지당하는(그러나 이미 말한 것처럼 이는 사실 이상하다) '신' 같은 실체 가 왜 존재하는가──왜 규정되어 있는가──하는 것이다.

신에 대한 어떤 표현도 허용되지 않았는데도 유대인이 신의 적극 적인 실재를 믿으며 의심하지 않은 것은 기묘한 일이다. 어떤 표현도 가질 수 없는 이상, 신의 존재를 직접적으로 지각할 수 없기 때문이다. 반대로 이것으로부터 다음과 같이 추론해야 할 것이다. 신의 초월적인 실재는 오히려 은밀하게 표현되어 있는 게 아닐까 하고 말이다. 이때 무엇이 '표현하는 것'이 될 수 있을까? 표현의 불가능성이라는 그 성 질이다. 확실히 표현이 불가능하다는 것에 의해 신이 "어떻게 한다 해 도 표현될 수 없는 무언가"로 표현되어버린다. 즉 신은 '표현될 수 없' 다는 부정을 매개로 하여 표현된다. 신은 직접적인 표현, 직접적인 현 전의 부정을 경유하는 간접적인 방식으로 표현된다. 그리하여 표현되 는 실체=신은 아무래도 초월적인 것일 수밖에 없다. 그것은 (통상의)

---

* 바울로(Paulus, 10?~67?)는 기독교를 로마 제국에 보급하는 데 가장 공이 큰 전도자다. 원 래는 열렬한 유대교 신자였으나 부활하는 그리스도의 강림을 믿고 회심하여 전 생애를 전 도에 바쳤으며, 로마에서 순교했다. 그의 서한은 신약성서의 중요한 부분을 이루고 있다.

'표현하는 것'이 그 내부에 모습을 보이는 우주의 국외에 존재의 장을 가질 수밖에 없기 때문이다. 슬라보예 지젝은 칸트의 '물자체'가 이것과 동형적인 부정적 출현을 갖는다고 논하고, 나아가 이것을 우리의 이 논의와 마찬가지로 유대교 문제로 확장한다.[1]

2. 표현의 구조

표현을 형성하는 두 요소 사이에는 명백한 비대칭성이 존재한다. 예를 들어 한편으로 x로서 표현되는 대상은 바로 'x'로서 단적으로 규정되는 동일성=통일성을 가진다. '표현되는 것'은 반드시 동일적=통일적인 대상으로 존재할 수밖에 없다. 다른 한편으로 '표현하는 것'이 감각이나 지각에 수용되기 위해서는 다양성 중의 한 항목으로, 즉 다양한 것 중 그것과 다른 부분의 차이를 매개로 하여 인지될 수밖에 없다. 그러므로 '표현하는 것'은 차이성으로 존재한다. 따라서 표현에는 '동일성=통일성'으로부터 '차이성=다양성'으로 대상의 존재 성격이 명확하게 이행한다는 함의가 있다.

'표현되는 것'의 동일성은 ('표현하는 것'의) 다양한 수준의 '형식'과 대응하여 지각 가능한 것이 된다. 여기서 형식이라는 것은, 어떤 존재자가 다른 것과의 차이에 매개되어 획득하는 동일성을 말한다. 다시 말해 형식이란 동일성의 외관을 지닌 차이를 말한다. 형식에서 본

---

1) Žižek, S.(1989). *Sublime Object of Ideology*. Verso. 〔鈴木晶 訳, 「イデオロギーの崇高な対象」, 『批評空間』 1・2号, 1989.〕

질적인 것은 다른 여러 형식 사이의 차이=관계다. 그러므로 형식은 여러 형식 사이의 공시적·통시적 관계를 규정하는 '규칙'과 연접함으로써 기능할 수 있다. 예술에서는 이 규칙이 '양식'을 구성한다.

예컨대 음악에서는 개개의 음이 형식을 구성한다. 장음계의 각 음은 다른 6음과의 차이에 의해—즉 다른 6음을 부정함으로써—동일성을 획득한다. 다수 형식의 집합은 더욱 상위의 형식을 구성한다. 일정한 패턴의 음이 연이어 있는 것인 '모티프'(motif)가 음의 상위 형식을 구성하고, 모티프보다 상위에는 형식으로서의 '작품'을 위치 부여할 수 있을 것이다. 역으로 각 음을 음가(音價)·강도(强度)·음색 같은 여러 특성(parameter)으로 분해하면 개개의 음보다 더욱 작은 여러 형식을 얻을 수도 있다. 양식은 이러한 형식의 여러 수준과 대응하여 존재한다. 예컨대 형식으로서의 화음에 대응하는 양식에는 기능화성(機能和聲)으로 이루어진 조성음악(調性音樂)이 있고, 화음 연접의 일정한 패턴이 이것에 의해 지정된다. 또 음이나 모티프의 연결 규칙으로써 음악가 개인의 양식이나 시대 양식을 파악할 수 있을 것이다.

거듭 말하면 표현에는 다른 존재의 양태 이행이, 즉 동일성과 차이성의 교착이 함의되어 있다. 다시 말해 표현이란 동일성을 차이성(형식)에 의해 제시하는 것이다. 물론 이러한 교착에는 모순이 있다.

표현하는 것(형식)의 본성이 차이라는 것은 표현이 본원적으로 우유적(偶有的)이라는 것을 의미한다. 대상 x를 표현하는 조작은 다른 가능성, 즉 '대상이 x가 아닐 가능성'을 부정하는 조작이기도 하다. 다시 말해 'x에 대한 표현'은 다른 여러 가지 많은 가능성을 배경으로 하여 그것들 중에서 선택됨으로써 성립한다. 그러므로 하나의 표현은 다른 여러 가능성을 배제해버릴 수가 없고, 자신이 성립하기 위한 '기반'으로서 그것들을 잠재적으로 유지해두어야 한다. 표현이 이렇게 잠재적인 여러 가능성으로부터 선택됨으로써 성립한다는 것은 표현되어야 할 대상이 (잠재되어 있는) '다른 것'이었을지도 모른다는 것을 말하기도 한다. 표현이 선택으로 성립하기 위해서는 잠재적인 다른 여러 가능성 쪽으로 미끄러져 들어가 주고받아질 수 있다는 것이 상정되어 있어야 하기 때문이다. 표현이 우유적——가능하기는 하지만 필연적인 것은 아닌——이라는 것은 이러한 의미에서다.

그러므로 여기서는 표현이라는 관계의 다음과 같은 한계가 드러난다. 표현되어야 할 것은 단적인 동일성을 갖춘 실체, 즉 '다른 것이 아닌 그것'으로 지시되어야 한다. 그럼에도 대상은 '다른 것이었을지도 모르는 뭔가'로 표현되어버린다. 이러한 간격은 동일성을 차이성에 등치하는 표현의 본질적인 구조로부터 필연적으로 생기는 것이다. 그러나 이러한 간격, 이러한 모순은 예술의 통상적인 활동 속에서는 전혀 알아챌 수 없다. 왜일까?

'표현되는 것'이 표현이라는 행위와는 독립적으로, 단적인 동일성을 갖춘 실체로서 (경험적인) 우주에 **내재하고 있다**는 맹목적인 신뢰가 있을 때, 지금까지 논해온 표현을 둘러싼 어긋남은 직접적으로 나타나지 않는다. 이러한 실체는 표현에 앞서 선천적(a priori)으로 존재하는 것으로 상정된다. '표현하는 것'의 형식은 이 실체와 무언가의 방식으로 대응됨으로써——예컨대 실체의 재현으로 간주되거나 직접적인 모사로 수용됨으로써——'차이'로서의 본성을 은폐할 수 있다. 물론 실제로는 형식이 다른 여러 형식과의 대립이나 차이에 의해 기능하고 있다는 사실은 소거되지 않는다. 그러나 형식이 다른 것과의 차이에 의해 수평적으로 규정되어 있다는 것과는 독립적으로 외적 실체에 의해 수직적으로 지탱되고 있다고 인식될 때, 형식이 하나의 차이였다는 사실은 파생적인 사항으로 무해(無害)하게 되어버린다. '표현하는 것'이 어떤 특정한 '형식'을 취하는 근거는 그 형식이 다른 여러 형식과의 사이에서 벌어진 차이가 아니라 표현되는 '실체'와의 (자연스러운) 대응관계에서 찾아지기 때문이다.

고대 그리스에서 예술의 느긋한 발전이 있었던 것은 이 때문이다. 표현을 지지하는 여러 실체는 (예컨대) 그리스의 신들이다. 그리스의 신들은 우주 내부에 주어져 있는 정신적인 본질 같은 것으로서 직접적으로 우주에 내재하고 있다. 신의 복수성은, 신이 우주에 내재하는 실체로서 규정되어 있는 것의 불가피한 결과다. 신들은 우주 내부의 존재자가 가지고 있는 다양성을 비추어낸다. 그리스 종교의 존재 방식과 예술의 발전은 긴밀하게 연결되어 있었다.

그러나 이들 여러 '실체'의 존재도 실제로는 표현을 매개로 하지 않고서는 알 수 없다. 그렇다면 오히려 '실체'는 표현하는 것의 '형식'이 주는 가상이 아닐까 하고 다시 파악할 수 있을 것이다. 즉 표현이 수행될 때 표현(혹은 형식)을 가능하게 하는 조건으로서, 나중에 '실체'의 적극적인 실재가 보충되는 것이다. 오히려 표현이 자신을 가능하게 하는 전제 자체를 나중에 산출하는 것이다. 만약 이렇게 표현과 실체의 관계가 역전된다면 표현이라는 것 자체가 그 적극적인 의의를 잃게 될 것이다. 표현되어야 할 실체는 형식이 주는 가상이지 애초부터 존재한 것이 아니기 때문이다. 이러한 '실체'의 환원이 가능하기 위해서는 표현 '형식'의 작동이 안정적으로 확보되어야 한다. 다시 말해 차이를 매개로 하여 주어지는 형식의 (파생적인) 동일성이 일의적(一義的)으로 규정되어야 한다. 이미 말한 것처럼 형식은 다른 여러 가능성의 부정을 통해 선택됨으로써 그 동일성을 획득한다. 그렇다면 형식의 동일성은 형식 선택의 전제가 되는 여러 가능성의 영역이 확정되어 있는 경우에만 규정 가능하다.

이러한 여러 가능성의 영역을 지평이라 부른다. 여러 가능성의 전체적인 지평을 완전히 규정해버리는 것은 원리적으로 불가능하다. 가령 어떤 지평이 규정되었다고 하자. 지평이 규정된다는 것은 지평 자체가 특정한 형식을 통해 표현되는 것을 의미한다. 그렇다면 지평 자체를 표현하는 형식이 다시 우유적인 존재로서 더욱 포괄적인 지평 안에 놓여야 할 것이다. 그래서 지평 전체에는 언제까지나 도달할 수 없다. 지평의 최고도로 포괄적인 형태가 우주다. 그러므로 여기서 문제되는 것은 우주를 전체로서 표현하는 것의 일반적인 불가능성이다.

그러나 형식의 확실한 작동은 지평이 규정되어 있다는 것을 전제로 한다. 만약 지평을(특히 그 포괄적 형태로서의 우주를) 뭔가에 의해 적극적으로 표현하려고 하면, 지평(우주)은 우유적인 것으로 나타나게 된다. 형식이 우유적인 존재지만 (파생적인) 동일성을 획득할 수 있는 것은, 지평이 형식(을 구성하는 선택)에 주어진 전제이며 필연이기 때문이다. 그러나 만약 지평(특히 그 최종적인 형태로서의 우주)이 우유적인 것, 다른 것일 수도 있는 상대적인 것으로 표현되어버린다면 형식의 동일성이 완전히 결정 불가능한 것이 되고 모조리 흩어져 버리게 된다. 즉 어떤 형식이 'x에 대한 표현'인 것은 'y에 대한 표현'이라는 것을 부정할 수 없고, 결국 어떤 것인가에 대한 표현으로서도 기능하지 않게 된다.

이 경우 지평=우주의 우유성을 은폐하고 그것을 규정하는 유일한 방법은, 어떤 것에 의해서도 적극적으로 표현할 수 없다는 부정성에 의해 지평의 전체성을 표현하는 것이다. 우상숭배의 금지란 바로 이러한 방법이다. 물론 모든 존재의 대표인 신은 지평의 전체성(우주)에 대응하고 있다. 유대교의 신은 반드시 유일신(단일신)이어야 한다. 그것은 지평의 최고 포괄성을 대표하고 있고 그 외부를 허용하지 않기 때문이다. 또 그 신은 그리스의 '우주에 내재하는 신들'과는 달리 반드시 순수하게 초월적인 것이어야 한다. 그것은 우주 내부에 적극적인 표현을 갖지 않는다는 조건 하에서만 존재할 수 있기 때문이다.

그러므로 유대교 하에서 표현할 만한 것은 단 하나밖에 없다. 유일한 실체로서의 신이다. 게다가 그 표현 방식은 부정적인 것이다. 다시 말해 그것은 표현의 금지라는 방식에 의해서만 표현되는 것이다. 여기서는 표현에 대한 일체의 의지가 이 부정적인 표현에 집약되어 빼앗겨버렸다. 유대교 하에서 표현의 빈곤함은 표현의 쾌락이 단순하게 억압되어 있기 때문이 아니라, 억압된 형태에서만 가능한 불가시(不可視)의 표현 쪽으로 쾌락이 벗어난 결과다. 표현의 빈곤함은 표현에 대한 흘러 넘칠 듯한 의지가, 게다가 표현이 금지된 바로 그 장소에 집중된 것의 역설적인 산물이다.[2]

---

2) 슬라보예 지젝은 초월적인 장소에서 칸트의 '물자체' 같은 표현 불가능한 실체가 상정되고 그것이 '숭고함'의 관념을 낳는다고 논했다. 그러나 이런 표현 불가능한 실체가 환상적으로 상정되어버리는 것은 왜인지, 이 점에 대해 충분히 논했다고 말하기는 힘들다.

3. 표현을 가로지르는 사회성

유대교 하에서 신은 적극적으로 표현되지 않는다. 즉 무언가의 지각 가능한 상에 의해 직접 신을 표시해서는 안 된다. 그러나 그것에 의해 오히려 신은 적극적인 실재성을 획득한다. 아무리 해도 표현할 수 없다는 것을 매개로 하여, 반대로 표현할 수 없는 실체로서 신의 존재가 간접적으로 표현되기 때문이다.

지금까지는 표현이 가능하기 위해서는 지평의 전체성을 대표하는 초월적 형상(신)의 이러한 적극적인 실재가 그저 **필요하다**는 것을 보여 왔던 것에 지나지 않는다. 그러나 아직 초월적 형상의 존재가 가능하기 위한——더욱 엄밀하게 말하면 초월적 형상의 존재에 대한 맹목적인 신뢰가 생겨나기 위한——**충분한** 조건이 분명해진 것은 아니다. 여기서는 이 점에 대해 상세하게 논할 수는 없다. 그래서 극히 간단히 시사점만 던지기로 한다.

지금까지의 논의에서는 다음과 같은 것이 암시되었다. 즉 표현이라는 행위의 중핵에 사회성이라고 부를 만한 것이 편입되어 있다는 것이다. 표현은 사회성에 대한 체험을 전제로 해서만 가능한 것이다. 사회성에 대한 체험이란 표현하는 주체가 자신과는 다른 주체, 즉 타자라는 존재를 상정한다는 것이다. 여기서 말하고자 하는 것은 표현의 행위 역시 타자에게 전달하는 것을 지향하는 커뮤니케이션이라는 것이 아니다. 표현이 구체적인 누군가에게 무언가를 전달하려는 의도를 가지고 있는가와 상관없이, 확실히 표현으로서 성립할 때 타자라는 (상정된) 존재에 관통되어 있다는 것이다. 이 점에 대해 설명하자.

유대교가 우상숭배를 금지하는 것은 포괄적 지평(우주)에 (적극적인) 표현이 주어진 순간에 절대적으로 단일=동일할 수밖에 없는 영역이 '다른 것'일 수 있는 것으로 나타나버렸기 때문이다. 포괄적인 지평(우주)은 원리적으로 그 외부의 존재를 허용하지 않는다. 그런데 표현되자마자 그것은 우유적인 것으로서 낯선 외부와 대립관계에 놓이고 만다. 게다가 이 지평은 최고도로 포괄적인 영역으로 규정되어 있기 때문에 이 외부 자체가 다시 이 지평의 내부여야 한다. 그러므로 포괄적인 영역은 자신과 다른 것과의 차이를 그 자체의 내부에 써넣게 된다. 다시 말해 자기 자신의 단일성=동일성의 조건이 동시에 자신과 타자의 차이성이기도 하는 것이다. 어떤 '양상'이라는 용어를 사용하면 동일한 것은 필연성(다른 것일 수 없는 유일성)과 우유성(다른 것이었을지도 모른다는 다양성)의 합치라고 할 수도 있다. 이러한 단일성(동일성)과 차이성 사이의 동일성은 이미 표현을 구성하는 두 요소 사이의 비대칭성 중에 예감되어 있던 것이다. 이 비대칭성이 표현의 최종적인 조건으로서 포괄적인 지평의 동일성을 표현하려고 하자마자 직접적인 모순으로 현재화한다.

그런데 이 단일성과 차이성의 합치란 우리가 타자라는 존재를 체험할 때 우리의 체험 안에 타자가 표시되는 그러한 방식일 수밖에 없을 것이다. 절대적인 단일성은 '자기', 또는 '자기'와 상관하여 눈앞에 나타나는 우주를 정의하는 조건이다. 타자는 이 단일적인 자기의 우주로부터는 도달할 수 없는 무한한 거리에 의해 특징지어질 것이다. 그러나 동시에 타자는 자기와 동일한 권리를 가진 고유한 주체라는 점에서 단순한 사물적 대상이 아니라 바로 '타자'일 수 있는 것이다. 그런데 자기가 이미 단일적인 주체기 때문에 또 타자가 고유한 주체일 수 있기 위해서, '타자'는 '자기'를 정의하는 조건인 그 단일성을 빼앗지 않으면 안 된다. 그러므로 타자는 한편으로 절대적 차이(단일한 영역으로 받아들여지지 않는 거리)인 동시에 다른 한편으로는 바로 그것에 의해 '자기' 자체와 겹쳐져 단일적인 주체로 체험되게 된다.

여기에서 다음과 같은 추론을 이끌어낼 수 있다. 우상숭배의 금지란 타자에 대한 체험을 특권적인 '타자'인 신 안에 집약시킨 상태에서 부인하는 것이 아닐까 하고 말이다. 한편 타자에 대한 체험은 신의 형상 안에 보존되어 있다. 그러나 이것을 표현하는 것의 금지는 타자가 '자기'의 심적 체험 안으로 직접적으로 침투해오는 것에 대한 방파제기도 하다.

그러나 설사 이러한 '방파제'가 구축되었다고 해도 타자는 표현의 구조 안에 다른 형태의 흔적을 남긴다. 앞에서 말한 것처럼 표현의 형식은 우유적인 것으로 존재한다. 우유적이라는 것은 다른 것일 수 있었던 가능성이 잠재적으로 유지되고 있다는 것을 말한다. 다른 것일 수 있다는 것은 다른 주체, 즉 타자였다면 택했을지도 모르는 선택의 가능성이다. 그러므로 표현의 여러 형식이 띠고 있는 우유성은, 표현에서 다른 가능성의 원천인 타자의 존재가 항상 상정되고 있다는 것을 함의한다. 그렇기는 하지만 여러 형식이 일의적인 동일성을 가지고 실효적인 표현으로 기능하고 있을 때 타자의 타자성은 부분적으로 부정되기도 한다. 타자는 지평(또는 우주) 내부의 상대적인 차이로서만 존재하기 때문이다. 다시 말해 타자의 그 무한한 차이는 거세되고 순치되는 것이다.

그런데 문제는 초월적 형상의 존재를 가능하게 하는 조건이었다. 자세히 설명할 수는 없지만, 여기서는 초월적 형상을 산출하는 사회적 기제에 관해 다음과 같은 가설을 제기하기로 하자. 그것은 여기서 보아온 표현을 둘러싼 여러 사태를 설명해준다. 표현은 사회적 실천──타자의 존재를 상정하는 한에서 의미를 갖는 실천──이다. 타자는 원리적으로 건너갈 수 없는 절대적인 차이──전체를 포괄하는 동일성의 수준을 설정할 수 없는 차이──다. 이러한 타자(들)의 절대적 차이성을 이용하여 초월적인 타자(제삼자)를 의제(擬制)로 하고, 이것들을 경험 가능성의 일반적인 조건(선험적인 조건)으로 작동시키는 일련의 역동성(dynamism)이 존재하고 있다(이에 대한 상세한 설명은 생략하기로 한다). 즉 초월적인 타자는 체험과 행위의 전제가 되는 (주어진) 규범적 조건을 제공=선택하고 그것들의 지평을 준비하는 것으로 기능하는 것이다. 초월적인 타자를 투사하는 수직적인 힘이 불충분할 때, 초월적인 타자는 그것 자신이 다시 경험적인 우주 내부에 구체적인 내용을 가진 것으로 표상되는 경우도 있다. 그리스의 신들은 이렇게 경험 안으로 다시 회수되는 초월적인 형상이다. 그러나 물론 초월적인 타자의 기능은, 유대교의 신처럼 바로 그 초월성에 상응하는 것으로 위치 부여될 때──즉 경험적인 우주의 영역 바깥에 놓일 때──이상적인 상태에서 확보될 것이다.

초월적인 타자가 의제되었을 때 타자에 대한 사회적 체험은 다음과 같은 변용을 겪게 된다. 통상적으로 타자들의 타자성(절대적인 차이성)은 완화되고 동일한 규범에 둘러싸인 지평 안에 속하는 상대적인 차이로 치환된다. 그러나 한편으로 순수한 타자성(차이성과 단일성이 등치되어버리는 절대적인 차이성)은 초월적인 타자 존재의 성격 자체 안에 집중적으로 위임되고 거기에 보존된다. 앞에서 본 것처럼, 유대교는 우상숭배를 금지하는 명령에 의해 이 초월적인 타자(신) 안에 내재하는 타자성을 부인함으로써 실효적인 종교가 될 수 있었다.[3]

4. 음악의 근대사

지금까지 고대 그리스와 고대 유대를 대조하면서 살펴보았다. 표현을 둘러싼 문제는 역사적인 것이라기보다 논리적인 것이다. 그러므로 이것은 보편적인 것이고 표현(예술) 역사의 각처에서 이와 동형적인 관계를 발견할 수 있을 것이다. 예컨대 여기서는 음악의 근대사(19세기에서 20세기에 걸친 음악의 전개) 중에서 음악이 겪었던 변용을 참고해보기로 한다.

　19세기 음악의 주류는 낭만파다. 낭만주의의 두드러진 특징 —— 특히 그것에 앞선 고전파와 대조하여 두드러진 것 —— 은 음악에서의

---

3) 앞의 지적에 관한 주에 이어 그의 논의를 비판하겠다(거기서 말한 것은 설명이 충분하지 못했다). 지젝에 따르면, 초월적인 장소에 실체가 상정되는 것은 그 장소를 차지하는 대문자 '타자'가 '결락'(缺落)을 포함하고 있고 근본적으로 공허하기 때문이다. 게다가 그 공허가 메워지고 '타자'가 실체화되지 않는다면 상징적인 질서가 전체적으로 붕괴되어버리기 때문이다. 그러나 이러한 지젝의 논의는 충분한 것이라고는 말하기 어렵다. 지젝은 상징적 질서를 유지하기 위해서는 그러한 실체가 **필요하다**고 논하고 있을 뿐이다. 그러나 다음의 두 가지 점에서 그 논의는 불완전하다. 첫째로, 가령 필요성이 있었다고 해도 그것은 그러한 실체의 (환상의 수준에서) 존재가 가능하기 위한 충분 조건은 아니다. 다시 말해 필요성은 존재를 근거지을 수 없다. 둘째로, 필요성은 그렇게 실체화된 초월성의 효과인 상징적 질서가 구성된 이후에 발견되는 것이다. 즉 그것은 상징적 질서 측으로부터 파악된 것이지 상징적 질서에 '원인'으로 간주되어버리는 초월적인 실체의 존재를 설명하는 원인일 수는 없다.

합리적인 '형식'의 의의가 후퇴한 것이다. 바꿔 말하면 여러 '형식'을 지배하는 관용적인 규범의 중요도가 상대적으로 저하되고 거기에서 일탈한 자유로운 '표현'이 빈번하게 나타나는 데 이 시대 음악의 특징이 있는 것이다. 고전파에서 낭만파로의 전환에서 정확히 그 경계선에 있는 음악가가 베토벤이다. 낭만파의 이러한 특징은 고전파의 완성자인 모차르트와 낭만파에 발을 들여놓은 베토벤을 비교해보면 명백하게 드러난다. 낭만파에서 '형식'의 의의가 후퇴한 이유는 무엇일까?

형식이 더 한층 중요한 요소에 종속되어 있기 때문이다. 그러한 요소란 낭만파의 경우는 물론 표현하는 주체(개인)의 내면에 존재한다고 가정된 심리적 내용이다. 낭만파에서 표현은 이러한 주체적·주관적인 내용(감정)의 외화(外化)와 동일시된다. 그러한 '내용' 자체는 표현(하는 것)의 여러 관계 외부에 존재하는 '실체'다. 그러나 이 실체는 경험적인 우주 내부에 확고한 존재의 장을 가지고 있다. 개인들의 '내면'이 그러한 장이다. 이때 여러 형식 사이의 기계적인 관계는 심리적 내용에 비해 이차적인 것으로 간주되고, 형식이나 양식으로부터의 일탈이 바로 형식이나 양식으로 완전히 환원될 수 없는 실체(로서의 주관적인 내용)의 존재를 지시하는 것으로 원용되게 된다.

앞에서 형식의 차이로서의 본성은 (우주에 내재하지만 표현에서는 외적인) '실체'에 대한 가정에 의해 무해(無害)하게 된다고 말했다. 이것은 낭만주의 방식 안에서 전형적으로 볼 수 있다. 특정한 형식——예컨대 특정한 라이트모티프(Leitmotiv : 주제적 동기의 악구—옮긴이)나 그것으로부터의 일탈——이 채택되는 것은 바로 내면의 감정에 들어맞아 자연스럽기 때문이고, 그것을 '미'(美)라고 인정하는 감정이 내면의 본성으로 가정되어 있기 때문이다. 특정한 형식이 거기에 나타나는 정통성은 형식 사이의 관계에서(만) 구할 필요는 없고, 이러한 내면의 심리적 내용에 대한 가정에서 도출되는 것이다. 낭만주의 음악 표현의 이러한 구성은 오페라에서 전형적으로 볼 수 있다. 거기에서는 반드시 등장인물의 내면 감정에 어울리는 표현 형식이 선택되고 감정과 형식의 불협화음은 신중하게 배제된다.

때로 이러한 내면의 내용은 단순한 '자연스런 감정'과는 구별되고, 그것 자체가 특수한 이상화를 겪는 경우도 있다. 즉 무자각의 직접적인 감정이 아니라, 예컨대 모티프군(群)의 수법에 능통하고, 그것들을 분석적으로 이해할 수 있는 정신이야말로 작곡가(그리고 연주자)와 청취자에게 요구되는 것이다. 그러한 지적인 정신은 고차의 ── 따라서 본원적으로 자연스런 ──내면적 감정으로 간주된다. 내면 감정의 이러한 (지적인 것에 대한) 이상화는 형식에 대한 주관적인 내면 지배의 관계를 엄밀하게 하려는 것에서 귀결되는 것이라고 할 수 있다.

이러한 심리적인 내면 지배가 낭만파에 어울리는 다양한 문화적 형상을 낳게 된다. 작품을 작곡하는 측에 대해 말하자면, 예컨대 '천재'에 대한 신앙이 그러한 형상 가운데 하나다. 작품을 청취하는 측에서는 (감정의 이상화에 대응하여) 이상화된 청취자나 엄격하게 규율화된 집중적인 청취 태도가 19세기에 생겨난다. 낭만주의에서는 '실체'로서의 작품 외부에 ──그리고 우주 내부에 ──가정되어 있는 심리적인 내면이 정확히 그리스 예술에서 신들이 차지한 위치에 대응한다. 물론 '내면'과 '신들'은 그것 자체로서 비교하면 전혀 다른 내실을 가지고 있다. 그러나 표현이라는 활동 중에 수행하는 역할에 착안해본다면 양자는 완전히 등가의 기능을 수행하고 있다는 것을 알 수 있다. 낭만주의에서 표현으로서의 다양성은 이렇게 하여 지탱되고 있다.

그런데 낭만주의에 뒤따르는 20세기 초의 전위음악은 바로 낭만주의로부터의 자각적이고 철저한 이탈로 특징지어진다. 그것은 한 마디로 말해 '음악의 형식화' 시도였다. 20세기의 전위음악은 형식과 그것을 다루는 규칙인 양식을 엄밀하게 체계화하려고 한다. 이 시도를 ('표현하는 것' 측에서가 아니라) 반대로 '표현되는 것' 측에서 파악하면 주관적인 '내면'을 환원하려는 운동이라고 할 수 있다. 형식의 극대화와 내면의 극소화가 정확히 조화를 이루고 있는 것이다.

형식화 운동을 전형적으로 대표하고 있는 것이 12음기법*이나 총음렬주의(total serialism) 음악이다. 12음기법이란 반음계에 포함되어 있는 12음을 일정한 순서에 따라 늘어놓은 기본 음렬을 만든 다음, 이 기본 음렬로부터 작품 내의 모든 음렬을 특정한 절차에 따라 체계적으로 도출하는 수법이다. 조성음악의 경우에는 음높이(pitch)를 자의적으로 치우친 형태로 이용한다. 즉 그것은 음높이를 불완전하게 지배할 뿐이다. 그에 비해 12음기법은 자각적으로 설정된 추상적인 규칙을 따르는 것으로 음높이 구조를 구석구석까지 통제하게 된다. 총음렬주의는 12음기법의 일반화다. 즉 12음기법이 음높이에 대해 적용한 음렬기법을 음가, 강도, 음색 등 음에 대한 다른 특성에까지 확장한 것이

---

* 쇤베르크(Arnold Schönberg, 1874~1951)가 창시한 기법으로 도데카포니(dodecaphony)라고도 한다. 1옥타브 안의 12개 음을 일정한 순서로 배열하고 이 음렬(音列, série)에 바탕을 두고 악곡을 구성해가는 방법이다. 이 기법은 1개의 으뜸음과 종속적으로 상관하는 여러 음에 기초해 화음을 만드는 조성음악의 기법과 달리 무조(無調)의 음악이다.

총음렬주의다. 우선 리듬, 강약, 발성(발음)을 음높이와 같이 배타적인 형식으로 구분한다. 게다가 12음기법과 마찬가지로 음렬을 체계적으로 조직하고 제어한다.

이처럼 자각적으로 설정된 규칙에만 준거한다면 특정한 음렬 선택이 내면적인 감정·감성에 대한 적합도(適合度)──그러한 감정·감성을 표현하는 데 더욱 타당하다(자연스럽다)는 것──에 의해 자의적인 방식으로 정당화되는 일은 없어진다. 다시 말해 형식화는 내면에 대한 적극적인 지시관련을 잃어버린다.

요컨대 형식화란 음악을 형식만으로 이루어진 닫힌 시스템으로 구축하고, 특정한 형식의 특정한 현상을 음악에 외재하는 실체의 작용에 의해 정당화하는 것을 거부하는 것이다. 형식의 사용은 그 자체에 의해, 즉 오로지 형식 사이의 관계에 의해서만 규제된다. 이제 규정되지 않은 '실체'(내면)의 작용이 음악 형태를 자연스럽게 한정하는 것은 기대할 수 없다. 그 보상으로 형식을 산출하기 위해 설정된 규칙체계는 더욱 정비된, 게다가 복잡한 것이어야 한다. 그러나 이러한 명시적인 규칙의 복잡화는 역으로 암묵적인 제한을 포함하는 실질적인 규칙을 감소시키는 경우도 있다. 자각적으로 설정되어 있는 복잡한 규칙에 따르기만 한다면 어떤 표현도 허용되기 때문이다. 이리하여 음악의 형식화는 음악적인 표현의 자유도(自由度, 가능성)를 높이는 것으로 연결된다. 그런데 역설적이게도 표현의 자유도 상승은 도리어 표현으로서의 음악을 빈곤한 것으로 만들어버린다. 산출되는 음악의 집합은 무엇에 대한 표현인가 하는 점에 관해 완전히 미규정적이고 공중에 떠버려 단지 엄밀하게 기계적인 규칙에 따르는 음렬 이상의 것이 아니게

되기 때문이다. 단지 기계적인 규칙으로부터 산출 가능한 변이의 하나에 지나지 않은 음렬은, 당연히 조성음악의 시점에서 볼 때 불협화음을 다수 포함하고 있고, 듣는 사람에게 '쾌감'을 불러일으키는 것이 아니므로 도저히 '미'의 표현으로 인정할 수는 없는 것이다.

형식화된 음악은 음악 외부의 실체를 표현하는 것에 대한 금지를 따르고 있다. 그것은 음악에 외재하면서 음악적인 표현에 한정을 가하는 (음악에서의) 초월적인 실체를 적극적으로 표현하는 것을 스스로에게 엄격하게 금하고 있다. 이 금지는 음악에서의 '우상숭배 금지'다. 음렬을 낳는 엄격한 규칙에 대한 충실함은 음악의 법률주의 같은 것이다. 다시 말해 20세기 전기와 중기의 전위음악은 음악의 바리사이인* 이라고 할 수 있다. 표현의 빈곤함, 즉 논리적인 체계성은 있어도 불협화성(不協和性)이 높고 낭만주의가 가지고 있던 풍부한 감정으로부터 철퇴되어버렸다는 것, 이것은 유대 예술의 빈곤함을 생각케 한다.

그러나 유대교가 표현의 금지에 의해, 또는 표현의 불가능성에 의해 신의 적극적인 실재를 간접적으로 표현했던 것과 동일한 관계가 이러한 음악에서도 생겨난다. 듣는 사람에게 쾌락을 줄 수 없는──오히려 불쾌감마저 가져다주는──불협화의 음렬은 확실히 그것 자체로서는 표현이 빈곤하다는 인상을 준다. 그러나 표현의 기능을 잃은 것은 아니다. 그것이 표현일 수 있는 것은 음렬기법이 낳는 가능하고 현실적인 음의 집합 전체 속에 자리잡은 경우, 그리고 그 경우에만 다른 여

---

* 바리사이파(Pharisees)의 교인을 말한다. 바리사이파는 B.C. 1세기~A.D. 1세기에 흥성한 유대교의 일파로서 율법과 종교 의식, 낡은 관습을 존중했다. 그렇기 때문에 여기서는 바리사이인이 위선자나 형식주의자라는 의미의 비유로 사용된다.

러 음과의 관계가 명확해지고 하나의 형식으로 기능하기 때문이다. 표현의 기능을 담당하고 있는 것은 각각의 음이 아니라 이 음 형식의 집합이라는 전체다. 다시 말해 이들 음악은 음악 외부를 직접적으로 표현하는 것을 금욕하고 형식 내부에 틀어박힘으로써 형식의 체계를 전체적으로 조작하는 정신의 작용을 간접적으로 표현하게 된다.

개개의 형식 자체로서는 어떤 것을 표현하는 것이 아니다. 그러나 형식 전체는 체계적인 질서(미적 질서)를 가지고 있고, 그것으로써 이러한 질서를 선택하는 능동적인 작용을 암암리에 지시해버릴 것이다. 예컨대 낭만주의 음악처럼 직접적으로 내면이 표현=외화되는 경우에는 내면 같은 실체는 형식 사이의 차이 속에서 결국 상대화된다. 그러나 형식화를 경유함으로써 초월적인 실체가 직접적인 표현으로부터 달아나 형식간 관계의 전체성에 의해 간접적으로 표현될 뿐이라면, 이때의 그 초월적인 실체는 상대화될 염려가 없다. 이제 그것 이상의 외부를 갖지 않은 형식의 집합 전체만이 그러한 실체에 대응하고 있기 때문이다. 따라서 이 경우에도 직접적으로는 표현되지 않는다는 부정성에 의해 음악에 외재하는 초월적인 작용이 —— 직접적으로 표현되는 경우보다 오히려 순수하게 —— 표현되는 것이다.

5. 잡음 같은 음악

이리하여 19세기에서 20세기에 걸친 음악의 변천에서 그리스 문화와 유대 문화의 관계에 정확히 대응하는 변화를 찾아볼 수 있다. 그런데 실험음악의 변천을 좀더 나중까지 더듬어가면 거기에는 한층 더한 혁명적인 전환이 기다리고 있음을 알게 된다. 형식화 운동 후에 이번에는 반대로 형식화의 근본적인 거부, 형식의 부정이 등장한다. 형식이나 양식을 거부하는 그 방식은 낭만주의 형식·양식에 대한 불신 따위와는 전혀 비교가 안 될 정도로 강한 것이다. 낭만주의는 고전파 이래 음악의 관용적인 형식이나 양식을 기본적으로 승인한 상태에서, 거기에서의 조그마한 일탈에 대한 관용에 지나지 않는다. 형식이나 양식에 대한 불신은 오히려 그것들에 대한 기본적인 신뢰에 기초하고 있다. 일탈이 일탈로서 인지되기 위해서도 형식·양식의 지배가 승인되어 있어야 하기 때문이다. 그러나 20세기 후반에 ——극단적인 형식화 운동을 일단 경유한 다음—— 등장하는 것은 음악에서 일체의 형식을 부정한 상태에서 음악의 표현을 확립하려는 실험이다. 이러한 방법은 두 가지의 전형적인 흐름 속에서 확인할 수 있다.

첫째로 이러한 반형식화 운동의 가장 철저한 원리적 형태라고 간주할 수 있는 음악이 있다. 그 음악은 존 케이지*로 대표된다. 케이지

---

* 존 케이지(John Cage, 1912~1992)는 1912년 로스앤젤레스에서 출생한 작곡가다. 포모나 대학교를 졸업하고 카우엘(Henry Dixon Cowell, 1897~1965), 쇤베르크에게 작곡을 배웠다. 1951년경부터 독자적인 음악사상에 입각하여 문제작을 발표하기 시작한 그는 1952년 독일의 도나우에싱겐에서 개최된 현대음악제에서 침묵의 음악 「4분 33초」라는 작품을 발표하는 등 음악에 우연적 요소를 도입하여 음악계에 큰 영향을 끼쳤다. 그가 1951년에 채택한 '우연성의 음악'(Chance operation)은 '역(易)의 방법'에서 힌트를 얻은 것인데, 이 방법에 따르면 음악을 구성하는 음은 '우연'의 확률에 의해 선정되며 작곡가의 자의에 의한 전통적인 음의 선택은 부정된다. 이 방법이 '연주자 자신은 음을 내지 않는다'는 '4분 33초'의 사상으로 발전해간 것이다. 또한 그는 그 연장선상에서 모든 음이 '음악'이고 모든 행위가 '음악'이 되는 사상으로 나아갔다. '음악' 자체의 의미가 불확실한 현대에 이러한 사상이 준 영향은 헤아릴 수 없을 만큼 크다고 할 수 있다. 주요 작품으로는 「상상의 풍경 4번」(Imaginary Landscape No.4, 1951), 「피아노와 오케스트라를 위한 콘서트」(Concert for Piano and Orchestra, 1954~1958), 「변주곡 I」(Variations I, 1958) 등이 있다.

에게 음악 작품은 순수하게 우유적인 음의 발생(사건)의 단순한 덩어리로 존재한다. '우연성의 음악', '불확정성의 음악' 등으로 불리는 음악이 그러한 유형의 음악이다. 앞에서 이미 말한 것처럼 형식은 동일성의 외관을 가진 차이다. 차이인 형식이 동일성의 외관을 가질 수 있는 것은, 그것이 확정적인 전체 속에서 규정 가능한 위치를 부여받기 때문이다. 그러나 다른 것과의 차이=관계를 그 내부에서 평정할 수 있는 동일한 전체를 갖지 않은 채 음이 발생하면, 그 음은 이미 '표현하는 것'으로서의 형식일 수 없다. 즉 그 음은 단순한 잡음 같은 것이 되어버린다. 케이지의 음악은 음을 이러한 수준으로까지 몰아간다.

예컨대 '우연성의 음악'의 예로 대표적인 케이지의 작품 「역(易)의 음악」(*Music of Change*, 1951)에서는 개개 음의 모든 특성을 역(易)으로 점을 치면서 결정해간다. 여기서 결정된 음은 완전히 우연적·우유적인 것일 수밖에 없다. 이렇게 함으로써 개개 음의 발생에, 또 음과 음 간의 접속 관계에 작곡가의 주관적 감정이나 그것에 기초하는 선택적 의도가 개재하는 것을 피할 수 있다. 그뿐만 아니라 음 전체가 통일적인 형식 규칙을 준거로 하나의 정신 작용을 표현해버리는 일도 없다. 그렇기는 하지만, '우연성의 음악'의 경우 음은 결정된 그 순간에는 우유적인 것이어도 악보에 적힘으로써 통상의 음악 안에 규정되는 형식을 얻게 된다. 그것이 연주자에게는 움직이기 힘든 지령으로 기능하기 때문에 우유적인 발생으로서의 성격을 얼마간 상실한다.

이른바 '불확정성의 음악'은 이 점에 대해 더 한층 앞으로 나아간다. 즉 연주자를 속박하고 있던 음 형식의 잔재도 없애버린다. 예컨대 「라디오 음악」(*Radio Music*, 1956)에서는 튜닝 숫자가 쓰여 있을 뿐인 부분 악보에 따라 완전히 자유로운 타이밍으로 라디오를 조절하여 음을 낸다. 라디오는 한 대에서 여덟 대까지 어느 것이든 자유롭게 선택할 수 있다. 이들 라디오에서 나오는, 서로 전혀 관계없는 음이 연주회장에서 어떤 통일적인 문맥도 갖지 않은 채 갑자기 조우하는 것이다. 물론 이 곡은 연주 일시에 따라 전혀 다른 곡이 된다. 음은 어떤 계획에도 복종하지 않는 우유적인 사건으로서만 성립할 수 있다.

이미 말한 것처럼 '표현하는 것'의 형식은 적극적으로는 규정할 수 없는 '지평'을 배경으로 하여 바야흐로 형식일 수 있다. 음악의 최종적인 지평에는 표현적인 기능을 가진 음(형식)과 단순한 잡음의 구분이 존재한다. 통상적으로 잡음은 청취되지 않는다. 이러한 잡음을 청취하지 않는다(규정하지 않는다)는 것의 반작용으로부터 표현으로서의 음이 주제화되는 것이다. 그에 비해 케이지의 음악은 어떤 음적(音的) 표현에서도 잠재적인 지평에 머물러 있는 이 잡음을 표현으로 가져와 적극적인 청취의 대상으로 한 시도였다고 할 수 있다. 그것은 원리적으로 규정 불가능한 것을 단적으로 규정해버리려는 시도다.

둘째로 형식의 불철저한 부정의 형태가 존재한다. 즉 형식 내부에 머물러 있으면서 음악의 형식을 동요시키는 음악 유형이 등장한다. 이러한 음악의 대표적인 예가 미니멀뮤직*(특히 그 초기 형태)이다. 미니멀뮤직은 1960년대 후반에 나타난다. 라 몬테 영(La Monte Young, 1935~1996), 필립 글래스(Philip Glass, 1937~), 스티브 라이히, 테리 라일리, 이렇게 4명이 이러한 경향을 대표한다.

미니멀뮤직의 두드러진 특징은 극히 짧은 선율의 반복(만)에 의해 음악 작품을 구성하는 데 있다. 반복이라는 기법의 엄밀한 사용은, 특히 초기의 미니멀뮤직 작품에서 볼 수 있다. 예컨대 라일리의 「C조로」(In C, 1964)는 모든 음부가 16분음표의 C를 끊임없이 반복한다. 물론 '반복'은 유럽의 고전음악에도 사용된 기본적인 기법이다. 그러나 유럽 고전음악의 경우 반복은 앞선 부분을 지시함으로써 작품 전체에 목적론적 통일을 부여하기 위한 기법으로 기능한다. 그에 비해 미니멀뮤직의 반복은 이러한 작품 전체를 뒤덮는 통일성=동일성에 대한 지향을 완전히 빠뜨리고 있다. 극히 짧은 단편이 몇 번이고 반복될 뿐이기 때문에 각각의 단편이 작품 전체 속에서 차지하는 위치는 전혀 인지되지 않는다. 그러므로 이 음들의 연쇄는 마치 시작과 끝을 결여한 무한한 반복처럼 들린다. 미니멀뮤직에서 '표현하는 것'이 '형식'으로 이탈하는 것을 인정할 수 있는 것은, 이러한 작품이 전체적으로 구성하는 동일성에 대한 단적인 무관심 안에서다.

앞에서 말한 것처럼 표현이란 차이에 의해 동일성을 제시하는 것이다. 동일성과 차이 사이의 이러한 교착은 '표현하는 것'의 '형식'에서 통합된다. '형식'이란 동일성으로서의 외관을 취한 차이기 때문이다. 형식이 외견상 '동일성'을 가질 수 있는 것은, 표현의 관계와는 독

---

* 미니멀뮤직(minimal music)은 사용하는 악기와 음의 움직임을 극도로 제한한 음악이다. 1960년대 후반 미국의 작곡가 스티브 라이히(Steve Reich, 1936~), 테리 라일리(Terry Riley, 1935~) 등이 처음으로 시도한 연주 방법으로서, 대개 합주로 연주되지만 신시사이저(전자음 합성장치)의 기억회로를 이용하여 한 사람이 연주하기도 한다. 기본적인 연주 방법은, 극히 짧은 선율의 한 패턴을 몇 번이고 반복 연주하면서 점차 원래의 선율을 조금씩 변형시킨 패턴으로 이행시켜 나가는데, 이렇게 연주가 중첩되면 선율과 선율 사이에 갖가지 엇갈림이 생겨 마치 청각적인 모아레(moiré: 얼룩) 같은 효과가 나타난다. 기승전결이 분명한 종래의 극적 음악과는 판이하게 다르고, 감각적인 부유 상태를 느끼게 하는 음악으로, 이 기법은 다양한 변화를 가져와 현대음악에서도 널리 쓰이고 있다. 또한 이 기법은 클래식음악뿐만 아니라 대중음악, 특히 록음악에도 이용되고 있다.

립한 '실체'의 동일성이 형식을 외부로부터 지지하고 있는 것처럼 받아들여지고 있기 때문이다. 그러한 실체는 형식이나 양식에 직접 대응되는 경우(낭만주의)도 있고 직접 표현하는 것의 불가능성을 경유하여 간접적으로 시사되는 경우(음악의 형식화)도 있다. 만약 이러한 외적 실체의 수준을 상실하면 표현하는 것의 형식은 완전히 해제되어버릴 것이다. 바꿔 말하면 표현하는 것 ——이 경우에는 '음' ——이 하나의 '차이'로서 발생하는 것에 지나지 않는다는 본래의 사실이 직접 드러나는 것이다. 음의 차이로서의 존재란 음이 다양한 것 중에서 한 항으로 생겨난다는 것, 바꿔 말해 음이 '다른 것'일 가능성에 항상 인접한 우유적인 사건으로 출현할 수밖에 없다는 것을 의미한다. 예컨대 20세기 전반 음악의 형식화 운동에서는 표현의 형식이 그 내부에서 확정되는 지평을 대표하는 초월적인 실체(바로 유대교의 신 같은 초월적인 실체)가 표현의 특수한 금욕(금지)을 경유하여 표현되었던 것인데, 그러한 실체를 상실한 순간 형식으로서의 음과 그 외부의 음(잡음)을 구별하는 결정적인 경계가 사라져버린다. 이렇게 표현으로서의 음을 차이로서의 본성으로 순화시킨 것이 케이지의 음악이라고 할 수 있다.

그에 비해 미니멀뮤직은 차이로서의 '표현하는 것'을 제시함과 동시에 '표현되는 것'의 동일성을 구성하는 수법이라고 이해할 수 있다. 일반적인 표현 관계에서는 물론 '표현되는 것'의 실체로서의 동일성은 전제고 '표현하는 것'에 앞서 주어져야 한다. 이 관계를 역전시켜 차이로서의 '표현하는 것'을 통해 '표현되는 것'의 동일성을 구축하려고 했을 때, 필연적으로 반복이라는 기법이 요청된다. '실체' 같은 무매개적 동일성을 전제로 할 수 없을 때, 동일성은 차이를 경유하여 구성될 수밖에 없다. 차이인 동일성은 그것 자체의 부정, 그 동일성에 대하여 낯선 '다른 동일성'과 직접 등치될 수 있는 동일성이다. 즉 차이로서의 동일성은 자신을 부정하는 낯선 동일성으로 자연스럽게 이행한다. 여기서 귀결되는 것은 항상 낯선 동일성으로 이행하면서 자신으로 회귀하는 무한한 반복이다.

케이지의 음악은 동일성과 형식 수준에서 단적으로 이반한 사례다. 그것은 표현을 그 성립 여부의 임계점까지 데리고 간다. 한편 미니멀뮤직은 차이성으로서 자신을 제기하면서, 실체적 동일성에 대한──따라서 그것에 의해 지탱된 표현의 형식에 대한──동경을 남몰래 가지고 있다. 여기서는 표현의 일반적인 관계에 대한 고집이 보인다.

6. 죽은 신

형식화된 음악으로부터 이러한 또 한 단계의 전회가 발생하는 필연성은 어디에 있을까? 이 점은 종교와의 유비가 다시 시사점을 던져준다. 앞에서 본 대로, 낭만주의와 음악의 형식 운동의 관계는 헬레니즘과 헤브라이즘의 관계와 같다. 그런데 유대교에는 (원래는 유대교의 한 분파였던) 그리스도교가 뒤를 따른다. 즉 그리스도(신)의 죽음이 뒤따르는 것이다. 그리스도교는 단 한 가지 사실, 즉 신(의 대리인)인 그리스도의 죽음(과 부활)이라는 사실을 승인한다는 것을 종교적인 신앙의 실질로 가지고 있는 종교다. 그리스도, 즉 살해된 신이란 무엇일까?

유대교에서 신은 바로 표현의 불가능성(표현 금지)에 의해 표현되었다. 여기서는 표현 불가능하다는 부정적인 성질을 신의 적극적=긍정적인 실재로 이어주는 반전이 함의되어 있다. 이에 비해 그리스도란 이 부정적인 성질, 즉 어떤 것으로서도 적극적으로는 나타나지 않는다 (표현될 수 없다)는 것을 유대교처럼 반전시키지 않고 직접 신=초월적 존재에 등치시킨 것이다. 그러한 신은 죽어간다는 형식에서, 즉 부정 되고 있는 현상에 의해 표현될 수밖에 없다. 다시 말해 신은 바로 자신 의 부정인 형식에 의해서만 표현되는 것이다. 유대교는 '표현하는 것' 이 나타나는 영역 저편에 신의 진리 영역을 상정한다. 반면, 그리스도 교에서는 표현이 불가능한 것으로 현상하고 있는 그 영역 저편은 단적 으로 아무것도 없다. 요컨대 표현의 부정적인 현상 형태, 즉 그리스도 의 살해가 그것 자체로 초월적인 신의 영역이어서, 그 저편 불가시의 (표현 불가능한) 영역에 신이 실재하는 것은 아니다.

　형식을 근원적으로 부정하는 음악, 특히 케이지 음악의 의의를 이 그리스도교의 위상에 대응시킬 수 있지 않을까? 그리스도는 자신의 존재를 부정적인 현상에서 —— 즉 죽음이라는 존재의 부정에 의해 —— 표현하는 신이다. 이와 마찬가지로 케이지의 음악은 표현하는 것으로 서의 형식 부정에 의해, 즉 잡음과 동일한 우유적 음의 발생에 의해 표 현한다. 그것은 형식을 통어하는 어떠한 정신 작용도 존재할 수 없다 는 것을 보여주게 된다. 마치 그리스도의 죽음이 저편에 있는 유대교 신의 영역을 부정해버리는 것처럼 말이다.

　여기서 시사되고 있는 것은, 형식화된 음악에서 케이지의 음악으 로 전회하는 것은 유대교에서 그리스도교가 발생하는 필연성과 동일 한 것을 따르고 있는 것은 아닐까 하는 것이다. 그러나 여기서 필연성 이란 무엇일까?

신 같은 초월적인 형상이 생성되는 기제가 사회적인 것이라는 것에 대해서는 앞에서 간단히 논했다. 그것은 타자의 타자성을 초월적인 형상 안으로 이전시킴과 동시에 은폐하는 수법이다. 그러므로 신을 존립시키기 위해서는 타자에 대한 체험이 신을 향해 부단히 갖추어지고 공급되어야 한다. 그러나 이것은 신 같은 초월적인 형상을 하나의 실체로서 존속·유지시키기 위한 것이라는 점에서 근본적인 딜레마다.

한편으로 타자성은 신의 존재에 불가결한 소재(질료) 같은 것이지만 다른 한편으로는 신의 존재를 근본적으로 부정하는 인자기도 하다. 타자에 대한 체험을 정의하는 조건, 즉 동일성과 차이성의 단일성(절대적 차이성)이란 존재론적으로는 공허라고 말할 수밖에 없다. 그것은 어떠한 동일성에도 고착되지 않고 어떤 것일 수도 없기 때문이다. 그렇다면 만약 신이 이러한 타자의 특수한 변형에 지나지 않는다고 한다면 궁극의 초월적 실체인 신이 결국은 공허라는 이야기가 된다. 그러므로 신의 존립이 타자성에 대한 체험에 의존하고 있는 한, 바로 그 동일한 조건에 의해 신의 실체로서 존재는 부정될 개연성을 갖는다. 바꿔 말해 존재의 부정만이 존재하는 것의 증거인 신, 즉 그리스도가 이끌릴 개연성이 바로 신 자체의 존재 양식 안에 포함되어 있는 것이다.

이와 동일한 논리에서 케이지가 구상한 음악이 음악 형식화의 극점에서 등장한다. 형식으로서의 음악 표현으로 순화하는 것은 적극적인 표현의 금욕(금지)을 통해 형식화하는 정신의 존재를 간접적으로 표현하고, 바로 그것을 음악의 지지로 삼음으로써 가능하게 되었다. 그러나 이러한 정신이 공허한 것이라면, 그때 표현은 일체 형식을 잃고 우유적인 음 발생(사건)의 집합으로 흩어질 수밖에 없을 것이다.

그러나 그리스도라는 신의 죽음(신의 부정성)이 다시 유대교적으로 반전하여 초월적인 실체를 분리해낼 가능성 역시 남아 있다. 즉 죽음이라는 부정적 방식으로만 표현될 수 있는 동일성이 경험 영역 외부의 초월적인 장소(추상적인 장소)에 재차 투사되는 일도 있을 것이다. 그리스도 살해 이후 그리스도교가 실제 역사에서 걸어온 것은 공허로서의 신을 유지하는 길이 아니라 이러한 신의 재실체화였다.

이와 동일한 것은 음악의 영역에서도 발견된다. 예컨대 미니멀뮤직에서 보이는 동일성과 형식에 대한 희미한 동경에서 초월적인 실체의 재투사로 향하려는 벡터의 맹아를 볼 수 있다. 미니멀뮤직이 구사하는 반복 기법은 차이로서의 음과 동시에 이 차이를 상대화할 수 있는 ('표현되는 것'의) 동일성 수준을 투사하려는 시도에서 유래하기 때문이다. 미니멀뮤직의 좀더 앞에는 일종의 낭만주의 부활, 즉 신낭만주의 음악이 기다리고 있다는 것을 우리는 알고 있다.[4]

---

4) 마지막으로 지젝의 논의에 대한 나의 불만을 한 마디만 더 말하기로 하자. 지젝도 여기서 내가 말하고 있는 것처럼 그리스도교는 순수한 부정성을 직접 체현하고 있다고 논했다. 그는 라캉(Jacques Lacan, 1901~1981)에 대한 독해에 기초하여 상징계의 대문자 '타자' (초월적 타자)는 결여를 품고 있고, 실은 공허하다고 논했다. 그리스도는 이러한 타자의 모습을 순수하게 표시한다. 이러한 결론은 여기서 내린 결론과 대충 합치한다. 그러나 지젝(그리고 라캉)은 '타자'가 결국은 공허로서밖에 존재할 수 없는 까닭을 설명하고 있지 않은 것으로 보인다. 중요한 것은 '타자'의 공허성이란 무엇인가 하는 것이다. 나는 그것이 동시에 그러한 공허성을 환상적으로 소거하는 기제도 설명해준다고 생각한다.

8장 역설의 합리성
— '의미의 질서=순서' 와 '타자의 효과'

1. 합리성이라는 것

비(比)로서의 합리성

합리적(rational)이라는 것은 원래 비례화할 수 있는 것이다. 즉 그것은
비(ratio)로 존재하는 것이다. 그러므로 그것은 '수', 특히 '자연수'로
서의 규정 하에서 존재하는 방식과 관계되어 있다는 것을 알 수 있다.
왜냐하면 임의의 비는 자연수 사이의 관계기 때문이다.

예컨대 전해진 바에 따르면, 피타고라스는 음(음악) 안에서 이러
한 의미의 합리성, 즉 로고스의 작용을 인정하고 있었다고 한다. 이러
한 인식은 화음의 기본이 되는 옥타브인 5도, 4도가 현 길이의 단순한
자연수의 비(2:1, 3:2, 4:3)에 의해 구성할 수 있다는 것을 발견한 데
서 왔다. 음은 무한 개 존재하지만 — 오늘날 수학 용어를 사용하여 말
하면 '연속체'를 이루고 있지만 — 그 안에서 조화가 생기는 것은 이
런 단순한 자연수의 비가 발견되는 경우뿐이다. 피타고라스학파, 또는
그 원류라고도 할 만한 오르페우스교단에 의해 음악은 특권적인 의의
를 지니고 있었다. 음악은 이 파의 기본적인 목적인 '혼의 정화와 해

탈' 을 위한 탁월한 방법이었기 때문이다. 그러므로 음 연구에 의해 뒷받침된 이러한 인식은 존재 일반에 대한 인식으로 아주 자연스럽게 확장된다. 즉 이미 아는 바와 같이 이 학파에서 '수' —— 또는 다양한 종류의 '수' 를 알고 있는 입장에서는 그 안에서도 특히 '자연수' —— 야말로 만물의 존재를 꿰뚫고 있는 기본적인 원리라고 간주되고, 거기에서 일종의 합리성이 발견되었던 것이다.

의미의 질서와 합리성

그런데 합리성의 이러한 원의(原義) —— (자연수의) 비로서의 그것 —— 는 아마 오늘날 우리가 직감적으로 이해하고 있는 합리성 개념 안에 보존되어 있을 것이다. 어떤 것이든지 비에 의해 규정할 수 있다는 것은 다음과 같은 것을 의미한다. 즉 그 어떤 것이든지 단위적인 규정인 단순성과의 관계에서 명확하게 일의적으로 동일화할 수 있는 것이다. 여기서 단순성이란 자연수 '1' 의 개념에 의해 대표되는 분리 불가능한 단일성이다. 또 '명확하게 일의적으로' 라는 표현을 '유한한 조작을 통해' 라고 바꿔 말해도 좋다(만약 동일화를 위해 필요한 조작이 무한하다면 임의의 경험적 동일화로의 지향은 그 조작의 중단에 의해서만 실현될 수 있기 때문에 항상 단지 근사적으로 —— 따라서 애매하게 —— 대상을 파악할 수밖에 없게 된다). 이러한 단순성에 준거한 상등성(과 부등성)의 계열에 자리잡게 되는 경우, 그렇게 자리잡게 된 바로 그것은 합리적 규정을 얻는다.

이상으로부터 합리적이라는 것의 본질적인 요건이 동일성(과 차이성)의 관계 안에 있다는 점이 시사된다. 결국 합리성이란 어떤 단일한 준거 하에서 주제화되는 계기에 관해 명확하고 긍정적으로 동일화되어 있는 것 사이의 관계, 또는 그러한 동일화를 실현하고 있는 인식 사이의 관계라고 말할 수 있다. 그러므로 합리성이란 질서, 즉 정합적인 (무모순적) '의미' 관계다.

예컨대 우리는 어떤 생산물을 생산하는 일련의 작업 공정 하나 하나, 그리고 그것들의 관계가 수익의 극대화를 지향하여 면밀하게 계산되고 준비되어 있을 때 그러한 생산 기술을 합리적이라고 말하고, 작업 공정에 그러한 계산을 통해 배려하지 않고 '쓸데없는 일'을 많이 발견하게 될 때 합리성을 결여하고 있다고 말한다. 합리성에 대한 이러한 이해는 원래의 '합리성' 용법(비례화할 수 있는 것)으로부터 일견 크게 떨어져 있는 것처럼 보인다. 하지만 그렇지 않다. 후자의 생산 공정이 전자보다 불합리하다는 것은 거기서 발견되는 '쓸데없는' 행위에 대해 지금 문제가 되고 있는 준거(수익의 극대화에 대한 공헌)와의 관계에서 그것이 '어떤 것'으로 여기에 존재하고 있는가(의미적 동일성)를 긍정적으로 동일화할 수 없기 때문이다. 그에 비해 전자의 생산 공정에서는 그러한 동일화에서 벗어나는 것이 전혀 존재하지 않는다.

비합리성

따라서 반대로 비합리성(irrationality)은 이러한 동일성에 대한 배리로서, 즉 일종의 차이성으로 존재하게 된다. 그런데 합리성을 비(자연수)와 동일시한 고대철학에서는 비합리성이 어떤 의미에서는 불가피하다는 것을 인식하고 있었다. 현재의 문맥에서 비합리성이란 비례화할 수 없는 것이다. 비합리성(비례 불가능성)은 아이러니컬하게도 비를 만물의 본성으로 지정한 피타고라스학파와 같은 이름을 부여받아 오늘날 알려져 있는 정리(定理)에 의해 불가피한 것으로 발견된다. 예컨대 유클리드(Eucleidēs, B.C. 330?~B.C. 275?)의 『기하학 원본』(*Stoikheia*)에는 정방형의 변과 대각선은 약분 불가능하다는 증명이 있다.

> 변의 길이를 a, 대각선의 길이를 b로 하면 피타고라스 정리로부터,
>
> $$b^2 = a^2 + a^2$$
>
> 이다. 여기서 b/a=x라고 두고 양변을 a^2로 나누면,
>
> $$x^2 = 2$$
>
> 를 얻는다. 만약 여기서 a와 b가 약분 가능하다면(즉 x가 자연수 사이의 비로 환원될 수 있다면) 이러한 관계는 결코 나올 수 없다. 왜냐하면 x는 1보다 크고 2보다 작은 수여야 하지만($1^2 = 1$, $2^2 = 4$), 만일 '합리적'(비로 표시된다)이라면, 그 이상 단순화할 수 없는(그 이상 약분 불가능한) 서로 소수인 자연수의 비로 환원될 것이므로 제곱한 수가 단순한 자연수 '2'가 될 리 없기 때문이다.

이러한 수 x는 자연수를 준거로 한 동일성으로 회수될 수 없다는 의미에서 비합리적이다. 만약 자연수를 준거로 한 경우, 그것은 단지 자연수의 관계(비)가 아니라는 것에 의해서만, 즉 이러한 소극적=부정적 규정을 통해서만, 다시 말해 단적으로 차이라는 것에 의해서만 인식할 수 있는 것이다.

그러나 중요한 것은 이러한 '비합리성'은 '제곱하면 2가 되는 수'를 도입함으로써 그 자리에서 해소되고, 그것 자체가 합리성 안으로

수렴되어버린다는 것이다. 이러한 수를 '무리수'라고 한다. 물론 무리수는 영어로 말하면 'irrational number'지만 '무리수'(無理數)의 일본어 번역은——따라서 당연히 '유리수'라는 번역도——현저하게 부적당한 것이다. 만약 그것을 번역하고자 한다면 '무비수'(無比數), '유비수'(有比數)라고나 불러야 할 것이다.[1]

'무리수'를 도입하는 것은 (이산적[離散的]인) 수(자연수)를 기초로 사고하는 것을 단념하고 연속을 직접적으로 대상화할 수 있는 '기하학적 도형'에 의해 사고를 추진하는 것이라고도 말할 수 있다. 고대 그리스의 가장 합리적인 모범적 지(知)의 체계가 기하학(유클리드의 기하학)이어야 했던 이유가 여기에 있다.

'무리수'의 도입이란 결국 다음을 의미할 것이다. 불가피하게 출현해버린 '비합리성'(차이성)을 그것 자체로서 대상화해버리고, 거기에 하나의 동일성을 부여함으로써 한 번 출현한 합리성을, 비합리성도 내부에 포함하는 포괄적 수준에서 재생시킨다는 것을 의미한다. '무리수'란 이러한 조작에서 설정된 새로운 동일성에 대한 이름이다.

그러나 이러한 조작에 의거했다고 해도 또다시 '비합리성'이 불가피하게 출현할 것이다. 예컨대 무리수가 도입되었다고 해도 제곱이라는 연산은 여전히 우리가 오늘날 '허수'(imaginary number)라고 부르는 새로운 수에 의해서만 해소할 수 있는 차이성을 제시한다. 허수는 그 추상성으로 인해 구체적인 실체에 대응시킨 해석을 전혀 허용하

---

1) 이 점에 대해서는 가라타니 고진과 오사와 마사치의 논문(柄谷行人·大澤眞幸, 「固有名と表出と集合」, 『哲学』 5号, 1988)에서 가라타니 고진이 한 발언을 참조하기 바란다. 여기서 많은 착상을 얻었다.

지 않기 때문에, 유리수와 무리수를 합한 '현실적인 수'(실수= 'real number')와는 직각으로 교차하는 차원을 구성하고 있다고 생각된다.*
이런 추상적인 차원을 설정함으로써 다시(볼 때마다) 간신히 합리성은 옹호된다. 그러나 거슬러 올라가 생각해보면 무리수가 이미 충분히 비현실적이라고도 말할 수 있다. 왜냐하면 자연수를 기초로 한 인식(동일 규정) 안에서는 유한한 횟수의 조작을 통해서 무리수를 도출하는 것이 결코 가능하지 않기 때문이다. 다시 말해 무리수는 결코 적극적으로는 도달되지 않기 때문이다.

2. 합리화라는 사회적 기제

카리스마**

그런데 체험된 세계의 합리성이라는 특성이, 또는 행위(그것은 반드시 그 활동 자체에서 지향하는 대상을 무언가로서 동일화해버린다)의 합리성이라는 특성이 개체로 귀착될 수 있는 정신의 노력이나 긴장에 의해 초래된다고 생각하는 것은 완전한 잘못이다.

　이것을 철저하게 인식한 사람으로 우선 베버(Max Weber, 1864~1920)를 들어야 할 것이다. 너무나 잘 알려진 것이지만 베버는 인간의 다양한 활동 영역의 '합리화'를 사회 발전의 기본 추세로 간주했고, 합리성을 바로 사회적·역사적 획득물로 확인하고 있었다. 말할 것도 없이 합리화란 체험되고 있는 세계 내부에서, 또는 일련의 여러 행위의

---

* 복소좌표상에서 X축은 실수부, Y축은 허수부로 나타내기로 약속되어 있다.

관계 자체 내부에서, 앞에서 정의한 의미에서의 합리성에 반한 요소
(비합리적 요소)가 소거되어가는 과정이다. 우리는 나중에 합리화의 항
진(亢進)으로서 역사의 추이를 파악했던 베버의 인식을 비판할 생각인
데, 어쨌든 여기서는 우선 합리성을 "사회적 관련과의 관계에서만 이
해할 수 있는 무언가"로 파악했던 베버의 기본 전제에는 찬성의 뜻을
표하고자 한다. 그러나 문제는 합리화를 가져오고, 경우에 따라서는
불가피한 것으로 구성하는 사회적 준비란 어떤 것인가 하는 것이다.

그런데 베버의 사회학적 이론 안에서 '합리화'를 추진하는 궁극
적인 계기로서 인정되고 있는 인자란 무엇일까? 그것은——기이하게
들릴지 모르지만——때로는 합리화에 대한 저해 요인으로서도 작용하
는 작용소(作用素), 즉 '카리스마' 다. 카리스마는 몇 명의 논자에 의해
인정받고 있는 것처럼 베버 사회학의 동학적(動學的) 측면을 구성하는

** 카리스마(charisma)는 신으로부터 부여받은 기적·영(靈)의 식별·예언 등의 능력이나 지
배자의 초자연적·초인간적·비일상적인 힘을 뜻한다. 원래 그리스도교 용어로서 성령의
특별한 은총을 뜻하는 그리스어 카리스(kharis)에서 유래한 말이다. 이 용어가 일반적으
로 사용되게 된 것은 베버가 지배의 정당성 유형화에 이 개념을 사용하면서부터다. 베버
는 지배를 합리적 지배, 전통적 지배, 카리스마적 지배로 정식화했는데, 카리스마적 지배
란 카리스마적 자질을 지닌 지도자에 대한 개인적 귀의(승인)에 바탕을 두는 지배다. 참된
카리스마는 권위의 원천이 되며 사람들에게 승인과 복종을 의무로 요구한다. 이 복종과
승인은 지도자가 행하는 기적에 의하여 강화된다. 그리하여 복종자는 지도자와 전인격적
으로 맺어지고 신뢰와 헌신의 관계가 성립한다. 이 지배 관계는 관료적 절차나 전통적 관
습 또는 재정적 뒷받침에 의거하지 않고 지도자 고유의 카리스마에 대한 내면적인 확신에
만 근거하고 있어 구조적·재정적으로는 불안정한 관계다. 또한 복종자의 귀의의 원천인
카리스마의 증명이 얼마동안 나타나지 않을 경우, 카리스마적 권위는 땅에 떨어지고 지도
자는 비참한 길을 걷게 된다. 그러나 카리스마가 유효하게 작용하는 한 우회적 절차를 필
요로 하지 않으므로 위기적 상황이나 혁명적 상황에 걸맞은 지배 유형이라고 할 수 있다.
한편 카리스마가 혈통이나 지위 속에 일상화되어 지위 그 자체에 카리스마가 발생하는
'관직 카리스마'나 카리스마가 대대로 이어지는 '세습 카리스마'도 있으며, 카리스마가
조직이나 제도에 정착하는 경우도 있다.

가장 중요한 요소다. 베버의 사회 발전 이론은──그 경험적 적용에서는 그렇게 명백하게 모습을 드러내지 않는 경우도 있지만──이념적으로는 카리스마 혁명 이론으로서의 체제를 취하게 된다. 예컨대 베버가 '서양 및 근동의 전(全)문화 발전의 주요 지점'으로 생각하고 있던 지역인 팔레스타인에 관해 그 발전적 성과를 가져온 원인으로 들며 중시했던 것은, 기원전 9세기경부터 시작된 이 지역 예언자들의 활동이다. 말할 것도 없이 그 극점에는 '그리스도'라 불리는 예수의 활동이 존재한다. 그런데 베버는 카리스마에 대해 다음과 같이 말하고 있다.

> 카리스마의 타당성을 결정하는 것은, 증거에 의해 …… 보증된 계시로의 귀의·영웅숭배·지도자에 대한 신뢰로부터 생겨나는 피지배자에 의한 자유로운 승인이다. 그러나 이 승인은 (진정한 카리스마에서는) 정당성의 근거가 아니라 오히려 소명(Berufung)과 증거에 의해 이 자질을 승인하도록 불러 맞이하게 된 자들의 의무인 것이다.[2]

여기서 카리스마의 성격 규정이 양의적이라는 것은 곧바로 이해될 것이다. 첫째로 카리스마의 타당성은 카리스마에 종속되는 자들의 자유로운 승인이라고 한다. 종속자에게 승인과 그 거부(부정)는 어느 것이든 가능한(타당하게 가능한)──그런 의미에서는 등가인──선택항을 구성하고 있는 것처럼 말해지고, 나아가 카리스마가 확실히 타당

---

2) Weber, M.(1976). *Wirtschaft und Gesellschaft*. 5. rev. Aufl. J. C. B. Mohr. 〔世良晃志郎 訳, 『支配の諸類型』, 創文社, 1970, 71쪽.〕

한 것으로 나타날 수 있는지의 여부는 오직 이것에 종속될 것임에 틀림없는 자의 우유적인 선택에 의존하고 있다고 인정된다는 것이다.

그런데 둘째로 카리스마를 정당-타당한 것으로 확정하는 근거는 이러한 종속자의 승인 안에는 없다고 한다. 이러한 논점에서 보면 종속자에게 승인과 거부는 동등하게 열린 선택의 지평을 이루고 있지는 않다. 카리스마의 타당성은 그들의 승인 외부에서 단적으로 이미 확정되어 있고, 그것을 거부하는 것은(타당한 선택으로서는) 이제 불가능한 것처럼 사태는 사회적으로 진행한다는 것이다. 이 후자의 논점에 대해, 이것을 추인하도록 사회 현상의 관찰에 기초하는 다음과 같은 주장이 행해지고 있다.

어떤 예언자도 자신의 자질이 자신에 대한 대중의 의견에 의존하고 있다고는 생각하지 않았고, 선택된 국왕이나 카리스마 있는 장군 누구 한 사람도 반항자나 방관자를 의무 위반자가 아닌 것으로 취급하지는 않았다. 형식적으로는 자유 의지에 기초하여, 징모(徵募)되거나 어떤 지도자의 출정군에 참가하지 않는 것도 곳곳에서 조소로써 보복당했다.[3]

따라서 카리스마에 종속된 자로부터 카리스마를 파악한다면, 자신이 한 승인의 효과에 의해 타당한 존립을 얻을 수 있었던 카리스마

3) Weber, M.(1976). *Wirtschaft und Gesellschaft*. 5. rev. Aufl. J. C. B. Mohr. 〔世良晃志郎 訳, 『支配の諸類型』, 創文社, 1970, 71쪽.〕

의 권능이 바로 자신의 선택(승인이라는 선택)의 원인으로 현상한 것이 될 것이다. 여기에는 기묘한(역설적인) 순환이 존재한다.

발전을 통해 새롭게 수립되는 합리적인 판단, 즉 앞선 단계에서의 비합리성을 구축할 때의 판단은 이 기묘한 순환을 통해 존립하는 카리스마에 종속되는 것으로, 즉 카리스마에 책무를 돌릴 수 있는 타당한 지시나 규정으로 사회에 초래되는 것이라고 우선 말할 수 있다.

나아가 여기서 우리는 이 기묘한 순환을 구성하는 종속자들의 '승인'에 대해 좀더 심층적인 고찰을 덧붙이는 것이 좋을 것이다. 베버는 앞에서 인용된 글에 이어지는 부분에서 이 '승인'에 대해 다음과 같이 논하고 있다.

이 '승인'은 심리학적으로 열광이나 고뇌, 희망에서 생겨난, 경건하고 완전히 인격적인 귀의다.[4]

한편 인용 부분에서 베버는 카리스마의 사례로 맨 먼저 '용맹한 전사'(Berserker: 북구 신화의 용맹한 사람, 곰의 모습을 한 인간, 특수한 능력을 가지고 방어용 도구 없이 전투에 나아갈 수 있었던 전사)나 '샤먼'을 들고 있다. 이들 카리스마의 여러 형상을 언급함으로써 귀의하여 승인을 받는 대상인 카리스마의 조건을 말하는 것이다. 아마 이 두 형상은 카리스마로서는 비교적 원초적인 단계에 속하는 것 ── 따라서

---

4) Weber, M.(1976), *Wirtschaft und Gesellschaft*, 5. rev. Aufl. J. C. B. Mohr. 〔世良晃志郎 訳, 『支配の諸類型』, 創文社, 1970, 71쪽.〕

비교적 단순한 사회에서 나타나는 것 ——이라고 생각된다. 베버는 용맹한 전사에 대해 다음과 같이 적고 있다.

미친 듯이 떠들어대는 그 발작은 일정한 독극물 사용에 의한 것이라고 생각되어왔는데, 아마 그것은 옳지 않을 것이다. 중세 비잔틴에서 사람들은 이러한 군사적 광조(狂躁)의 카리스마를 가진 일정한 수를 일종의 전쟁 도구로 보유하고 있었다.

아울러 샤먼을 "그 망아(엑스터시)에 대해서는, 순수한 유형에서 간질 같은 발작을 일으킬 수 있다는 가능성이 하나의 전제 조건으로 간주되고 있는 주술사"라고 정의를 내리고 있다.

이 두 카리스마의 형상에서 관찰되는 사태는 상보적인 쌍을 이루고 있다. 즉 그것은 열광, 광조, 망아라는 말로 표현되듯이 양측 신체 ——지배·지도하는 측과 종속·귀의하는 측의 신체 ——의 철저한 (개체로서의 지위에서) 자기동일성의 이완 같은 것이다. 신체는 이러한 자기동일성의 이완을 통해 자신의 부정인 낯선 장소를, 즉 〈타자〉를 환원 불가능한 것으로 발견할 수밖에 없을 것이다. 다시 말해 종속자는 자신의 개체적인 동일성의 부정을 통해 카리스마의 신체에서 이러한 환원 불가능한 위화감을 깨닫고, 역으로 카리스마는 자신의 개체로서의 동일성에서 유리됨으로써 종속자가 거기에서 위화감을 발견할 수 있는 특수한 구멍 같은 것으로 자신의 신체를 제시하는 것이다.

물론 카리스마 또는 카리스마가 대표하고 있는 무언가가 타당한 판단의 귀속점으로 현상하고 합리성의 재구축 거점으로 기능하고 있는 한에서는,[5] 〈타자〉(다른 것이라는 것)로서의 카리스마의 출현은 상대적인 것이고 종속자는 거기에서 〈타자〉라기보다 또 하나의 확장된 '자기(동일성)'를 발견하고 있다고 말하는 것이 합당하다. 다시 말해 카리스마 또는 카리스마에 의해 구현되고 있는 특수한 존재자는, 헤겔식으로 말하면 '부정(다른 것이라는 것)의 부정'에 의해 구축되는 확충된(지양된) 동일성을, 바로 그러한 것으로 인지하는 판단이 귀속하는 장소로서 존재하고 있는 것이다.

주술과 기적

그러나 카리스마에 의해 초래된 사회 질서 자체는 확실히 '사회 발전', 따라서 '합리화'의 추진으로 귀결된다고 하더라도 오히려 카리스마 자체는——베버의 이론 내부에서는——비합리적인 것으로 간주되고 있다. 왜냐하면 카리스마라는 존재 자체가 어떤 의미에서는 동일화 불가능한 비합리적 요소로 현상하고 있고, 그런 까닭에 카리스마의 존속은 한층 더한 합리화에 명백한 장애물이 되는 경우조차 있기 때문이다. 그러므로 궁극적으로 '합리성'을 확립한 (사회적) 계기를 발견하기 위해서는 확실히 카리스마의 존립 기제를 확인하는 것만으로는 아직 불충분할 것이다.

　　베버가 종교사회적 문맥에서 합리화 과정을 '탈주술화'(Entzauberung)로 표현하고 있다는 것은 잘 알려져 있다. 탈주술화는 적어도

---

5) 바로 그런 한에서 이미 이 이상 위화감으로 열려 있지 않은 동일한 세계가, 그 카리스마 내지 카리스마에 의해 대표된 존재자에게는 귀속·소속하고 있는 것처럼 비치고 있기 때문이다.

종교적 문맥에서는 합리화의 내실을 보여주고 있다. 그러나 '주술'이 합리적이지 않다고 하는 이유는 무엇일까? 주술이 근대 과학의 지식에 합치하지 않는다는 신뢰에 기초하고 있기 때문이라는 대답은 분명히 잘못된 것이다. 왜냐하면 과학적 지식이 불가능하다고 예견하고 있는 현상인 '기적'은 가장 합리화된 종교라 할 수 있는 유대교·그리스도교에서도 똑같이 나타나고 있기 때문이다.

주술이란 특수한 존재자 ─ 초자연적 존재자(신, 영령 등) ─ 의 능력을 이용하여 목적을 실현하는 기술을 말한다. 이 기술이 가능하기 위해서는 세계가 다음과 같은 조건을 만족하는 것으로 나타나야 한다. 첫째로, 기술의 핵심적인 계류점(mooring point)이 되는 문제의 초자연적 존재자 자신이 세계에 내재하는 사상적(事象的) 존재자로서 표상되는 것, 즉 일종의 구체성을 가지고 존재해야 한다. 둘째로, 그 존재자가 마찬가지로 세계에 내재하는 존재자인 인간에 의한 강제=통어에 복종할 수 있는 것으로 표상되어야 한다.

이러한 조건을 충족시키는 주술적 세계가 비합리적인 것으로 나타날 수밖에 없는 것은, 주술이 어떻게 하든 경유할 수밖에 없는 예의 그 초자연적 존재자가 동일성을 결여한 불확정적인 요소, 즉 '의미'를 충당하지 않은 요소로 나타날 수밖에 없기 때문이다. 이에 대해서는 다소 설명이 필요할 것이다.

주술적인 행위는 아무래도 초자연적인 존재자의 도움을 필요로 한다. 바꿔 말해 인간 세계 ─ 인간에게 나타나는 세계 또는 오히려 사회 ─ 에 초래된 결과는 초자연적 존재자를 원인으로 하는 방식에서만 획득된다. 다만 한편으로는 초자연적 존재자 자신도 인간(=사회)

에 귀속하는 행위로부터의 작용 없이는 활동하지 않는다. 이 경우 인간 쪽이야말로 초자연적 존재자에게 원인 같은 의의를 가진 존재자로 정위되고 있다. 그렇다면 여기에서는 하나의 순환이 보인다. 초자연적 존재자는 그 자체의 결과로 존재하고 있는 세계를 원인으로 하여 존재하기 때문이다. 어떤 의미에서 이 순환은 앞에서 확인한 카리스마(의 승인)가 내재시킨 순환의 재현이다. 주술을 가진 사회에서 카리스마란 특별히 뛰어난 주술 사용자를 말한다. 이리하여 주술이 도움을 청하는 초자연적 존재자는 그 주술을 사용하는 사회가 체험하고 있는 세계와의 관계에서 그것이 가져야 할 동일성을 결정할 수 없는 것이다.

이것은 다음과 같이 말해도 좋을 것이다. 주술적 세계는 세계의 기간적(基幹的)인 존재 방식에 관해 원인으로서 의의를 떠맡은 특수한 존재자를 요청하지만 동시에 그 세계 내부의 특권적인 존재자는 자신의 동일성 부정으로 규정되는 조건을, 자신을 구성하는 기본적인 조건 내부에 포함하지 않을 수 없게 된다. 여기서 이러한 존재자의 동일성 부정에 의해 규정되는 조건이란 그 존재자가 세계에 내재하는 조작의 결과에 의해 존립하고 있다는 것을 말한다. 결과적으로 어떤 것은 그 본성상 그 결과를 초래한 원인에 대한 원인일 수 없다. 그리하여 문제의 초자연적 존재자는 자신의 내부에 자신에 대한 차이(다른 성질)를 산출함으로써 결정적으로 불합리하게 된다.

한편 왜 '기적'은 종교의 탁월한 합리성의 증거가 될 수 있는 것일까? 우리의 입장에서 보면 (우리의 세계를 전제로 한다면) 기적도 역시 비합리적이라는 것은 틀림없다. 다시 말해 우리는 기적을 가진 종교를 믿는 사회가 도달한 합리성의 수준보다 더 고도의 합리성을 가지고 있다. 그러나 그 사회를 주술의 사회와 비교해 훨씬 고도의 합리성을 보여주고 있는 것으로 받아들이고 있다.

베버가 종교로서는 '탈주술화'의 최종 지점에 위치시킨 신앙의 형태, 즉 고대 유대교와 그리스도교에서는 기적이 현저하게 많이 나타난다. 이러한 종교는 모든 주술을 거부하는 태도——실질적으로는 "교회와 성스러운 의식에 의해 구원받는다"고 간주하는 사고 방식을 부정하는 태도——에서 두드러진다. 그런데 기적은 우선 하나의 불가사의한 현상이지만 종교적인 문맥에서는 이러한 소극적인 의미 부여를 넘어서고 있다. 왜냐하면 기적은 신(초자연적 존재자)의 존재와 작용을 계시하는 사건이기 때문이다. 예컨대 유대교에서는 기적을 일으킬 수 있다는 것이 예언자가 되는 데 필수불가결한 조건이었다. 물론 그리스도교에서는 예수 그리스도의 현존 자체가 가장 중요한 기적이다.

이러한 종교에서는 주술이 거부됨으로써 신(초자연적 존재자)이 세계에 대해 원인 같은 지위에 있는 자로 순화된다. 그리하여 신의 존재 성격이 일의적으로 동일화할 수 있게 된다(이제 원인이면서 결과인 배리는 없다). 다시 말해 신이 신의 부정인 것을 자신의 본질적인 규정성 내부에 침윤시킴으로써 존재 가치를 상실할 위험이 회피되는 것이다. 이렇게 합리화된 종교를 가진 사회에서는 카리스마에서——예언자의 기본적 자질 가운데 하나가 기적을 일으킬 수 있는 것이었다는 사실에서도 명백한 것처럼——원인적 존재자로서의 자격을 순화된 '신'의 대리자로 지정하는 것이야말로 본질적인 요건이다.

그런데 이러한 종교의 구성을 획득하기 위해서는 특수한 대가가 요구된다. 그것은 세계나 사회가 바로 '그러한 것'으로서 존재하는 것을 결정하는 작용소, 즉 신을 세계 내부로부터 철저하게 제외하는 것이다. 바꿔 말하면 신을 '초월성'으로써 세계 바깥으로 내모는 일이다. 주술에서는 초자연적 존재자가 주술의 통과점으로 기능하기 위해서도, 어떤 의미에서 세계에 내재하는 요소로 표현되지 않으면 안 되었다. 그에 비해 어떤 동일적 존재자가 세계에 대한 전일적(專一的) 원인으로 할당된다면 그것은 이제 세계에 내재하는 존재자로서 적극적으로 현상해서는 안 될 것이다.

그 이유는 다음과 같다. 세계에 내재하는 것으로 표상되는 존재자는 세계 내 다른 존재자와의 적극적인 관계(차이)가 계속적으로 규정되면서 존재할 수밖에 없다. 그런데 만약 그러한 존재자의 존재 자체가 세계의 특정한 모습을 함의하는 것으로 승인될 수 있다면(즉 그 존재자가 동시에 세계의 어떤 한정된 모습에 대한 원인으로도 규정되어 있다면), 그 존재자는 자신과 다른 어떤 것 ——이것과의 차이에 의해 그 존재자가 고정되어 있었음에도 불구하고—— 을 자신의 존재 양태에 의해 함의하지 않으면 안 된다. 이리하여 세계에 대한 전일적인 원인이 세계에 내재하는 것은 그 원인으로서의 존재자에 대한 비합리성을 어떻게든 귀결시키지 않을 수 없는 것이다. 그러므로 하나의 도식 안에 그러한 존재자를 여전히 의의 있는 것으로 적극적으로 가지고 있으려면, 세계로의 내재를 거부당한 **무언가**로서 인식해야 한다. 이러한 존재자는 결코 세계에 내재하는 요소로 현전하지 않는다. 이러한 존재 방식을 '추상적'이라고 형용해보기로 하자. 요컨대 이러한 의미에서 종교의 합리화는 철저하게 추상적인 초월성을 투사함으로써 실현할 수 있었던 것이다.

'기적'이라는 신화적 요소는 이러한 신의 추상성에 따른 종교적 고안이었다. 신이 ('우상숭배 금지'를 통해) 추상화된 이상 결코 직접 현전하지는 않는다. 그러나 그것이 여전히 존재를 드러내야 한다면 그 방법은 극도로 간접적인 것이 될 수밖에 없을 것이다. 기적이란 신이 인간의 인식에 직접 현전하지는 않고 그 존재의 증거를 세계 내부에 남기기 위한 고육책인 것이다.

추상화의 기제

그런데 이러한 추상적인 초월성의 구성을 가능하게 하는 사회적 기제는 무엇일까? 그 기제의 골격을 그려보기로 하자. 앞서 '카리스마' 부분에서의 고찰이 실마리가 될 것이다.

우리는 카리스마에 대한 베버의 관찰을 소재로 카리스마의 존립 기제에 대해 다음과 같은 통찰을 얻었다. 자신의 동일성을 일단 〈타자〉성의 발견을 매개로 부정함으로써 자신과 그 〈타자〉와의 본원적인 차이가 파괴적인 의의를 가지지 않는—즉 상대화되어버린—포괄적인 동일성을 다시 획득할 수 있다는 것, 그리고 그렇게 다시 수립된 동일성을 인지하는 판단이 직접적으로 귀속하는 장소로서 카리스마의 신체가 구현하는 초월적인 심급이 요청되었다는 것 등이다.

그런데 '주술과 기적' 부분에서의 고찰을 연장한다면 다음의 것, 즉 "세계의 총체로서의 동일성에 대해 원인적 지위를 가진 요소를 세계 내재적인 구상적 존재자로 규정한 경우, 그 세계에 내속(內屬)하는 신체는 〈타자〉로서의 가능성을 발견하고 자신들의 양태를 상대화해버릴 위험으로부터 효과적으로 격리되지는 않았다"는 것을 주장할 수 있을 것이다. 그 이유는 이렇다. 주술의 필연적인 합리성을 논하면서 밝힌 것처럼, 세계에 대한 원인이면서 세계에 내재한 구상적 존재자라는 생각은 원인으로서 규정된 존재자의 동일성=의미를 근본적으로 불안정한 것으로 만든다. 즉 이러한 존재자의 의미적 동일성에 대한 판단은 그것 자체의 부정을 함의해버리는 것이다. 동시에 이 결정 불가능성은 특정하게 한정된 세계의 모든 양태(세계의 동일성)의 타당성에 대한 판단도 결정 불가능으로 이끌 수밖에 없다. 그런데 총체로서의 세계의 동일성=의미에 대한 부정인 판단이 귀속하는 장소란 〈타자〉의 본질적인 규정 자체다. 다시 말해 구상적이고 세계 내재적인 존재자에 의해 세계의 동일성을 파악하려는 인식은 이러한 〈타자〉로 통할 수 있는 창문을 세계 내부에 잔존시키지 않을 수 없는 것이다.

그런데 〈타자〉라는 고유한 장소의 발견은 카리스마의 존립을 초래한 그 기제와 동형적인 원리로 이루어진 기제를 다시 재귀적(반복적)으로 구동시키는 계기를 가져다 줄 것이다. 카리스마의 존립을 지탱하고 있는 기제는 〈타자〉의 존재를, 그리고 그것만을 조건으로 하여 구동하고 있기 때문이다. 그러므로 〈타자〉의 발견은 〈타자〉에 귀속하는 차이성을 중화하는 포괄적인 동일성 차원의 구성을 촉진한다(는 것도 경우에 따라서는 있을 수 있다). 주술적 존재자 같은 세계 내재적 원인의 불철저한 초월성은 (〈타자〉로의 창문을 잔존시킴으로써) 이러한 기제를 재귀적으로 야기하는 기폭제 같은 것이 될 수 있는 것이다. 만약 포괄적인 동일성 구성이 성공한다면 선행하는 단계에서 발견된 비합리성(의미적인 동일성 부재)은 당장 해소된다(예컨대 유리수밖에 모를 때, 비로 표현할 수 없는 '수'의 발견은 체계에서 볼 때 위기적인 비합리성의 징후가 되지만, 그것을 '무리수'로 유형화하고 유리수/무리수를 포함하는 포괄적인 수의 차원〔실수〕이 구성된다면 그 비합리성은 해소된다).

구상적이고 세계 내재적인 존재자의 불철저한 초월성을 전제로한 상태에서 이러한 포괄적인 동일성 차원을 구성하는 기제가 반복된다면, 이념적으로는 그러한 동일성을 인정하는 지향작용의 귀속점이되는 장소는 충분히 추상적인 현존재로 순화되고 세계 내부에서의 그현전 가능성은 소진되어버릴 것이다. 구상성은 항상 같은 기제를 재귀적으로 구동시키는 계기가 될 수 있기 때문이며, 그런 까닭에 추상적인 초월성을 적극적인 존재자로 확보함으로써만 전제가 된 모순을 최종적으로 해제하는 포괄적인 동일성을 발견할 수 있기 때문이다.

요컨대 합리화는 〈타자〉 발견의 개연적인 효과 또는 반작용으로초래된다고 추론할 수 있다. 이상에서 소묘한 합리화 구도는 사실 베버의 '경험적인 연구'에 의해 추가로 증명할 수 있다. 이를 간단하게언급하기로 하자.

예컨대 베버는 법('현실의 인간 행위를 사실상 규정하고 있는 근거의복합체')의 합리화에 대해 다음과 같이 논하고 있다. 원시적인 법질서는 아주 한정된 인적 집단(동료)에 대한 특권의 공여라는 체제(신분 계약)를 취하고 있다. 그것은 그 집단 (동료가 아닌) 외부와의 교통=교환을 단적으로 배제하는 데서 성립한다. 법의 합리화는 이러한 집합의인적 폐쇄성이 포기되고, 다양한 인적 집단 사이의 교통이 전개됨으로써 요청된다. 여기서 사용하고 있는 표현을 이용하자면, 다른 집단은처음에는 〈타자〉로——즉 법적인 규정으로부터 제외된 단적인 외부로서——만날 수밖에 없을 것이다. 베버에 따르면 합리화된 근대법은 필

연적으로 추상적인 법명제의 체계가 될 수밖에 없다.[6]

또한 근대 자본주의의 합리적 지배에 대해 '중세 도시'가 지닌 의의도 똑같은 시점에서 논할 수 있다. 베버에 따르면 중세에서 도시의 발전은 근대적인 합리적 지배가 성립하기 위한 '결정 인자'로서 무시할 수 없는 것이다. 중세의 자유 도시는 시민들이 경제력과 군사력에 의해 혁명적으로 권력을 찬탈하여 자치적인 공동체로서 성립했다. 그 기본적인 특성은, 경제적 관심에 의해 방향이 결정되는 시장 정주(도시 주민이나 주변 주민의 수요 대부분을 그 지역의 국지적 시장이나 상업 교역에 의해 조달하는 식의 정주 형태)였다는 것이다. 원초적으로 시장은 서로가 〈타자〉로서 조우하는 전형적인 장소다. 예컨대 폴라니[7]는 "교역은 그 집단에게 외부적인 무언가여서, 우리의 일상생활과는 완전히 별개라고 생각되는 활동, 예컨대 수렵, 원정, 해적 행위 등에 가까운 것이다"라고 말했다.[8] 베버에 따르면, 근대국민국가로 이어지는 근세국가가 성립하기 위해서는 자치단체로서의 중세도시가 일단 성립하고 그것이 다시 가산제국가(patrimonial-prebendal state)* 안으로 흡

---

6) 중세 유럽의 란트법(Landrecht: 중세 독일에서 일정 지역 주민에게 적용된 일반법—옮긴이) 은 원시적인 법과 근대법과의 과도기적 형태였다고 할 수 있다. 란트법이란 어떤 영역에 일반적으로 통용되는 법이다. 그러나 "자발적인 법은 란트법을 파괴한다"라는 격언에 보이는 것처럼 폐쇄적인 동료집단의 법을 구축하는 것이 아니라 그 유효성이 제한되어 있었다. 덧붙여 나카노 도시오의 다음 연구를 참조할 것. 中野敏男,「法秩序形成の社会学とその批判的潜在力―ウェーバー『法社会学』の問題構成と射程」,『思想』767号, 1988.

7) Polanyi, K.(1977). The Livelihood of man. Academic Press.〔玉野井方郎・栗本慎一郎 訳,『人間の経済』1, 岩波書店, 1980, 159쪽.〕

8) 베버는 "확실히 도시란 전 세계 어디서든 특히 종래 고향을 떠난 사람들이 모여 산 곳이었다"라고 단언하고 있다. 아울러 다음의 글을 참조할 것. 若林幹夫,「都市=二次的定住・論」,『ソシオロゴス』13, 1989.

수되어야 한다. 나는 베버가 중세의 자치도시를 정당하지 않은 지배라고 불렀던 사실에 주목하고자 한다.[9] 그것은 처음에는 중세의 지배 질서 속에 자리잡지 못한 비합리적인 요소로 등장할 수밖에 없었고, 그러나 그 비합리성에 의한 부정을 매개로 하지 않았으며 근대적인 합리적 관료제 국가로의 길도 열 수 없었다.

극한적 추상화로서의 형식화

앞서 나는 '주술과 기적' 부분에서 베버가 그려낸 합리화 과정의 범례로 종교의 합리화를 들었다. 그런데 고도로 합리적인 종교인 그리스도교에서 발견되는 추상적인 초월신이 체험에 대해 부여되었다고 해도, 여전히 우리의 세계와 행위는 합리성의 가능한 극점에는 도달하지 않았다. 거듭 확인하자면, 예컨대 초월신은 기적에 의해 그 존재를 간접적으로 보여주어야 한다. 그렇지 않으면 신이 존재하는 것의 어떤 실질도 소멸해버리기 때문이다. 그렇다면 기적으로 인정되는 사건이 불확정적인 동일성을 결여한 사상(事象)으로 현전하게 된다. 즉 기적은 하나의 모순으로밖에 규정할 수 없는 부재의 동일성이고, 다시 비합리성을 체험의 영역에 도입한다.

---

* 베버는 전통사회의 여러 지배 형태 중에서 고대 이집트나 중국 등의 '동방 문명'을 가산제국가로 보았다. '가산제'(家産制)라는 것은 국가가 한 왕이나 왕조의 사유물이 되어 국가가 아닌 왕조와 주종 관계를 맺고 봉사하는 유사 관료제를 의미한다.

9) 예컨대 베버는 이탈리아의 시민단체 포폴로에 대해 다음 같이 말했다. "포폴로(pòpolo)는 코무네(comune: 중세 말기 이후 이탈리아 주민의 자치공동체―옮긴이) 내부의 정치적 독립단체이고, 그 자체의 관리와 재정과 군사조직을 갖추고 있다. 그것은 말 그대로 국가 안의 국가이며, 완전히 의식적으로 정당하지 않고 혁명적인 최초의 정치단체였다."

사실 이러한 난처함은 그리스도교의 초월신이 아직 충분히 추상적이지 않다는 데서 귀결된 것이다. 기적은 신이라는 존재의 직접적인 현전이 아니라 그 흔적의 현전이다. 기적이란 현전 불가능하고 세계에 내재할 수 없는 신을, 그래도 간접적인 방식으로 구체화하고 세계 내부로 소환하는 방법이다. 그러나 흔적을 남기고 세계 내부에 그 존재의 한정된 양태에서 기인하는 효과를 초래하고 있는 한에서, 신은 구상적이고 내재적이라고 말하지 않을 수 없다. 그렇다면 "세계의 총체적 양태에 책무를 갖는 존재자가 세계에 내재하는 것"이 함의하는——앞서 '주술과 기적' 부분에서 주술적이고 초자연적인 존재자를 언급하며 고찰한——그 배리가 불가피하게 생겨나고 세계의 합리적인 묘사에 균열을 가하게 된다.[10]

　따라서 신의 추상적인 초월성을 초래한 기제는 한층 더 반복적·재귀적으로 작동하고, 결국에는 세계(체험의 지평)와 사회(행위의 집합)의 총체를 결정하는 동일 규정의 준거점을 세계 내부에 아무런 실질적 흔적도 남기지 않을 정도로 철저하게 추상화한다. 이 경우 세계의 총체적인 양태를 인지하고 또 행위의 총체적이고 타당한 기제를 선택하는 조작의 귀속점이 구상적인 존재자에 의해 체현 가능한 아무런

---

10) 베버가 '교권제적 지배'라고 부른 이중화된 지배 양식의 성립에는 그리스도교의 경우와 얼마간 유사한 사정이 있다. 교권제란 '세속적 권력'이 '종교적 권력'에 의해 정당성을 획득하는 지배 형태다. 규범과 권력의 원천이 되는 장소를 추상적인 것으로 유지하려면, 구상적인 지배자(의 신체)의 현전은 기본적으로 질곡이 되고 지배자 외부의 더욱 초월적인 장소로 '진정한 지배와 권력'의 공급원이 분리·석출되게 된다. 그러나 추상화가 불철저하고 '진정한 지배와 권력'의 공급원으로 투사된 존재자가 다시 구상적 실체(신체)로서 세계 내부에 착상(着床)했을 때, 교권제적 세속 권력과 종교적 권력의 이중성이 가시적인 형태로 성립하게 된다.

실체적 기반도 결여한 채, 이를테면 세계와 사회를 초월하는 거짓 초점을 맺게 된다.

합리성을 인정하는 판단(동일화의 조작)의 귀속점이 되는 심급이 세계 내부에 구상적인 흔적을 남기지 않는다는 것은 다음과 같은 것을 의미한다. 그것을 전제로 하여 다른 여러 관계의 합리성이 문제화되는 기본적인 판단이 실질적인 내용을 갖지 않는 것, 즉 합리성의 기초가 되는 판단이 내용 없고 추상적인 인식과 선택의 조작에 의해서만 확보되는 것이 그것이다. 합리성 인정의 기초가 되는 기본적 판단을 어떤 실질적인 내용을 갖는 것으로 전제하는 것 ── 세계의 나아가야 할 방향이나 행위의 궁극적인 타당성에 대해 적극적인 한정을 선험적으로 전제하는 것 ── 은 그러한 판단이 함의하는 구별이나 선택의 조작이 귀속되는 장소로서, 한정 가능한 구상적인 존재자를 세계 내부에서 어떻게든 결정(結晶)시켜버린다. 그러나 이 경우에는 항상 한층 더 합리화로 향하는 사회 운동이 재개될 수 있다.

이러한 추상화 운동 끝에 베버가 '형식적'이라고 형용한 극한적인 합리성의 유형이 귀결된다. 형식적인 합리성이란 합리성(/비합리성)에 대한 변별이 참조하는 기초적인 준거를 어떤 실질적인 내용을 가진 판단과의 의미적 또는 논리적 관계에 의해 확보하는 것이 아니라 단지 합리성(/비합리성)을 변별하는 해당 조작이 유한한 선택으로 기능했는지의 여부에 대한 결정에 의해서만 부여하는 것이다. 예컨대 행위 일반의 타당성에 대한 판단(윤리적 판단)의 영역에서는 이러한 형식적 합리성은 칸트가 실천이성의 원칙으로 정식화한 명령("네 의사의 격률이 항상 동시에 보편적인 입법의 원리로 타당할 수 있도록 행위하라")을 규준으로 하여 행위의 동일성(=타당성)에 대한 판단을 기초짓게 될 것이다. 이러한 칸트적 원칙은, 베버가 '책임 윤리'라고 부른 윤리의 형태에 가까운 것이다.

형식화된 합리성의 아주 현저한 사례는 사회의 정치적 질서를 정당화하는 방법으로서 '합법적 지배'에 대응하는 형태가 산출되는 일이다. 베버에 따르면 원시적인 법의 한계에서 나오는 법의 합리화는 우선 교권제(敎權制) 권력이나 가산제 군주에 의한 '법의 실질적 합리화'로서 추진된다고 한다. 그러나 실질적 합리성은 얼마간의 구체적인 규범을 공유하고 있는 동료 집단을 상정하고 있기 때문에 〈타자〉와의 교통=교환을 통해 조만간 그 한계에 봉착하지 않을 수 없다.

결국, 합법적 지배가 가장 나아간 형태에서는 이른바 (근대) 실정법을 정치적 지배의 정당성에 대한 공급원으로 원용하게 된다. 그 이유는 지금까지의 논의를 통해 쉽게 이해할 수 있다. 충분한 '합리화'를 거친 사회에서는 사회질서에 대한 실질적인 내용을 갖는 어떠한 법적 판단도 합리성의 기초로서는 의미를 가질 수 없기 때문에, 그 내용에 대해 말하자면 임의로 개변 가능한 것으로 나타날 것이다. 법이 법으로서의 타당성을 획득하기 위해서는, 단지 그 법이 충분히 유효한 선택 조작에 의해 정립되었다는 것만 보증되면 된다. 명확하게 규정된 '입법과 법개정 절차'는 법을 적어 넣는 선택 조작이 유효하게 발휘되고 있다는 사실을 사회적으로 인지시키는 장치다. 다시 말해 법의 선택 조작은 '절차'로서 규정된 방법과 합치되었을 때 유효한─예컨대 외적인 '불합리한'(즉 그 의미를 적극적으로 규정할 수 없는) 요인에 의해 저해되는 일이 없었던─선택으로 설정된다. 그리하여 루만이 '절차에 의한 정당화'라고 부른 사태가 출현한다. 이제 법은 구체적인 내용에 대한 신뢰로부터 그 정당한 유통 보증을 얻는 것이 아니라, 단지 절차에 따른 선택 과정으로부터 출력되었다는 사실에 대한 인지로부터 수용되는 것이다.

3. 역설의 합리성

역설의 합리성

이상의 간단한 합리화 과정과 그 내적 기제에 대한 개관으로부터 우리는 다음과 같은 것을 미루어 살필 수 있다.

합리성(합리화)은 사회가 다양한 수준에서 구성하는 존재자의 의미 동일화에 수반되는 행위와 인지의 자기준거 구조의 타개책으로 획득되는 것처럼 보인다. 자기준거란 궁극적으로는 스스로 자신의 동일성=의미를 결정하는 동일화 조작을 말한다. 예컨대 자기준거적 관련은 카리스마라는 특권적인 신체를 승인하는 조작 안에 여실히 나타났다. 카리스마는 종속자의 승인에 의해 그 타당성을 획득해야 한다. 그런데 똑같은 그 승인은 카리스마에서 유래하는 판단에 의해 하나의 의무로 지정되고 있다. 그러므로 종속자의 승인 조작은 카리스마를 경유함으로써 자신의 규범적인 타당성 자체로 회귀해버린다. 동일한 구조의 순환은 주술적 관련에서 불가결한 요소로 등장하는 예의 구체적인 초자연적 존재자들의 동일성을 둘러싼 판단에서도 발견된다.

우리가 볼 때 합리성이라 불리는 속성은 이러한 자기준거성에 내재하는 배리를 '외부'로부터 —— 즉 초월적 장소로부터 —— 파악하는 추상적인 '시점'이 구성되었을 때 획득된다. 이러한 시점에 입각한 판단이 구축되면 자기준거의 관련은 당장 소거되고, 따라서 자기준거로부터 함의되는 배리도 보이지 않게 된다.

더욱 주목해야 할 것은, 이러한 추상적인 초월성은 그것에 의해 극복될 그 계기에 의해 초래되는 것 같다는 사실이다. 그것은 자기준거적 판단에 함의되어 있는 '자기 자신에 대한 차이성(모순)'이 표현하는 '동일성에 대한 근본적인 부정'을 이용하여 확립된다. '동일성에 대한 근본적인 부정'이란 고유한 것으로서의 〈타자〉를 말한다. 즉 자기준거의 모순에 대한 인지(認知)가 낯선 신체의 발견으로 변경되었을 때, 추상적 초월성이 석출(析出)될 개연성이 생기는 것이다. 그러므로 합리성을 지지하는 추상적인 초월성을 초래하는 것은 독특한 사회적 기술이다. 그리고 그 기술을 시동하는 것은 자기준거적 구성에서 생기는 역설이다.

루만 역시 합리성을 사회 시스템이 보여주는 일종의 자기준거성(반성)과의 관계에서 이해하고 있다. 즉 루만에 따르면 합리성은 차이의 개념이 자기준거적으로 사용되었을 때, 다시 말해 차이 자체가 하나의 단일성으로 반성되었을 때 비로소 부여되는 것이라고 한다.[11] 이러한 합리화 기제와 자기준거적 동일 규정의 밀접한 관련은 우리가 이 장 처음에서 논한 수학적 유비에 의해서도 암시된다. 앞서 말한 것처럼 자연수에 의한 동일 규정의 합리성은 그러한 합리성에 대해 부정

---

11) Luhmann, N.(1984). *Soziale Systeme*. Suhrkamp.; Shimizu, T.(1989). "Niklas Luhmann's Theorie sozialer Systeme." unpublished.

적-파괴적 의의를 가지는 요소 —— 비례 불가능성(비합리성) —— 를 불가피하게 산출한다. 하지만 이것의 곤란함은 제곱함으로써 비례 가능성으로 가져오게 되는 새로운 수 —— 무리수 —— 를 실천적으로 가정함으로써 배경으로 물러나 버린다. 예컨대 $x^2 = 2$가 되는 x를 도입함으로써 말이다. 그런데 이 방정식은 양변을 x로 나눔으로써 다음과 같은 식으로 변형할 수 있다.

$$x = \frac{2}{x}$$

이 방정식은 자기준거적이다. x가 x 자신을 이용해 규정되고 있기 때문이다.[12] 즉 무리수는 자기준거적 수에 대한 규정이라는 사실을 알 수 있다. 무리수의 도입이란 이러한 자기준거적 관련을 배리로 하지 않고, 이를테면 그 관련의 외부로부터 그것을 파악하고 내부에 자기부정성(차이성)을 내포한 전체를, 그 내적 계기를 무시하고 분해 가능하고 단일한 동일성으로 인정하는 것을 의미한다.

---

12) 『고유명사와 표출과 집합』(柄谷行人·大澤真幸,「固有名と表出と集合」,『哲学』 5号, 1988)에서 가라타니 고진이 한 발언을 참조할 것. 이러한 자기준거적 방정식은 스펜서-브라운(George Spencer-Brown, 1923~)이 『형식의 법칙』(Spencer-Brown, G.[1969]. *Laws of Form*. George Allen and Unwin Ltd. [大澤真幸·宮台真司 訳,『形式の法則』, 朝日出版社, 1987])에서 '허수'에 대해 행한 변형을 가라타니 고진이 '무리수'에 적용함으로써 나온 것이다. 사실 '제(諸) 과학언어의 변환문법 연구회'의 몇몇 구성원(모리 쓰요시[森毅], 야마구치 마사야[山口昌哉] 등)의 지적에 따르면, 스펜서-브라운이 구축한 '지시 산법(算法)'의 정신에서 보면 자기준거적 형식은 —— 스펜서-브라운 자신은 '허수'에 의해 예시하고 있는데 —— 오히려 단순한 '무리수'에 유비하는 것이 이해하기 쉽다. 왜냐하면 스펜서-브라운에게 자기준거적 형식은 조작의 무한성에서 도출되고 있기 때문이다. 마찬가지로 무리수도 비에 의해 규정하려고 하면 무한한 조작(무한한 근사 과정)이 요청된다.

그러나 이러한 무리수에 대응하는 동일성은 추상적인 것만으로 충분히 확립될 수 있다는 사실에 유의해야 한다. 예컨대 무리수는 비가 되지는 않기 때문에 헤아리는 경험적 조작에 의해서는 결코 도달할 수 없다. 다시 말해 그것은 근사적인 형태에서만 경험에 대해 현전한다. 추상성은 제곱하면 마이너스가 되는 수(허수)가 도입된 경우에는 더 한층 현저한 것이 되지 않을 수 없다.

합리화(합리성)는 이러한 수학적 실천에 정확히 대응하는 사회적 실천을 그 본성으로 하는 것 같다.

음악의 합리화

음악은 합리성의 고향이라고 할 만한 영역이다. 서두에서 말한 것처럼, 고대 그리스에서 '비로서의 합리성'의 탁월한 발견 장소는 음악(음계)이었다. 음악에서는 화성적(和聲的) 자연음계의 음정비(音程比)에서 합리성의 작용이 발견되었다.

그러므로 베버는 음악을 합리화의 진도를 잘 보여주는 영역으로 여기고 『음악 사회학』(*Die rationalen und soziologischen grundlagen der musik*, 1921)으로 알려진 초고를 남기기도 했다. 베버도 음계(음조직)를 대상으로 다음과 같이 묻는다. "상당히 널리 퍼져 있던 다성성(多聲性)으로부터 도대체 왜 지상의 어느 한 점(서구)에서만 폴리포니(polyphony)나 화성적인 호모포니(homophony), 그리고 근대적 음조직이 발전할 수 있었을까?"

베버에 따르면 음조직 합리화의 정점에 근대적 평균율, 즉 12평균율*이 있다고 한다. 그것은 고대의 음조직인 피타고라스 음계를 극복한 것으로서 확립된다. 피타고라스 음계는 음정비가 자연수 비로 된 음만을 중첩시킴으로써 만들어진 음률이다. 즉 순정 5도(음정비[현의 길이 비]가 3/2이 된 협화음)를 중첩시킴으로서 음계를 얻으려는 것이다. 따라서 그것은 엄격한 합리성=비례성을 유지한 음조직이라고 할 수 있다. 그러나 유리수만으로 구축하려고 한 수학이 필연적으로 배리에 이른 것과 마찬가지로 이러한 비례적인 음조직도 내부에 비합리성=비례 불가능성을 내포한다. 옥타브를 이러한 비례적인 음만으로 구성하는 것은 절대 불가능하다. 피타고라스 음계에서 어떤 음을 기준으로 순정 5도를 12회 반복하여 얻어지는 음은 5옥타브가 되지 않고, 거기에는 피타고라스 콤마(Pythagorean comma)라고 불리는 미묘한 음정비로 높아진 음의 차이가 생긴다.

이러한 곤란함을 극복하기 위해서 고안된 것이 12평균율이다. 12평균율은 옥타브를 음정비가 정확히 $12\sqrt{2}$가 되는 12개의 반음정으로 분할한다는 아주 억지스런 방법이다. 베버에 따르면 이런 해결은 바흐(Johann Sebastian Bach, 1685~1750)나 라모**에게서 발견할 수 있다.[13] 이것이 바로 무리수의 도입으로 합리성을 재구축하는 것이다.

---

* 12평균율(Equal Temperament)은 8도를 12등분하기 위해 옥타브 음정비 1:2를 12균할 등분한다. $12\sqrt{2} = 1.0594639$가 되어 작은 온음이나 큰 온음의 구별이 없다. 그리고 음정의 도수 계산은 완전히 수학적으로 처리된다. 이 평균율은 건반악기에 적용이 용이하며 어느 조로든 자유로운 조바꿈이 가능하다. 따라서 음계구성은 어떤 수에 1.0594639를 곱해주면 반음 위의 음이 되며 나눠주면 반음 아래의 음이 된다.
** 라모(Jean-Philippe Rameau, 1683~1764)는 프랑스의 작곡가이자 음악이론가다. 그의 저서『화성론』(Traité de l'harmonie, 1722)은 음악의 표현력을 추구한 작품으로, 3도 구성(三度構成)의 화음을 확실하게 한 근대 화성악의 기초가 되었다.
13) 바흐나 동시대의 음악가는 고전적인 음계를 사용했다는 설도 있다(이 설은 상당히 유력한 것으로 평가받는다). 어쨌든 12평균율이 바흐 이후 얼마 뒤 일반화된 것은 틀림없다.

베버는 음악이 점차 합리성의 정도를 직선적으로 높여가고 있다고 상정하고 있었던 듯하다——그리고 앞에서도 말한 것처럼 베버는 음악 이외의 다른 여러 영역에 대해서도 궁극적으로는 직선적인 합리화 과정을 상정하고 있었던 것으로 보인다.

그리고 실제로 20세기 전반까지(즉 베버가 죽은 지 얼마 지나지 않은 시점까지) 베버의 이러한 상정은 적중한 것처럼 보였다. 12음기법의 음악이나 총음렬주의 음악은 음악의 극한적 합리화 또는 형식화의 담당자로서 등장한다. 12음기법은 음계에 포함되어 있는 12음을 일정한 순서로 늘어놓고 기준이 되는 음렬을 만들어 작품 내의 모든 음향을 이 기준 음렬로부터 파생시키는 방법이다. 이 12음기법에 의해 고전적인 조성 체계는 완전히 파괴되어버린다. 그리고 이를 음고만이 아니라 음을 구성하는 다른 특성(음가, 강도, 음색)에까지 확장하면 총음렬주의 음악이 된다.

12음기법이든 또는 그 발전 형태인 총음렬주의든 그 기법들을 전제로 한 음악에서는 작품 내 모든 음의 출현이 자각적으로 규정된 규칙에 의해, 그리고 그것만으로 통제된다. 이제 조성음악처럼 음의 사용이——예컨대 '자연스러움'이나 '인간적인 감성'의 치장을 한——자의적인(합리적인 기반이 약한) 제한에 복종하지 않고 모든 음의 출현이 규칙을 준거로 하여 일의적으로 그 필연성을 동일화할 수 있기 때문에, 그것은 완전히 합리적인 음악이다. 작품 내 음의 질서는 모두 특수한 규칙에 따라 선택되고 있다는 사실에 의해서만 정당화된다. 그것은 근대적인 법이 얼마간의 실질적인 내용에 의해서가 아니라 단지 특수한 절차에 의해 창출되고 유효한 선택 행위로부터 출력되고 있다는 것에 대한 인지에 의해 정당화되는 것과 완전히 유비적이다.

그런데 갑자기 파국이 찾아온다. 20세기 후반 존 케이지를 대표로 하는 전위음악의 등장이 바로 그것이다. 케이지의 음악은 작품으로서의 동일성을 비롯한 모든 수준에서 음(렬)의 동일성을 포기하고 있다. 즉 음악은 완전한 다양성(차이성)으로 흩어지고 우유적인 음의 발생 연쇄가 된다. 음악은 모든 의미에서 질서를 상실한다. 케이지의 이러한 음악은 '우연성의 음악', '불확정성의 음악' 등으로 명명되었다.

이러한 음악에서 음의 출현은 우유적(즉 다른 것이 될 수도 있었던 것)이므로 어떤 음이 바로 그것일 수밖에 없는 필연성을 적극적으로 지정할 수 없다. 어떤 음도 그리고 작품 자체도 사소한 동일성밖에 가질 수 없기 때문에, 이러한 음악은 역사상 등장한 모든 음악 중에서 또 논리적으로 등장 가능한 모든 음악 중에서 가장 비합리적인 것이다. 극한적으로 합리적인 음악에 극한적으로 비합리적인 음악이 뒤따랐던 것이다. 이것은 베버가 전혀 예견할 수 없었던 사태다.

합리성의 역설

합리화의 갑작스럽고 극적인 이런 붕괴는 음악 이외의 다른 사회 생활의 차원에서는 그다지 현저하게 나타나지 않는 것으로 보인다. 확실히 근대적인 법은 오늘날에도 대체로 유효하게 기능하고 있고, 합리적인 관료제도 존속하고 있다. 경제 영역에서는 합리적인 손익계산에 기초한 자본제적 자본이 회전하고 있다. 그러나 치밀하게 관찰해보면 다양한 영역에서 음악과 구조적으로 동형인 파국이나 균열이 일어나고 있음을 알 수 있다.

예컨대 우치다 류조(內田隆三, 1949~)는 그의 저서『소비사회와 권력』[14]의 서두에서 20세기 전반 걸작이라고 평가된 T형 포드자동차가 GM의 전략에 의해 실패함으로써 생산 중단으로 내몰리는 과정을 기술하고 있다. 이 과정은 적어도 일종의 합리주의가 좌절을 경험한 초기의 징후라고 할 수 있다.

T형 포드는 이중의 의미에서 고도로 합리적인 질서 위에서 성립한 상품이다. 첫째로, T형 포드는 엄밀하고 합리적으로 계산하여 만들어진 대량생산 과정으로부터 산출된 제품이다. 그리고 둘째로, T형 포드는 실용적이고 기능적인 자동차이며 쓸데없는 부분이 없다. T형 포드자동차가 20세기 초 20여 년 동안 열광적으로 받아들여진 것은 이런 철저한 기능성에서 유래한다.[15] 이에 비해 GM은 디자인을 통해 제품을 차별화하고, 자동차를 '금속제 조각'으로 파악함으로써 다양한 제품을 세상에 내놓았다. 머지않아 GM의 시장점유율은 포드자동차를 능가해버렸다.

이 삽화에서 아주 흥미로운 것은 GM의 제품을 두드러지게 한 '디자인'의 존재 의의다. 그것은 제품(자동차)의 기본적인 기능에서 보면 긍정적=적극적인 '의미'를 갖지 않는 비합리적인 요소라고 해야 한다. GM이 받아들여졌을 때, 사회는 합리성으로의 요청을 이완시키고 오히려 비합리적인 요소를 향수하기 시작했던 것 같다.

---

14) 內田隆三,『消費社会と権力』, 岩波書店, 1987.
15) 말할 것도 없이 기능주의는 합리주의의 일종이다. 기능주의란 존재자의 의미를 특정한 목적을 준거로 하여 일의적으로 확정하고, 그러한 확정으로부터 벗어나 부정적인 의의를 가진 요소를 배제하려는 경향이기 때문이다.

확실히 디자인의 경우도 일종의 기능(감상적 기능)에 봉사하고 있는 것으로 해석될 수 있다. 하지만 자동차가 요구되고 있는 그 순간에——다른 것에 의해서가 아니라 자동차 자체에 의해——자동차의 원래 기능 이상으로 그 기능으로부터 일탈한 요소가 수용=수요되었다고 한다면, 그 수용=수요에 대응하는 다른 기능을 하나하나 설정하고 설명하는 방식은 자의적일 수밖에 없으며, 계속해서 생겨나고 있는 변용의 본질을 벗어났다는 느낌을 피하기 힘들다.

사실 20세기 후반에 이르면 기능에 의해서가 아니라 거기에 표현되는 (다른 상품과의) 차이성에 의해 향수되는 '초기능적 상품' (예컨대 보드리야르[Jean Baudrillard, 1929~]가 주목한 가제트*)이 범람하게 된다. 이제 기능 일반의 이차성은 결정적이다. 이러한 시대에는 설사 그 정도는 항상 상대적인 수준에 머물러 있다고 하더라도, 소비자는 물건을 합리적인 질서 안에 위치시키려는 경향에 반역하고 있는 것처럼 보이기조차 한다.

여기서 내가 논한 것은 소비사회의 현재를 확인하고자 하는 것이 아니다. 경제의——적어도 소비의——영역을 사례로 들면서, 합리화가 직선적으로 추진되는 것이 아니라 오히려 충분히 합리화된 19세기적 정신 후에는 그것에 파국이 찾아올 것 같다는 사실을 시사하고자 했을 뿐이다.[16]

---

* 가제트(gadget)란 사물의 객관적 기능이 아닌 기능적으로 무용한 가상물, 형태와 테크놀로지의 유희에 불과하며 실생활과는 무관한 발명품을 말한다.

16) 소비자만이 아니라 기업 역시 충분히 합리화된 후, 역으로 합리성에 관여하지 않는 중성적인 영역으로 돌입한다. 예컨대 머니게임(money game : 최대한의 이익을 얻기 위한 투기적인 투자나 자금의 운용—옮긴이)의 세계가 그것일 것이다.

합리성은 하나의 사회적 기제로서 유지된다. 그러나 합리성의 극한에는 그 대가로서 커다란 함정이 기다리고 있는 것 같다. 물론 함정으로 이끄는 과정도 얼마간은 사회적 기제일 것이다. 그러나 그 기제란 무엇일까?

9장 커뮤니케이션에 미래는 있는가
—다중화하는 미디어를 생각한다

1. 뒤집힌 커뮤니케이션

1995년 전대미문의 비참한 무차별 테러로 옴진리교가 매스컴에 보도되었을 때 많은 사람들이 주목한 것은, 유아를 포함한 많은 신자들이 쓰고 있었던 기묘한 헤드기어였다. 신자들이 PSI라 부르던 이 헤드기어는 순식간에 옴진리교의 상징이 되었다. 신자들의 설명에 따르면 PSI는 전자적인 방법으로 교주(guru, 法師)의 뇌파——즉 신체가 가지고 있는 일종의 파동——를 직접 제자의 신체에 전송하는 미디어다. 전극이 달려 있는 이 헤드기어는 교주의 뇌파를 기록하는 장치와 도선(導線)으로 접속해 있다. 이처럼 PSI는 기록 장치의 중개를 필요로 했지만, 교단은 최종적으로 이를 무선과 같은 방법으로 즉시 교주의 신체 파동을 제자의 신체에 전달하고 제자의 신체 파동을 교주 신체의 파동에 동조(同調)시킬 수 있는 미디어로 발달시키려는 꿈을 꾸고 있었던 것으로 보인다.

어쨌든 PSI는 환상적(망상적)인 미디어지만 이것의 사용을 통해 독특한 커뮤니케이션 형식이 지향되었다는 것, 게다가 그러한 커뮤니케이션 형식에 대한 상상력 중에서 전자 미디어가——불가결하지 않다 하더라도——굉장히 중요한 장치로 간주되고 있었다는 사실에 주목하고자 한다. 왜냐하면 옴진리교가 실현하려고 한 커뮤니케이션은, 나중에 곧 말하겠지만 전자 미디어를 사용하는 우리의 일상적인 커뮤니케이션이 잠재적으로 지향하고 있는 형식에 대한 일종의 극단적인 희화화 같은 것이기 때문이다. 사실 아무리 봐도. PSI는, 예컨대 1980년대 미국을 중심으로 유행한 사이버펑크* SF에 등장할 것 같은 기계다. 사이버펑크 소설의 대표작 『뉴로맨서』에는 타인의 감각을 기록한 장치를 감각 기관에 접속함으로써 그 타인의 체험을 재현할 수 있는 '의사 경험 데크' 나 뇌 자체를 단말기로 하는 컴퓨터 네트워크 등의 아이디어가 등장한다. 그런데 전자는 PSI의 (당시) 현상 형태에, 후자는 거의 PSI의 미래 형태에 대응하고 있다.

PSI는 원래 '샤크티 패트' 라 불리는 요가의 기법을 대신하는 것으로서 옴진리교 교단에 도입된 것이다. 샤크티 패트란 교주가 영적 에

---

* 사이버펑크(Cyberpunk)는 사이버네틱스(cybernetics)와 펑크(punk)의 합성어로서 인간이 기계에 종속되거나 특정 인물이 세계를 지배하는 미래세계를 묘사한 공상과학소설의 한 장르를 뜻한다. 1980년대의 디스토피아 소설 중 윌리엄 깁슨(William Gibson, 1948~)의 『뉴로맨서』(Neuromancer, 1984)는 사이버펑크의 존재를 세상에 드러낸 의미 있는 작품으로 거론되고 있다. 이 소설에서는 사이보그라는 기계인간의 존재가 처음으로 언급된다. 사이보그는 사이버네틱과 유기체(Organism)의 합성어로, 두뇌를 포함한 인체의 모든 부분을 컴퓨터로 바꾸어 인간과 기계가 완벽히 결합하여 탄생한 신인류를 지칭한다. 즉 『뉴로맨서』에 등장하는 남녀 주인공은 신체의 각 부분에 이상이 생겼을 때, 로봇의 부품을 교환하듯 필요한 부분을 즉시 교체할 수 있는 것으로 설정되었다. 이들은 주로 컴퓨터 통신망이 조성해주는 공간에서 활동하는데, 이러한 지역을 '사이버 스페이스' 라 부른다. 영화계에서 사이버펑크의 효시로 거론하는 작품은 리들리 스코트(Ridley Scott, 1937~) 감독의 「블레이드 러너」(Blade Runner, 1982)고, 이어서 「로보캅」(Robo Cop, 1987), 「토탈 리콜」(Total Recall, 1989), 「론머맨」(The Lawnmower Man, 1992) 등의 작품이 등장했다.

너지의 파동이 된 자신의 신체를 제자의 (양 눈과 얼굴 중간에 있다고 하는) '제3의 눈'에 엄지손가락을 댐으로써 전달하는 방법이다. 샤크티 패트나 PSI가 지향하는 커뮤니케이션은 '극한의 직접성'이라고도 할 만한 특징을 가지고 있다. 그것은 타자(교주)의 신체가 직접 자기에게 내재하고 자기가 자기인 궁극적인 근거 ─ 즉 '이 나'가 이 세계를 지각하고 체험하고 있다는 것 ─ 가 그대로 타자에게 소속하는 것으로 감각됨으로써 가능하게 되는 커뮤니케이션이기 때문이다. 『뉴로맨서』에서도 뇌=컴퓨터 네트워크는 직접 타자의 뇌에 들어갈 수 있게 하여, 이를테면 타자로서 세계를 체험할 수 있는 미디어로서 그려졌다.[1]

이러한 것은 환상이나 허구의 영역에 속하는 문제라고 생각할지 모른다. 그러나 예를 들면 전화같이 극히 흔한 전자 미디어 사용 형태의 변천을 살펴보면, 매우 직접적인 커뮤니케이션에 대한 은밀한 욕망이 현실로 살아 있다는 것을 금세 읽어낼 수 있다. 요시미 슌야[2]는 가

---

1) 안노 히데아키(庵野秀明, 1960~) 감독의 애니메이션 「신세기 에반게리온」(新世紀エヴァンゲリオン, 텔레비전판 1995~96, 극장판 1997)에서는 '퍼스트 칠드런', '세컨드 칠드런' 등이라 불리는 선택된 소년·소녀가 '에반게리온'이라 불리는 인조인간에 탑승하여 외부로부터 침입한 '사도'와 싸운다. 여기서 주목해야 할 것은 파일럿인 소년·소녀가 에반게리온을 어떻게 움직이는가 하는 것이다. 에반게리온의 신경계와 칠드런의 신경계 사이에서 고율의 공명(共鳴, synchronization)을 확보할 수 있는 경우에만 에반게리온이 움직인다. 신경계가 보내는 파동이 공명한다는 것은, 다른 두 신체가 마치 단일한 신체처럼 되는 것이다. 그러므로 애니메이션에서 말하는 '공명률'이란 여기서 말해온 '직접적인 커뮤니케이션'의 바로 그 직접성의 정도를 표시하게 된다. 직접성이 완전할 때는 자기와 타자의 분리가 불가능해질 것이다. 실제로 주인공 이카리 신지는 에반게리온과의 공명률이 백퍼센트를 넘음으로써 에반게리온의 신체 안으로 흡수되어버린다.
2) 요시미 슌야(吉見俊哉, 1957~)는 도쿄대학 사회정보연구소 교수로서 전공은 사회학과 문화연구다. 저서로『박람회의 정치학』(博覧会の政治学, 1992), 『'소리'의 자본주의』('聲'の資本主義, 1995) 등이 있다.

정 안에서 전화의 위치가 현관에서 응접실이나 마루를 거쳐 개인의 방으로 이동하고 있다는 점에 주목했다. 즉 전화는 사적인(private) 자기를 타자로부터 나누는 거점이 되는 장소로서, 타자의 목소리를 직접 끌어들이는 구멍 같은 것이 되었다.

오늘날 개인의 신체에 직접 밀착해 있는 전화, 즉 휴대전화가 이러한 경향을 더욱 연장시키고 있다. 휴대전화에서 이야기하는 타인의 목소리가 시끄러운 것은, 그 목소리가 커서가 아니라(실제 옆에서 큰소리로 잡담을 하고 있는 학생들의 소리는 그렇게 신경에 거슬리지 않는다) 목소리의 주인이 그 신체를 외부로 드러내놓고 있음에도 불구하고 보이지 않는 타자와의 커뮤니케이션을 매개로 오히려 개인 공간에 비할 수 있는 자기만의 사적인 영역 안에 갇혀 있다는 사실을 알기 때문이다. 불쾌함은 이렇게 공적인 공간과 사적인 공간이 당돌하게 서로 교차하고 있다는 데서 오는 것이다.

컴퓨터의 네트워크는 이러한 상황을 더욱 강화시키고 있다. 예컨대 인터넷은 사용자에게 '홈페이지' 개설을 허용하고 다른 사용자는 이를 자유롭게 '들여다볼' 수 있다. 홈페이지는 그 이름이 비유적으로 지시하고 있는 것처럼 원래 사적인 영역이다. 그러므로 홈페이지를 개설한다는 것은 자기의 내면을 노골적으로 타자의 눈에 노출하는 것과 같은 일이다(실제로 넷 서핑을 하면 사적으로밖에 의미가 있을 것 같지 않은 쓸데없는 잡담을 적은 홈페이지가 마구 발견된다).

여기에서 본 커뮤니케이션은 커뮤니케이션에 대한 통상의 구도를 완전히 반전시킨 형식을 취하고 있다. 통상의 구도에서 발신자와 수신자는 각각 폐쇄된 내부를 구성하고 있다는 것이 전제다. 바로 그렇기 때문에 발신자는 공유 코드를 이용하여 메시지를 기호 형식으로 일단 외화(外化)해야 하고, 수신자는 다시 이를 해독함으로써 자신의 영역에 내화(內化)한다. 전자 미디어의 기술적인 기반을 제공하고 있는 샤농(Claude Elwood Shannon, 1916~2001)의 정보이론도, 또 야콥슨(Roman Jakobson, 1896~1982)의 유명한 커뮤니케이션 이론도 이 구도를 따르고 있다.

그러나 여기에서 본 커뮤니케이션에서는, 원래 직접 접근할 수 없었던 내부에 외적인 통로를 경유하지 않고 타자가 직접 참가하는 형식이 취해지고 있는 것으로 보인다. 본래 숨겨져 있던 자기의 내부가 직접 타자에게 드러나고, 역으로 외적인 중간 경로가 뒤 배경으로 물러나 버린다. 이를테면 내부가 외부로 뒤집힌 형식의 커뮤니케이션이 지향되고 있는 것이다.[3] 이러한 커뮤니케이션 형식으로의 지향은, 우리 사회에 전자 미디어가 침투하는 것과 동시에 조금씩 강화되고 있는 것

---

3) 강간은 도달할 수 없는 타자 내부로의 침입이 폭력적·물리적 형태를 취한 경우(가운데 하나)라고 해석할 수 있을 것이다. 성교가 (일종의 사회적·제도적 문맥에서는) 때로 사랑의 증거라고 생각되는 것은 (적어도 그러한 사회적·제도적 문맥에서는) 그것이 원래 타자가 접근할 수 없는 자기 내부의 핵심에 어떤 특정한 타자만이 접근할 수 있도록 허용하는 것을 보여주는 일이 되기 때문이다. 강간은 일반적으로 접근 불가능한 핵심으로의 폭력적 침입이므로 범죄의 의미를 넘어 충격적인 것이다. 또 매춘이 '비참'한 것도 내부로의 접근 불가능성을 구성하는 무한한 방벽이 유한한 가치를 대가로 깨져버리기 때문이다. 만약 오늘날 일본에서, 예컨대 '원조교제' 등의 이름으로 매춘에 대한 저항이 대폭 저하되고 있다면, 이것 자체가 내부와 외부 사이의 경계를 회피해버리는 '내부로의 직접적인 커뮤니케이션'이 지배적인 것이 되고 있는 징후라고 생각할 수 있을 것이다. 이러한 것을 염두에 둔다면 「신세기 에반게리온」에서 에반게리온의 사도에 대한, 또는 사도의 에반게리온에 대한 폭력이 '강간'의 은유가 되고 있다는 고타니 마리(小谷眞里, 1958~)의 지적은 시사적이다(小谷眞里, 『聖母エヴァンゲリオン』, マガジンハウス, 1997). 에반게리온도 사도도 AT 필드(Absolute Terror Field)인 방벽에 의해 외부 공격으로부터 보호되고 있다. 쌍방 모두 상대의 AT필드를 파괴함으로써 직접 상대의 신체에 공격을 가하는 것이다.

처럼 보인다. 그것은 왜일까?[4] 그리고 또 이것이 커뮤니케이션의 집합으로서 우리의 공동성(共同性)에 주는 효과는 무엇일까?

2. 미디어의 역사성, 사회적 다중성

헤드기어에 의한 옴진리교의 커뮤니케이션은 커뮤니케이션의 '현재' 지향을 선취하는 희화화였다. 옴진리교의 이 커뮤니케이션은 샤크티 패트라는 마사지(massage)의 대용물이다. 그런데 텔레비전이 보급되기 시작했을 무렵, 이미 맥루한(Herbert Marshall Mcluhan, 1911~1980)도 미디어는 메시지(message)임과 동시에 마사지기도 하다고 언명했다.

　미디어론의 관점에서 커뮤니케이션의 역사를 파악하면 세 블록을 끄집어낼 수 있다. 첫번째 블록은 직접 '음성'에 의한 커뮤니케이션의 단계다. 두번째 블록으로의 이행은 '문자'의 등장으로 구획된다. 그리고 세번째 블록은 바로 전기적·전자적 기술 미디어에 의해 특징지어지는 단계다. 미디어 학자 키틀러(Friedrich Kittler, 1943~　)가 말한 것처럼 첫번째 블록에서 두번째 블록으로의 이행은 대면적 상호행위로부터 커뮤니케이션의 분화라는 사태에 대응하고 있고, 두번째 블록에서 세번째 블록으로의 이행은 정보를 질량이 없는 전자파의 흐름으로

---

4) '사카키바라 세이토'(酒鬼薔薇聖斗)라 자칭한 소년의 의식적인 살인사건(1997년 고베에서 일어난 연속살인사건. 당시 14세의 범인이 경찰에 도전장을 보낸 일로 일본 전역에 충격을 던진 사건―옮긴이)은 케이블 텔레비전 안테나 아래서 일어났다. 이것은 이 사건에도 전자 미디어적 상상력이 관계되어 있었을 가능성을 시사하고 있지 않을까?

만들어 커뮤니케이션으로부터 일단 분화시킴으로써 기술적으로 가능해진다. 나아가 두번째 블록은 손으로 쓰는 문자만의 단계와 인쇄 문자의 등장 이후의 단계로, 세번째 블록은 아날로그 미디어 단계와 디지털 미디어(컴퓨터) 등장 이후의 단계로 나눌 수 있다.

미디어의 변천은 커뮤니케이션의 외관 변화에 대응하고 있다. 음성에 의한 커뮤니케이션에서는 직접 대면적인 1대 1의 접속이 주류다. 문자 미디어, 특히 인쇄의 등장은 특정한 개인으로부터 불특정 다수 개인으로의 접속을, 즉 1대 n이라는 매스컴을 가능하게 했다. 마지막으로 전기·전자 미디어는 1대 n의 커뮤니케이션을 확보하는 성능을 압도적으로 강화하면서 컴퓨터의 네트워크에 전형적으로 보이는 불특정 개인과 불특정 개인 사이의 접속을, 즉 n대 n의 커뮤니케이션을 가져오게 된다.

이상의 미디어 변천 중에서 뒤따르는 미디어가 앞선 미디어를 대신해버리는 것이 아니라 후속 미디어를 포함하는 환경 속에서 다시 위치가 조정되어 잔존한다. 다시 말해 각 단계 사이의 이행은 적층적(積層的)인 것이다. 그와 동시에 더욱 흥미로운 것은 마지막 미디어인 전자 미디어에 의한 커뮤니케이션 중에서 앞선 단계의 특징이 다중적으로 간직되어 있다는 점이다.

전자 미디어가 가진 기술상의 특징이 직접 초래하는 현상을 우리는 다음 두 가지로 요약할 수 있을 것이다. 첫째, 시간적으로는 정보의 전달 속도가 극한적으로 빨라진다. 둘째, 공간적으로는 정보를 아주 광범위하게 확산시킬 수 있다. 예전의 미디어에서 이 두 가지는 양립할 수 없는 것이었다. 첫번째 점은 1대 1의 대면적이고 쌍방향적인 커뮤니케이션에서 확보되었다. 문자(특히 인쇄문자)는 두번째 점을 가능하게 하고, 1대 n의 한 방향적인 매스컴을 가능하게 하지만, 이것은 정보의 전달 거리나 범위에 대응하여 첫번째 점을 희생할 것을 강제했다. 그러나 전자 미디어는 이 두 가지를 동시에 만족시킨다. 즉 전자 미디어는 미디어의 여러 단계의 특성을 통합하는 역사적·통시적 다중성을 가지고 있다.

두 가지 특성을 종합하면 전자 미디어가 욕망하는 '이상'이 보인다. 그것은 정보가 발생하자마자 그 순간에 공간 전역으로 발산되어 가는 단계다. 이 경향을 연장시키면 얼마 안 있어 정보가 어떤 지점에 국지적으로 존재하거나 소유되어 있어, 거기에서 다른 곳으로 한 방향적으로 배급되는 등의 상태가 극복될 것이다. 그것이 n대 n의 쌍방향적인 커뮤니케이션, 즉 잠재적으로는 모든 사람들이 매스컴의 정보 발신자가 될 수 있는 상태다. 이러한 다방향적인 정보의 공존이라는 점에서도 전자 미디어는 다중적이다. 다방향적인 정보의 공존은 사회적·공시적 다중성으로 간주할 수 있다.

일반적으로 원격의 타자는 타자가 타자인 까닭, 타자의 본래적인 불확정성을 강화시켜 나타난다. 문자 미디어는 이 불확정성에서 오는 곤란함(오기, 오해 등)으로 드러난다. 그런데 이상과 같은 특징을 지닌 전자 미디어는 이러한 원격의 타자를 자기에게 근접한 친밀한 영역의 것으로 체험시킬 것이다. 즉 전자 미디어의 체험은 원격에 있는 것과 근접해 있는 것을, 즉 타자성으로의 벡터와 자기성으로의 벡터를 중첩시켜버린다. 전자 미디어의 커뮤니케이션이 지향하는 '극한적인 직접성'의 연장에는 곧 타자가 자기에게, 또는 자기가 타자에게 내재해 있는가 하는 감각, 바꿔 말해 자기가 타자화하여 내적인 분열을 내포하고 있는 상태가 기다리고 있을 것이다.

긴 통화나 컴퓨터 통신의 채팅은 흔히 사람의 마음을 미혹케 하는 들뜸이나 몰입(환각적인 감각)을 초래하지만, 그것은 이러한 자기분열의 경향이 강요하는 것일 것이다. 전자 미디어의 마사지성(맥루한)의 유래도 여기에 있다. 촉각이란 자기에게 소속하는 감각(만지는 것)과 타자에게 소속하는 감각(만져지는 것)이 교체되고 반전되는 체험의 은유다. 그러고 보면 전화나 컴퓨터 통신 같은 전자 미디어가 성적인 커뮤니케이션에 빈번히 사용되는 데는 구조적 필연성이 존재한다.

3. 달리는 사자, 반성하는 독자

카프카(Franz Kafka, 1883~1924)의 단편 「만리장성」(Beim Bau der Chinesischen Mauer, 1917)은 중화제국의 한 지식인이 제국의 제도에 대해 고찰한다는 체제를 취하고 있다. 이 소설은 제국에 다음과 같은 전설이 있다고 적고 있다. 황제가 죽으려는 찰나 이름도 없는 일개 신민에게, 즉 '당신'에게 사자(使者)를 보냈다고 한다. 몹시 힘이 센 이 사자는 메시지를 가지고 황제의 곁을 떠나 출발했다. 그는 맹렬히 질주했다. 드디어 그는 황제를 십중 이십중으로 둘러싸고 있는 고관들의 옆을 빠져나가 군중을 가로질러 들판을 뛰어갈 것이다. 그러나 그것은 훨씬 나중의 이야기다. 사자는 지금 고투하고 있다. 그는 아직 궁전의 방에서조차 빠져나가지 못했다. 설사 방을 빠져나간다고 해도 그 건너편에는 안뜰이, 그리고 더 건너편에는 제2의 궁전과 안뜰이, 그리고 더 건너편에는 무언가가 계속 이어진다. 결국 황제의 말은 평범한 신민에게 이르지 못할 것이다.

물론 이 전설은 카프카의 상상력이 만들어낸 허구긴 하지만, 원래 권력에는 '거리'가 커다란 장애였다는 사정을 잘 반영하고 있다. 직접 눈앞에 현전하지 않는 타자가 명령을 긍정적으로 수용한다는 것, 즉 권력이 현전하지 않는 타자까지도 포착할 수 있다는 것은 반드시 보증되는 것은 아니다. 그러므로 권력의 전달은 우선 음성을 믿을 수밖에 없다. 권력의 실효성(명령의 수용률)이 가장 높아야 하는 영역은 군대겠지만, 그 군대에서는 군사사(軍事史) 연구가가 '명령 계통의 석기시대'라고 부른 상태——즉 명령이 주로 입에서 귀로 전달된 상태——가 나폴레옹 때까지 지속되었다고 한다.

그러므로 원초적 공동체 수장의 권력으로부터 국가/제국을 지배하는 왕/황제의 권력으로의 이륙은 일반적으로 미디어의 원초적인 단계(음성 단계)로부터 제2의 단계(문자 단계)로의 이행과 거의 평행을 이루고 있다. 문자가 거리라는 곤란함에 대한 대응책을 준 것이다. 거리에 저항하기 위해서는 아울러 그 문자가 각인된 필기한 종이를, 가능하면 신속하게 넓은 지역으로 전달하기 위한 '속도'가 필요해진다. 실제로 제국의 건설은 군용 파발꾼 기술의 국가 규모의 제도화나 고속으로 달리는 말을 교배하는 기술의 확립을 동반하고 있다. 예컨대 헤로도토스(Herodotos, B.C. 484?~B.C. 430?)는 고전시대에 말을 탄 사람을 하루씩 교체하면서 문서를 전달해 나가는 페르시아 아케메네스 왕조(B.C. 550~B.C. 330)의 기마 역전기술만큼 빠른 것은 이 세상에 없다고 적고 있다.

카프카가 상상력에 의해 그린 것은 이 단계의 권력이다. 카프카가 과장하여 보여주고 있는 것처럼 문자와 고속의 사자를 획득해도 여전히 왕이나 황제의 권력이 거리를 완전히 극복할 수는 없다. 그 권력은 왕이나 황제의 신체를 원점에 두는 원근법에 따라 작동한다. 즉 권력의 실효성은 왕/황제의 신체로부터 물리적·심리적 거리에 반비례하여 감소한다.

미셸 푸코(Michel Paul Foucault, 1926~1984)가 근대적인 것으로 제기한 권력 모델은 이러한 권력과는 전혀 다른 유형에 속한다. 벤섬(Jeremy Bentham, 1748~1832)이 설계한 감옥을 물질화된 은유로 하는 이 권력은 거리와 무관한 권력이기 때문이다. 벤섬의 감옥 고안은 감시자를 보이지 않게 함으로써 오히려 감시의 효과를 영속화한(항상 감시하고 있는 것과 같은 상태를 만든) 점에 특징이 있다. 다시 말해 이 권력은 이념적으로는 보편화된 권력으로서 공간적·시간적인 모든 점을 균등한 실효성에서 파악하는 데 특징이 있는 것이다. 근대의 국민-국가를 지배하는 것은 이 권력이다. 거기에서는 수도에서 멀리 떨어진 시골에서조차도 법률의 효력이 줄어들거나 경찰에 대한 신뢰가 떨어지는 일이 없다.

이 근대적인 권력에 적합한 미디어는 인쇄 문자에 의한 매스미디어, 특히 신문이다. 물론 신문은 권력과는 독립적으로 정보를 살포하지만, 신문을 가능하게 하는 것은 근대적 권력을 실현하는 것과 같은 시스템이다. 첫째로 신문은 같은 날의 사건을 동일 지면에 함께 배치함으로써 동일 시점의 공간을 균질적인 것으로 다룬다. 그리고 둘째로 신문은 공간에 대한 이러한 조준 방식에 적합한 형태로 사건에 대한 정보를 공간 내의 (송신자에게도 또 서로 간에도 미지의) 다수 독자에게 신속하게 거의 동시에 고지한다. 신문에서 사회적 공간은 어떤 특이점으로부터의 원근에 의존하지 않는 균질적·보편적 영역이다.

푸코는 근대적 권력에 대한 복속은 개인을 '주체'로 바꾼다고 말한다. 신문을 읽는 것은 보편적인 균질 공간 전체를 한꺼번에 파악하고 그 내부의 사건에 대해 종합적·반성적인 판단을 내릴 수 있게 한다. 신문 독자에게 제공되는 이러한 능력이야말로 주체를 특징짓는 성질이기도 하다. 이 점에서도 신문은 근대적 권력의 작동에 기생하고 또 그것을 보완하고 있다고 할 수 있다.

그러나 신문은 '불완전한' 미디어다. 신문은 실제로 균질 공간 내부의 일부 사건을 수집할 수 있을 뿐이고, 또 그 사건들에 대한 정보를 볼 수 없는 다수의 독자들에게 완전하게 즉각적으로 또는 동시에 전달할 수 있는 것도 아니기 때문이다. 신문이 못다 이룬 꿈을 현실화한 것이 전자적 매스미디어인 라디오나 텔레비전이다. 그러나 라디오나 텔레비전은 근대적 권력을 보증했던 시스템에서는 생각지도 못한 자기 파탄 효과를 수반하고 있었다.

4. 권력의 악몽, 민주주의의 악몽

라디오, 나아가 텔레비전이 신문의 꿈을 현실화했다. 텔레비전은 신문보다 광범위한 영역의 정보를 더욱 광범위한 시청자 집합을 향해 더욱 신속하게 전달할 수 있다. 근대적 권력은 모든 공간·시간을 균등하게 감시·관찰하는 것을 지향해왔다. 텔레비전의 '눈'은 이 권력이 꿈꾸었던 눈의 형태에 아주 근접했다. 물론 개인들은 자신의 방에서 텔레비전 화면을 봄으로써 이 텔레비전의 눈을 자기 것으로 할 수 있다. 이렇게 함으로써 개인들은 이상적인 '주체'가 된다. 덧붙여 말하면 각 개인이 텔레비전만이 아니라 컴퓨터 단말기를 가지고 네트워크상의 데이터베이스에 쉽게 접근할 수 있는 단계에 도달하면 '주체'로서의 완성도는 한층 높아질 것이다.

이리하여 19세기로의 전환기에 칸트가 이론적으로 정식화한 '주체'가 전자 미디어의 힘을 빌려 진실로 현실화한 것으로 보인다. 칸트에 따르면 주체성은 바로 지각하여 판단한 다양한 대상을 더욱 종합하고 통일화하는 작용── '통각'(統覺)이라 부르는──으로 정의된다. 텔레비전을 보거나 데이터베이스를 다루는 개인은 세계에서 일어나는 모든 사건을 지각하고, 그것들에 대해 종합적인 반성을 할 수 있는 주체로서의 이상적인 위치를 획득하게 될 것이다.

그러나 이 이상적인 주체야말로 가장 비참한 주체, 주체성의 영도(零度)로 통한다. 주체로서의 완성도는 더욱 광범위한 정보를 지각하고 종합하는 능력이 획득될수록 더욱 상승한다. 이러한 보편적인 지각의 영역에 다가가려고 한다면 텔레비전은 다채널화되어야 한다. 텔레비전의 이 눈을 시청자가 획득하려고 할 때 불가피하게 강요되는 것은 재핑*이다. 원래 주체라는 것은 세계의 총체를 시야에 넣는 신의 보편적인 눈을 가지는 (것 같은 환상을 갖는) 일이었다. 그러나 재핑이라는 행위를 규정하고 있는 것은, 역으로 자신이 보고 있는 것이 그때마다

---

* 재핑(zapping)이란 텔레비전을 시청할 때 채널을 이리저리 자주 바꾸는 일을 말한다.

부분적·국소적인 것일 수밖에 없다는 것에 대한 통렬한 의식이다. 그리고 이를 극복해야 할 주체적인 종합 행위는 오직 채널을 바꿀 뿐인 가장 소극적이고 비참한 행위에 지나지 않는다. 데이터베이스를 포함한다고 해도 이러한 상황은 완화되기는커녕 더욱 강화될 뿐이다.

근대적인 권력과 이에 편승한 1대 n형의 매스컴은 세계를 보편적으로 조망하는 초월적인 시점이 단일한 것으로 존재할 수 있다는 것을 상정함으로써 가능해진다. 이 상정에 의탁하여 정보가 배급되었을 때 그 정보가 신뢰를 받고 받아들여진다. 그러나 전자 미디어가 이러한 시점을 기술적으로 실현하려고 한 바로 그때, 사람들에게 이러한 보편적인 시점을 상정하는 현실성은 상실되어버린다. 이것은 지금까지 보아온 주체성의 부정으로 귀결된다.

그렇지만 컴퓨터와 같은 전자 미디어는 원래 대항문화(counter culture) 운동 중에서 권력으로부터 해방되기 위한 수단으로 구상되었다. 그렇다면 전자 미디어에 의해 권력이 그 기반을 침범당한다는 것은 오히려 낭보가 아닐까? 대항문화의 반권력운동이 목표로 한 것은 직접민주주의적 공동체. 그리고 오늘날 컴퓨터를 통한 n대 n의 커뮤니케이션은 그들의 목표인 직접민주주의를 기술적으로 가능하게 하고 있다. 그러나 전자 미디어의 직접민주주의는 주체를 엄습한 역설을 공동체 수준에서 재현한다.

민주주의는 분산하는 개인들의 결정을 단일한 결정으로 집계하는 조작이다. 이러한 조작이 의미 있기 위해서는 집계의 대상이 되는 영역(국민-국가 등)이 통일적인 의지를 가지고 있다는 것이 미리 상정되어 있어야 한다. 그러나 그것에 대해 통일적 의지가 귀착되는 영역을 결정한 것은 원래 1대 n 커뮤니케이션의 도달 범위였다. 그러나 전자미디어에 의한 1대 n 커뮤니케이션의 극단적인 강화나 n대 n 커뮤니케이션의 등장은 이러한 영역의 통일성을 자명하지 않은 것으로 만들어버린다('국민'이라는 단위가 통일적 의지를 가진다는 것에 현실성이 없어진다).

공간적인 혼란과 함께 시간적인 불안정화도 생겨난다. 직접민주주의가 기술적으로 가능하게 되고, 어떤 자세한 결정에 대해 개인들이 단말기를 통해 표명하는 의견이 곧바로 집계될 수 있다고 하자. 그렇게 되면 정치적 결정은 극도로 불안정한 것이 될 것이다. 이 불안정화의 효과는 개인의 수준으로 튀어 되돌아온다. '나'는 마음이 바뀌어 문득 이전과는 다른 의견을 단말기에 입력할지도 모른다. 그렇게 되면 '나'의 주체적 동일성조차 위태롭게 될 것이다.

지금까지 민주주의를 가능하게 한 것은 대표라는 제도다. 대표는 영어로 'representation'이라고 한다. 이 단어에는 '표현·표상'이라는 또 하나의 의미가 존재한다. 직접민주주의에 대한 요구는 '대표'라는 것을 무한하게 (개인들의 의지가 투명한) '표현'에 다가가려는 요구다(주민투표·국민투표에 대한 관심은 이 점에서 유래한다). 이상과 같은 추론을 통해 예상할 수 있는 것은 n대 n 커뮤니케이션 환경 하에서는 직접민주주의에 대한 요구가 강박적으로 반복되고, 게다가 결코 만족되지 않는다는 사실이다. 그러나 대표와 표현을 합치시키려는 의지는 필연적으로 공동체를 '커뮤니케이션의 (극한적인) 직접성'에 의해 다 채우려는 강력한 지향 속에서 나타날 것이다.

5. 친구/적의 자의적인 분리

옴진리교 신자가 저질렀다고 생각되는 수많은 살인사건 중에서 많은 사람들에게 각별하게 혐오감을 일으킨 것은 변호사 일가 살해사건*이었다. 이 사건이 특별한 상징성을 띠는 것은, 이것이 통상의 살해와는 다른 또 하나의 살해를 포함하고 있기 때문이다. 텔레비전에서 이 사건은 항상 사카모토(坂本) 일가가 전형적으로 행복한 핵가족이었다는 사실을 보여주는 영상과 함께 보도되었다. 사건은 각 인물에 대한 살해임과 동시에 가족이라는 관계성의 살해·부정으로 받아들여졌다. 세명의 사체를 각각 다른 장소에 매장한 것이 특히 추한 일로 간주된 것도 이 때문이다.

앞에서 우리는 전자 미디어에 의한, 특히 n대 n의 관계성은 극한적인 직접성에 의해 특징지어지는 '뒤집힌 커뮤니케이션'과 친화적이라고 말했다. 옴진리교 조직 내의 관계는 이런 종류의 커뮤니케이션을 희화적인 수준으로까지 과장하여 제시했다. 그런데 극한적으로 직접적인 커뮤니케이션은 사실 인간에게 가장 원초적·기초적인 타자 체험과 동형적인 구조를 가지고 있다. 원초적이라는 것은 이 커뮤니케이션이 부모 역할의 동일화조차 하지 않는, 타자에 대한 유아의 초기 체험

---

* 옴진리교 관련 사건은, 잘 알려진 도쿄 지하철 사린 사건(1995년 3월 20일, 12명 사망) 외에도 1994년 6월 나가노(長野)현 마쓰모토(松本)시 사린 살포(7명 사망), 1989년 11월 피해 신도를 돕던 변호사 일가 살해(3명 사망) 등 총 13건에 이른다. 변호사 일가 살해사건의 실행범은 옴진리교 간부 오카자키 가즈아키(岡崎—明)였다. 오카자키는 요코하마(横浜) 시에 살고 있던 변호사 사카모토의 집에 침입, 부부와 한 살배기 아들을 살해했다. 저항능력이 없는 유아를 포함한 일가족을 살해한 것이다.

과 같은 성질에 의해 특징지어지기 때문이며, 기초적이라는 것은 자기와 타자의 착각에 의한 자기분열의 감각마저 초래할 법한 이런 종류의 커뮤니케이션이야말로 다른 임의의 타자 체험을 가능하게 하는 이론적인 전제를 제공하고 있기 때문이다. 따라서 만약 관계를 이러한 커뮤니케이션으로 순화시키려고 한다면 그것 이외의 모든 사회 관계가 기업이나 지역 커뮤니티의 관계는 물론이고 인류사적 짧은 기간에 자명하게 된 가족적 관계조차 우유적인 것(필연성을 결여한 것)으로 나타나게 될 것이다.

우리는 전자 미디어형의 n대 n의 커뮤니케이션이 권력의 근대적 양태와 어긋남을 가져온다는 사실을 확인해왔다. 거기에서는 권력을 가능하게 하는 초자연적 시점의 단일성이 파괴되어버린다. 신이나 부성(父性)에 의해 상징되는 초월적인 타자는 일반적으로 먼 거리 ── 격절되어 있는 것 ──를, 즉 경험에 대한 추상성을 (필요)조건으로 하여 사람들을 파악한다. 극한적인 가까움에서 드러나는 타자는 이러한 초월적인 타자의 대극에 존재한다.

그러나 옴진리교는 이렇게 통상의 초월성을 부정하는 직접적이고 내적인 타자가 아마도 이 부정성 때문에 다시 초월성으로 나타나는 반전이 일어날 수 있다는 점을 시사하고 있다. 통상과는 반대측에 초월적 타자가 나타나는 것이다. 예컨대 옴진리교의 교주 아사하라 쇼코(麻原彰晃)는 최종 해탈자라고 했다. 그것은 눈앞에 있는 이 사람이 이미 신(초월자)이라는 것이다. 전자 미디어에 의한 커뮤니케이션은 그 촉각성(마사지성) 때문에 현대인의 위안 도구가 될 수 있다. 그러나 같은 이유에서 초월성에 대한 새로운 체험의 촉매가 되기도 한다. 옴진

리교를 비롯한 수많은 신흥종교가 컴퓨터 통신의 세계를 유리한 활동의 장으로 삼은 것은 이 때문이다.[5]

권력의 새로운 형식이 있을 수 있다면, 그것은 이러한 반전한 초월성을 기반으로 하는 것이리라. 그것은 균질적이고 보편적인 전 영역을 지배하는 통일적인 권력일 수 없다. n대 n의 커뮤니케이션 환경에서 생길 수 있는 것은 국소 지역(다만 인구의 지리적 분포와는 무관하게 퍼지는)에 대한 과도할 정도로 직접적인 권력임에 틀림없다. 권력에 대한 이런 은밀한 욕망이 온건한 형태로 나타난 경우에는 '대표'를 어디까지나 '표현'에 점점 접근시키려는 요구, 즉 직접민주제에 대한 요구로 나타나게 된다.

중고등학생들 사이에 자기 혹은 친구의 호출기 번호와 약간 다른 번호에 차례로 메시지를 보내고 응답을 얻음으로써 새롭게 친구 네트워크를 넓혀가는 놀이가 유행하고 있다고 한다. 이러한 메시지를 받는 것은 미지의 누군가가 인터넷의 홈페이지에 찾아오는 것과 같은 것이

---

5) 텔레비전판 「신세기 에반게리온」의 스토리는 굉장히 특이한 종결 부분을 제외하고 크게 2부로 나눌 수 있다. 전반에서 후반으로의 전개는 아버지(이카리 겐도)에 의해 표상되는 초월성으로부터 그러한 초월성의 부정에서 작동하는 모=녀(에반게리온)에 의해 표상되는 초월성으로 교체된다고 요약할 수 있다. 전자가 원격에 있다는 것을 요건으로 효과를 확보하는 초월적인 타자라고 한다면 후자는 근접성이나 접촉성에 의해 작용하는 초월적인 타자라고 할 수 있을 것이다. 이러한 전개를 애니메이션 속에서 집약하여 표상하고 있는 것은 "아담이 사실 리리스였다"는 발언이다. 에반게리온을 호위하는 특무기관 넬프는 '아담'이라 불리는 '생명의 근원'을 숨기고 있다. 이야기의 전개 후 그 아담이 실은 리리스였다는 사실이 발견된다. 리리스(또는 리리토)는 유대 신비 사상 중에서 에바에 앞선 아담의 첫 아내였다(유대교의 탈무드에 따르면 이브 이전에 아담의 처가 있었는데 그가 바로 리리스다—옮긴이). 그것은 메소포타미아에서 유래한 악녀였던 것 같다. 애니메이션이 암시하고 있는 것은 아담(최초의 아버지=남)보다도 리리스(최초의 여자) 쪽이 더 본래적이라는 사상이다. 大澤真幸, 「「エヴァンゲリオン」に熱狂する若者たち」, 『潮』 459号, 1997 참조.

다. 이 놀이는──송신자 측에도 수신자 측에도──자기에게 소속하는 친밀성의 영역이 부정(不定)의 타자에게 직접 열려 있다는 것을 보여주고 있다. 다시 말해 이 놀이는 '뒤집힌 커뮤니케이션'의 특징을 전형적으로 보여주는 것이 될 것이다.

그러나 이처럼 메시지를 무작위로 보내는 것은, 또는 그러한 메시지를 갑자기 받는 것은 원리적으로 컴퓨터 네트워크상에서 해킹하는/되는 것과 완전히 같은 것이다. 즉 호출기에 의한 친구 만들기를 쾌락으로 만드는 것은 해킹하는 것을 욕망하는 것, 해킹당하는 것을 받아들이는 것과 아슬아슬하게 인접한 것이 된다. 그러나 똑같은 부정의 타자도 해커로서 체포된 경우에는 동료가 아니라 기분 나쁜 박해자로 나타나게 될 것이다.

칼 슈미트*에 따르면 권력의 가장 중요한 작용은 친구/적을 분리하고 분별하는 일이다. 따라서 새로운 권력의 형식이 시작되었다고 하고, 여기에서 생길 수 있는 것으로 예상되는 것은 충분히 친구일 수 있었던 사람을 때로 적으로 분류하는 공동성 영역의 자의적인 경계짓기다. 친구와 적의 이런 자의적인 분할은 끝없이 반복된다. 친구와 적은 거의 대부분 분간할 수 없을 정도로 근접해 있기 때문이다.

---

* 칼 슈미트(Carl Schmidt, 1888~1985)는 독일의 공법 정치학자로서, 한때 나치스 학계에서 지도적인 지위에 있었다. 정치적인 것의 본질이 친구와 적의 대립에 있다는 우적이론(友敵理論)으로 유명하다.

참고문헌

일본 문헌

柄谷行人,『マルクス その可能性の中心』, 講談社, 1978.〔김경원 옮김,『마르크스 그 가능성의 중심』, 이산, 1999.〕

合田正人,『レヴィナスの思想』, 弘文堂, 1988.

小谷真里,『聖母エヴァンゲリオン』, マガジンハウス, 1997.

柄谷行人・大澤真幸,「固有名と表出と集合」,『哲学』5号, 1988.

中野敏男,『マックス・ウェーバーと現代』, 三一書房, 1983.

_____,「法秩序形成の社会学とその批判的潜在力―ウェーバー『法社会学』の問題構成と射程」,『思想』767号, 1988.

西阪仰,「コムニオ・サンクトルム―宗教について」, 土方透 編,『ルーマン/来るべき知』, 勁草書房, 1990.

土屋俊,『心の科学は可能か』, 認知科学選書 7, 東京大学出版会, 1986.

折原浩,『危機における人間と学問―マージナル・マンの理論とウェーバーの像の変貌』, 未来社, 1969.

_____,『マックス・ウェーバー基礎研究序説』, 未来社, 1988.

大澤真幸,「意味と他者性」,『現代思想』16巻 1号, 1988.

_____,「固有名の非固有性」,『現代思想』16巻 8号, 1988.

_____,『行為の代数学』, 青土社, 1988.

_____,「知性の条件とロボットのジレンマ」,『現代思想』18巻 3・4号, 1990.

＿＿＿，「コミュニケーションと規則」，『現代哲学の冒険 10—交換と所有』，岩波書店，1990.

＿＿＿，「経済の自生的反秩序 1—ルーマンに映したハイエク」，『現代思想』19巻 12号，1991.

＿＿＿，「経済の自生的反秩序 2—ルーマンに映したハイエク」，『現代思想』20巻 1号，1992.

＿＿＿，「経済の自生的反秩序 3—ルーマンに映したハイエク」，『現代思想』20巻 2号，1992.

＿＿＿，「私は私ではない」，『カサヴェテス・コレクション』，キネマ旬報，1993.

＿＿＿，『意味と他者性』，勁草書房，1994.

＿＿＿，「「エヴァンゲリオン」に熱狂する若者たち」，『潮』459号，1997.

＿＿＿，「父について」，『大航海』19号，1997.

岡本賢吾，「〈他なるもの〉への写像—ヘーゲル・カントール・ゲーデルの記号論的思想を横断するもの」，『現代思想』15巻 6号，1987.

若林幹夫，「都市＝二次的定住・論」，『ソシオロゴス』13，1989.

内田隆三，『消費社会と権力』，岩波書店，1987.

岩井克人，『貨幣論』，筑摩書房，1993.

いとうせいこう，『ゴドーは待たれながら』，太田出版，1992.

橋爪大三郎，「間身体作用としての芸術形式—平均律の閉塞/遠近法の解体」，『記号学研究 5—ポイエーシス：芸術の記号論』，1985.

외국 문헌

Breuer, S.(1978). "Die Evolution der Disziplin. Zum Verhältnis von Rationalität und Herrschaft in Max Webers Theorie der vorrationalen Welt." *Kölner Zeitschrift für Soziologie und Sozialpsychologie.* Jg. 30. 〔諸田寛・吉田隆 訳，『規律の進化—マックス・ウェーバーの前合理主義世界論における合理性と支配の関係』，未来社，1986.〕

Crimmins, M. & J. Perry(1988). "The Prince and Phone Booth." *CSLI TechReport*. No. 128. 〔飯田隆・土屋俊 訳,「王子様と電話ボックス」, 『現代思想』17巻 7号, 1989.〕

de Rougemont, D.(1939). *L'amour et l'occident*. Plon. 〔鈴木健郎・川村克己 訳,『愛について』, 平凡社, 1993.〕

Dovlatov, S.(1983). *Ours : A Russian Family Album*. 〔沼野充義 訳,「これは愛じゃない」, 『愛のかたち』, 岩波書店, 1996.〕

Forder, J. A.(1982). "Cognitive Science and the Twin-Earth Problem." *Notre Dame Journal of Formal Logic*. Vol. 23. 〔信原幸弘 訳,「認知科学と双生地球問題」, 『現代思想』17巻 7号, 1989.〕

Jonson, M.(1987). *The Bodies is the Mind : The Bodily Basic Meaning, Imagination and Reason*. Chicago University Press. 〔菅野盾樹・中村雅之 訳,『心のなかの身体—想像力へのパラダイム転換』, 紀伊国屋書店, 1991.; 노양진 옮김,『마음 속의 몸』, 철학과현실사, 2000.〕

Kraut, R.(1986). "Love De Re." *Midwest Studies in Philosophy*. Vol. 10 〔永井均 訳,「ウォルターはサンドラを本当に愛しているのか?」, 『現代思想』17巻 7号, 1989.〕

Kripke, S.(1979). "A Puzzle about Belief." ed. A. Margalit. *Meaning and Use*. Radical Publishing Co. 〔信原幸弘 訳,「信念のパズル」, 『現代思想』17巻 3号, 1988.〕

_____(1980). *Naming and Necessity*. Basil Blackwell. 〔八木沢敬・野家啓一 訳,『名指しと必然性』, 産業図書, 1985.; 정대현・김영주 옮김,『이름과 필연』, 서광사, 1986.〕

Lakoff, G.(1987). *Women, Fire and Dangerous Things : What Categories Reveal about the Mind*. Chicago University Press. 〔池田嘉彦・河上誓作他 訳,『認知意味論—言語から見た人間の心』, 紀伊国屋書店, 1993.; 이기우 옮김,『인지 의미론』, 한국문화사, 1994.〕

Lévinas, E.(1974a). *En découvrant l'existence avec Husserl et Heidegger.* J. Vrin.

_____(1974b). *Autrement qu'être ou au-delà de l'essence.* Martinus Nijhoff.

Luhmann, N.(1969). *Legitimation duruch Verfahlen.* Luchiterhand.

_____(1972). *Rechtssoziologie.* 2 Bde. Rowohlt.〔村上淳一・六本佳平 訳,『法社会学』, 岩波書店, 1977.〕

_____(1975). *Macht.* Enke.〔長岡克行 訳,『権力』, 勁草書房, 1988.〕

_____(1976). "Generalized Media and Problem of Contingency." eds. J. J. Loubner, R. C. Bauer, R. C. Bauer, A. Rffrat, V. M. Lids. *Exploration in General Theory in Social Science : Essays in Homor of Tallcott Parsons.* Bd.II.

_____(1984a). *Liebe als Passion.* Suhrkamp.

_____(1984b). *Soziale Systeme.* Suhrkamp.

_____(1988). *Die Wirtschaft der Gesellschaft.* Suhrkamp.〔春日淳一 訳,『社会の経済』, 文真堂, 1991.〕

Polanyi, K.(1977). *The Livelihood of man.* Academic Press.〔玉野井方郎・栗本慎一郎 訳,『人間の経済』1, 岩波書店, 1980.; 박현수 옮김,『사람의 살림살이』, 풀빛, 1998.〕

Putnam, H.(1975). "The Meaning of 'meaning'." *Mind, Language and Reality : Philosophical Papers.* Vol. 2. Cambridge University Press.

_____(1981). *Reason, Truth, and History.* Cambridge University Press.〔野本和幸・中川大・三上勝生・金子洋之 訳,『理性・真理・歴史』, 法政大学出版局, 1994.; 김효명 옮김,『이성・진리・역사』, 민음사, 2002.〕

Schluchter, W.(1979). *Die Entwicklung des okzidentalen Rationalismus : Eine Analyse von Max Webers Gesellschaftsgeschichte.* J. C. B. Mohr.〔嘉目克彦 訳,『近代合理主義の成立―マックス・ウェーバーの西洋発

展史の分析』, 未来社, 1987.〕

Searle, J.(1980). "Minds, Brains, and Programs." *The Behavioral and Brain Sciences*. Vol. 3.

Shimizu, T.(1989). "Niklas Luhmann's Theorie sozialer Systeme." unpublished.

Spencer-Brown, G.(1969). *Laws of Form*. George Allen and Unwin Ltd. 〔山口昌哉 監修, 大澤真幸·宮台真司 訳,『形式の法則』, 朝日出版社, 1987.〕

Weber, M.(1920). *Gesammelte Aufsätze zur Religionssoziologie*. J.bingen. 〔内田芳明 訳,『古代ユダヤ教』I·II, みすず書房, 1962·1966.〕

_____(1976). *Wirtschaft und Gesellschaft*. 5. rev. Aufl, J. C. B. Mohr. 〔世良晃志郎 訳,『支配の諸類型』, 創文社, 1970.; 武藤一雄·薗田担 訳, 『宗教社会学』, 創文社, 1976.; 世良晃志郎 訳,『法社会学』, 創文社, 1974.; 世良晃志郎 訳,『支配の社会学』I·II, 創文社, 1960·1962.; 世良晃志郎 訳,『都市の類型学』, 創文社, 1964.; 安藤英治·池宮英才· 角倉一郎 訳,『音楽社会学』, 創文社, 1967.; 박성환 옮김,『경제와 사회 1』, 문학과지성사, 2003.〕

Žižek, S.(1989). *Sublime Object of Ideology*. Verso. 〔鈴木晶 訳,「イデオロギーの崇高な対象」,『批評空間』1·2号, 1989.; 이수련 옮김,『이데올로기라는 숭고한 대상』, 인간사랑, 2002.〕

옮긴이 후기

이 책은 오사와 마사치의 『恋愛の不可能性について』(春秋社, 1998)를 완역한 것이다. 서장과 9개 장으로 구성된 이 책의 글은 주로 1989~1994년 동안 여러 잡지에 발표된 것인데, 그 중 1장 「연애의 불가능성에 대하여」가 표제가 되었다. 각 장의 글들은 각각 다른 시기, 다른 잡지에 발표된 것이니 만큼 굳이 순서에 따라 읽을 필요는 없다.

이 책은 주로 연애, 언어, 화폐, 타자의 문제를 집중적으로 다루고 있는 글들로 구성되어 있다. 이 주제들은 일반적으로 다른 담론 공간 속에서 논의되는 것이 보통이며 서로 교차하는 경우는 상당히 드물다. 따라서 연애의 문제가 언어의 문제, 그리고 화폐의 문제와 평행하게 논의되는 이 글들은, 한국의 독자들에게는 다소 생소하게 받아들여지거나 아니면 그만큼 아주 참신한 시도로 이해될 수 있다.

이 책의 전반부를 관통하는 주제는 언어의 문제다. 연애의 문제를 언어의 문제, 특히 고유명사와 관련하여 고찰한 부분, 그리고 연애와 화폐가 '믿음' 이라는 주제를 통해서 연결되는 부분, 즉 사랑에 수반되는 원리적인 불가능성을 넘어 '믿음' 이라는 태도를 통해 사랑이 전개되는 것을 경유하여 '화폐' 가능성의 조건에 대한 고찰로 전환되는 과정은 상당히 흥미롭게 읽힌다. 그리고 언어에 대한 고찰을 화폐에 대한 고찰로 확장한 인상적인 글들에 이어, 사뮈엘 베케트의『고도를 기다리며』를 비튼 작품인 이토 세이코의 희곡『고도는 기다려지며』를 분석한 5장에서는 그의 독특한 관점이 유감없이 발휘되고 있다. 개인적으로 가장 재미있게 읽은 글이다.

오사와 마사치의 글은 쉽게 읽히는 글이 아니다. 내용도 쉽지 않은데다 문장 또한 까다로워서 꼼꼼하게 해석해야 의미가 통하는 표현들과 부딪히는 일이 허다하다. 당연히 번역하는 데도 애를 먹을 수밖에 없었다. 그리고 이 책을 읽은 독자는 금세 알게 되겠지만, 그의 글에서는 가라타니 고진(柄谷行人)과의 관련성이 쉽게 읽힌다. 특히 언어, 화폐, 타자의 문제를 고찰한 부분에서는 그의 그림자가 짙게 드리워져 있음을 확인할 수 있을 것이다. 지금은 폐간된『비평공간』이라는 잡지에서 그가 가라타니 고진, 아사다 아키라(浅田彰), 아즈마 히로키(東浩紀) 등과 함께 활동했던 사실이 이와 무관하지는 않을 것이다. 가라타니 고진의 글을 읽은 적이 있는 독자라면 좀더 친숙하게 다가갈 수 있지 않을까 싶다.

오사와 마사치는 아직 한국에 소개된 적이 없는 사회학자다. 지금까지 20여 권의 저서를 발표한 그의 관심은 현대사회의 여러 문제에 걸쳐 있는데, 대표적인 저서만 소개하면 다음과 같다. 우선 1996년에 나온『허구시대의 끝』(虚構の時代の果て)은 옴진리교 사건이 일어난 이론적 필연성을 현대사회의 맥락과 연결하여 파악한 책이다. 이 책에 기본적으로 깔려 있는 것은 저자가 지금까지 전개해온 타자와의 관계성이나 사회성의 기저에 놓인 신체론이다. 그리고 9·11테러를 사회철학적으로 포착한 『문명 내 충돌』(文明の内なる衝突, 2002)과 현재 미합중국의 특징을 '제국적 내셔널리즘'이라는 개념으로 포착한 『제국적 내셔널리즘』(帝国的ナショナリズム, 2004)이 있다. 또한 최근 저서로는 '이라크 파병', '옴진리교 사건' 등 다양한 사회문제를 주제로 강연한 내용을 모아놓은 『현실의 저편』(現実の向こう, 2005)이 있다.

사회학자로서 현실적인 여러 문제에 대해 적극적으로 발언한 이러한 책들과는 성격이 다소 다른 이 책 『연애의 불가능성에 대하여』는, '연애란 무엇인가', '타자란 무엇인가', '상대를 이해한다는 것은 대체 어떤 것인가' 하는 의문에 대해 언어학적 입장에서 답한 책이다. 꼼꼼하게 읽어가다 보면 번뜩이는 사고와 발랄한 지성을 만날 수 있을 것이다. 지적 자극을 원하는 독자들이라면 일독할 만한 책이다.

끝으로 난삽한 원고를 잘 다듬어 깔끔한 책으로 만들어준 그린비 편집부에 감사의 말을 전한다.

2005년 7월

송태욱

찾아보기